デジタル＆デザイン トランスフォーメーション

—DXとデザイン志向の未来戦略—

庄司貴行・斎藤　明・平井直樹〔監修〕
立教大学ビジネスデザイン研究所〔編〕

創成社

はしがき

あるフランス系グローバル企業の経営セミナーにおいて、「史上もっとも影響力のあるCDO（チーフ・デジタル・オフィサー）の名前をご存知ですか？　その名はCOVID-19（新型コロナ・ウィルス）です」という発言があったことを記憶している。これはもちろんジョークなのだが、新型コロナ・ウィルスの世界的な流行によって、結果として「リモート・ワーク」、「オンライン会議」、「ディスタンス・ラーニング」などが日常語として定着するなか、デジタル社会の到来を実感し、それへの対応が不可避であるとの認識が格段に広がったことは間違いない。

日本においても、社会におけるデジタル技術の活用の在り方が議論され、なかでも企業活動におけるデジタル変革の必要性の認識はDX（デジタル・トランスフォーメーション）という言葉で幅広く浸透した。トランスフォーメーションとされるのは、これが既存業務のデジタル化を超えて、デジタル技術による既存業務の変革として理解されるためである。

しかし実はこのDXという考え方自体は、それほど目新しいものとは言えない。むしろ重要なことは、このDXという言葉が誕生する前から、日本企業はこれが不得手であるという指摘が繰り返されてきたことである。例えば吉原ら（2003）は、SAP社に代表されるERP（Enterprise Resource Planning: 統合業務パッケージ）ソフトウェア導入の現状について調査し、現在で言われるところのいわゆるDXが日本企業にとっては「悲劇的」

に困難であると指摘している。

ＥＲＰはパッケージソフトと呼ばれるもので、汎用性の高い、いわば「既製服」によく例えられる。もし各企業がその「体型」に「より完璧に」合わせようとすると、それは「お直し」を必要とすることになる。この「お直し」はそのレベルに応じて、カスタマイズ、アドオン、外付け開発、モディフィケーションなどと分類されることが多い。

日本企業の特徴として、このパッケージソフトへの追加機能の多さがそのＥＲＰ導入の特徴として早くから指摘されてきた（ダベンポート、２０００）。さらには、アドオンやモディフィケーションが多いことが指摘されている。標準プログラムの範囲内でパラメータを設定する（カスタマイズ）などの調整の範囲を超えて、業務に合わせた追加プログラムを作成したり（アドオン）、さらにはパッケージソフトの構造そのものにも手を加える（モディフィケーション）ことがしばしば行なわれる。

このことは、多くの日本企業が自社の現在の業務に「自信」があり、そのやり方を変えたくないのだ、と指摘されたりしてきた。日本企業に適合的なのは、業務を変えずにＥＲＰの方を変更するＥＲＰであり、ＥＲＰに合わせるために業務を変更する必要性の強いＥＲＰには抵抗感が強いとされた（吉原・岡部・横田、２００３）。

こうした傾向ははたして、現在ではすでに過去のものとなっているのか。デジタル技術の導入によって業務データの高度活用と業務改革を達成するには、デジタル技術の「お直し」

ではなく、デジタル技術に合わせて業務の側を改革することが、いよいよ求められている。

このようにすでに20年以上前から指摘され、しかも日本企業は不得意とされてきた課題に、どのようにこれから取り組もうとするのか。ＤＸの本質は業務の抜本的な変革であり、業務をデザインし直す（リデザイン）ことにあると言える。一方で近年では、デザイン思考やサービス・デザインの考え方が大いに注目されるようになった。デジタル変革の基準となるものは、自社が顧客に提供する価値の再定義であり、マーケットの再認識であり、事業領域の再確認であると考えられるからである。そのためには、デザイン思考やサービス・デザインが有効なツールになると期待されている。

本書では、「デジタル」と「デザイン」というコンセプトを軸に、日本を代表する企業群においてＤＸがどのように取り組まれているのか、その最前線の情報をご紹介する。

立教大学ビジネスデザイン研究所　所長

庄司貴行

参考文献

ダベンポート、Ｔ．Ｈ．（２０００）『ミッション・クリティカル―ＥＲＰからエンタープライズ・システムへ―』（アクセンチュア訳）ダイヤモンド社

吉原英樹・岡部曜子・横田斉司（２００３）「情報技術革命と日本的経営の緊張関係―ＥＲＰを中心にして」神戸大学経済経営研究所ディスカッションペーパー

《執筆者一覧》（執筆順）＊：監修者

はしがき	立教大学ビジネスデザイン研究所　所長 立教大学大学院ビジネスデザイン研究科　教授	庄司貴行＊
第1章	株式会社NTTデータ経営研究所 執行役員／パートナー シニアマネージャー	 野中　淳 大石智史
第2章	アデコ株式会社 執行役員兼キーアカウント事業本部長 ソリューションセールス事業部　事業企画部長 コンサルティング事業本部　Project Manager	 柳　修一 稲見広之 川口理沙
第3章	三菱食品株式会社　経営企画本部　戦略研究所　客員研究員	北濱利弘
第4章	立教大学大学院ビジネスデザイン研究科　特任教授	和田芳明
第5章	立教大学大学院ビジネスデザイン研究科　特任准教授	高柳寛樹
第6章	立教大学大学院ビジネスデザイン研究科　助教	平井直樹＊
第7章	株式会社NTTデータ数理システム 取締役　営業企画部　部長	 小木しのぶ
第8章	株式会社日立製作所　研究開発グループ デジタルサービス研究統括本部　社会イノベーション協創センタ 主管デザイン長（Head of Design）	 丸山幸伸
第9章	株式会社NTTデータ テクノロジーコンサルティング事業本部 デジタルテクノロジー推進室　Tangity エグゼクティブサービスデザイナー サービスデザイナー	 村岸史隆 太田香織
第10章	株式会社博報堂 ブランド・イノベーションデザイン局　局長 ブランド・イノベーションデザイン局　局長代理	 宮澤正憲 竹内　慶
第11章	Design for ALL株式会社 Founder／データアナリスト	 後藤真理絵
第12章	株式会社NTTアーバンソリューションズ総合研究所 街づくりデザイン部　取締役　上席研究員 街づくりデザイン部　研究員	 今中啓太 阿南朱音
第13章	立教大学ビジネスデザイン研究所　副所長 立教大学大学院ビジネスデザイン研究科　教授	 斎藤　明＊

目次

はしがき

第1章 DX経営戦略—DXを通した変革体質への転換— 1

第2章 DX人財戦略—ビジョンという原動力— 22

第3章 流通DX—DX時代の食品マーケティング— 37

第4章 金融DX—DXによる金融の明日— 57

第5章 地域創生DX—地方DXの背景にある文化の理解— 78

第6章 アジャイルDX—ソフトウェア開発からデジタル組織の変革へ— 114

第7章 データサイエンス—ビジネスでのデータサイエンスの活用— 133

第8章 ソーシャルイノベーションデザイン
—モノ、コト、社会に拡がるデザインへの期待— 162
第9章 サービスデザイン—サービスデザインとＤＸの先にあるもの— 183
第10章 ブランドデザイン—ブランドデザイン— 204
第11章 マーケティングデザイン
—サービス成長を見据えたデータとデザイン人材のコラボレーション— 230
第12章 街づくりデザイン—「まち」をデザインする主役は「人」— 251
第13章 顧客体験デザイン—ラグジュアリ・エクスペリエンスとアート— 278

第1章 DX経営戦略—DXを通した変革体質への転換—

1 序論

立教大学ビジネスデザイン研究所では、立教大学教員と実務専門家教員がアカデミックな世界とビジネスの世界の両方を俯瞰し、ビジネスの現場で発生する事象も交えて解明していく取り組みをしています。

NTTデータ経営研究所は、シンクタンク機能とビジネスコンサルティング機能を持つ会社で、ビジネスデザイン研究所においては、コンサルティング現場での経験を織り交ぜつつ、デジタル領域における経営戦略を学生の皆様とともに探求しています。具体的な各種戦略の理論は後続の章で触れさせていただくとして、本章はDXとは何か、またその重要な構成要素について概略をお話しさせていただきます。

当社の授業では、戦略、組織、データマネジメントといった経営上の主要テーマに対して、コンサルタントと生徒がディスカッションをしながら、DX戦略への理解を深めるプログラムを提供しております。本書では、講義内容を一部抜粋し、講義の中でも重要なポイントに焦点をあてて説明します。

2　DXとは何か、DX戦略の進化

DXという言葉は、昨今では非常に多くの場面で使われるようになりました。この言葉はもともと2004年に、スウェーデンのウメオ大学のエリック・スタルターマン教授が提唱し「ITは進化し続けるテクノロジであり、ITの浸透がわれわれ人間の生活に何らかの影響を与え、その結果、人々の生活をより良い方向に変化させる」という概念として定義されたのが発端と言われています。

日本では、2018年に経済産業省がDXに向けた研究会を発足し、「DXレポート」を公表し、付随するガイドラインや、評価指標の策定を進め、日本企業のDX推進をリードしてきました。とくに2020年に新型コロナウィルス感染症拡大に伴い、官公庁をはじめとして社会システム全体のデジタル化の遅れが指摘され、対面を前提とした手続きの見直しや、デジタル化を推進する人材不足が露呈したため、デジタル庁創設を柱としたデジタル改革が推進されることとなり、DXという言葉も急速に広がることとなったと考えられます。

DXは当初デジタルテクノロジを活用した新たな価値創出に焦点が当てられることが多かったものの、社会浸透が進むにつれて、デジタルテクノロジを活用した変革と捉えられるように変化してきたように見えます。前述のDXレポートの続報版となるDXレポート2

やデジタルトランスフォーメーションの加速に向けた研究会の報告書では、ビジネス戦略およびITシステムの迅速で柔軟な転換を行いながら成長していく企業を〝デジタル・エンタープライズ〟と定義しつつ、企業がデジタル・エンタープライズになるまでのプロセスをDXと定義しているように、DXを変革のプロセスと捉えデジタルを活用することを目的とするのではなく、デジタルを活用し顧客に対してよりよい価値を提供できるように企業が変質することに焦点が当てられています。

昨今では、AIやクラウド等のデジタルテクノロジの普及に伴い、誰もが簡単かつ安価に最先端のテクノロジを使えるようになり、個人の力で大企業でもできない新サービスを構築可能な時代になりました。それに伴い、大企業だからといって既存のサービスの維持だけでは淘汰されてしまうほど競争環境が厳しさを増しています。このような時代だからこそ、企業には自社の存在意義を見つめなおし目指す方向性を定めたうえで、変化に対処しながら顧客に対する価値を提供していく必要があります。我々は、このような組織の変革にこそDXの本質があると考えています。

例えば、図表1－1に示すように、デジタイゼーション（電子化）、デジタライゼーション（システム化・IT化）、デジタルトランスフォーメーション（デジタル化）などという言葉で、企業のDXの取り組み状況が分類されることがあります。デジタル化のほうが高度な取り組みに見えるかもしれませんが、企業の変革という観点では本質的な改善に繋がる

図表1－1　「Digitization」「Digitalization」「DX」とは

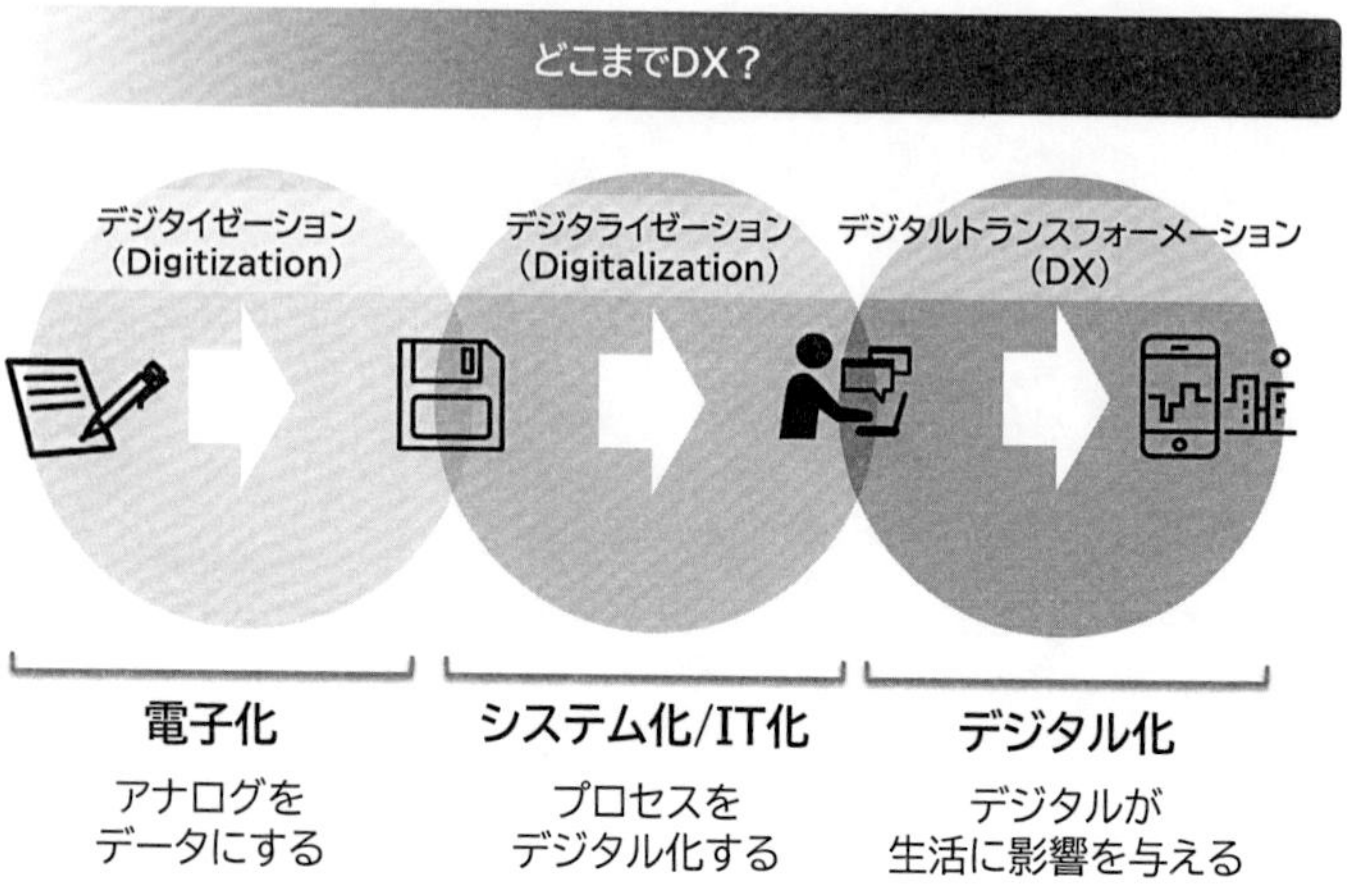

出所：NTTデータ経営研究所作成。

取り組みかどうかが重要となります。これまで紙中心で散逸して管理できていなかった情報を、Ｅｘｃｅｌ等の表計算ファイルでリスト化し、社内で誰もが閲覧できて情報へのアクセシビリティが向上したとしたら、これは立派な変革です。逆に最先端のアルゴリズムを搭載した顧客データ分析ツールを導入したとしても、誰も使いこなせていなければ、変革には結びついていないといえます。

デジタルはあくまでその時々変わるテクノロジの一つと捉え、トランスフォーメーション（変革）をどのように進めるのか、次に示す3つの観点に意識を向けていくことが重要といえるでしょう。

・変化に素早く・柔軟に対応できる態勢をつくる
・継続的に変革し続ける
・最終的に消費者（ステークホルダー）に価値を届けられる

デジタルはその時々で変わるテクノロジの一つとお伝えしましたが、図表1－2に示すようにこの30年ほどのテクノロジ動向を追ってみると、ビジネスとテクノロジの関係が見えてきます。

90年代はそれまでメインフレーム中心だった商用コンピュータのダウンサイジングが進み、汎用的なサーバやＰＣ端末が普及しました。社員が利用可能な端末が増えたことで、手作業・紙媒体中心の仕事に対して、ＰＣ前提の業務に乗り換え効率化を進めるための、ビジネスプロセスリエンジニアリング（ＢＰＲ）の考え方が広まり、業務効率化が各所で行われました。

その後、90年代後半からインターネットが普及し、個人が持つ端末から世界中のＷｅｂサイトにアクセス可能となり、ネット上のコミュニケーションや商取引が盛んになりました。ｅコマースやｅビジネスが台頭してきたのもこの頃となります。インターネットの普及とともにビジネスの現場でもグローバル化が進み、海外にオフショア拠点を持つ企業やグローバル物流網を整備する企業も増加しました。グローバル化に伴い会計基準の統一化が求

図表１－２　テクノロジの年表

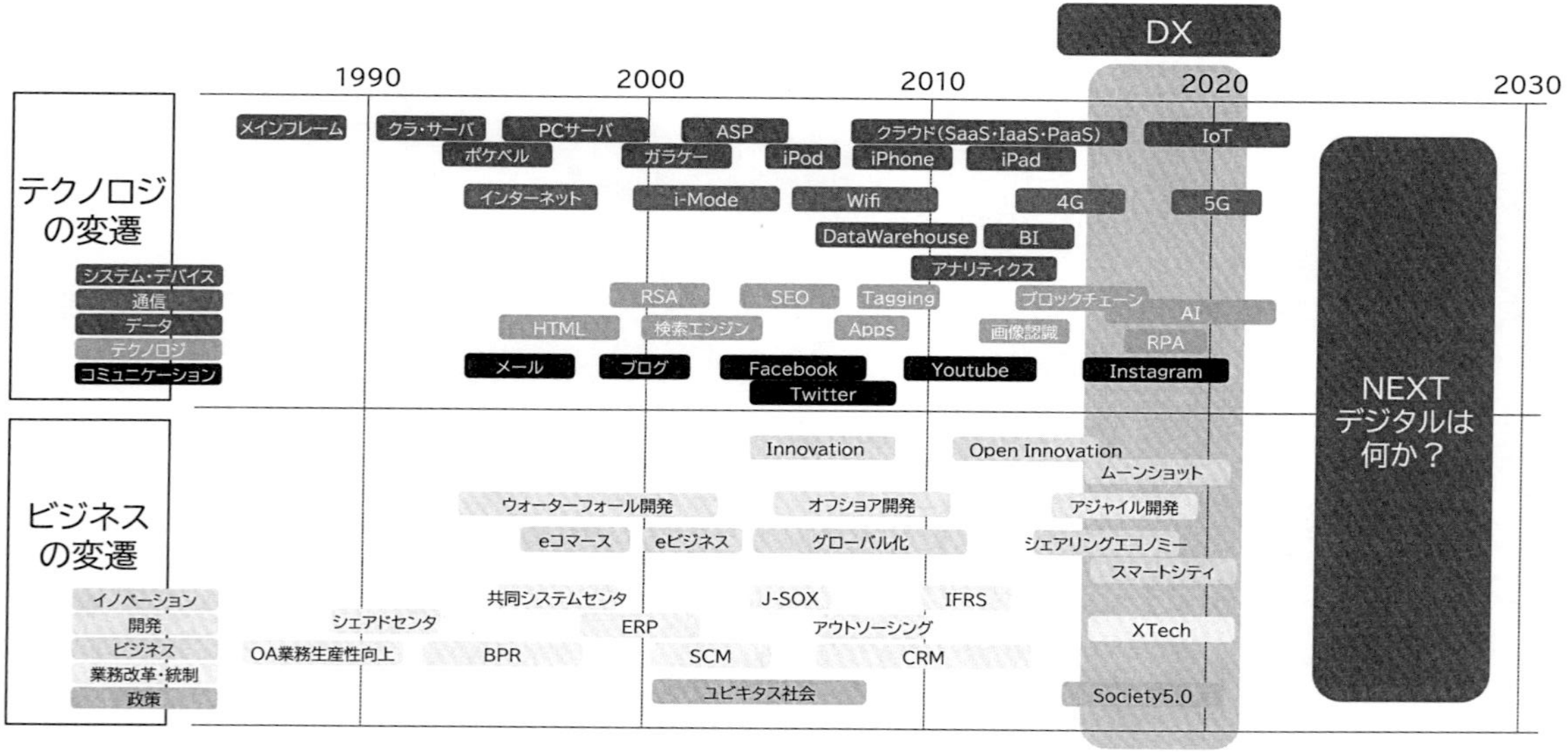

DX
1990
2000
2010
2020
2030
テクノロジの変遷
システム・デバイス
通信
データ
テクノロジ
コミュニケーション
メインフレーム
クラ・サーバ
PCサーバ
ASP
クラウド(SaaS・IaaS・PaaS)
IoT
ポケベル
ガラケー
iPod
iPhone
iPad
インターネット
i-Mode
Wifi
4G
5G
DataWarehouse
BI
アナリティクス
RSA
SEO
Tagging
ブロックチェーン
AI
HTML
検索エンジン
Apps
画像認識
RPA
メール
ブログ
Facebook
Twitter
Youtube
Instagram
ビジネスの変遷
イノベーション
開発
ビジネス
業務改革・統制
政策
Innovation
Open Innovation
ムーンショット
ウォーターフォール開発
オフショア開発
アジャイル開発
eコマース
eビジネス
グローバル化
シェアリングエコノミー
スマートシティ
共同システムセンタ
J-SOX
IFRS
シェアドセンタ
ERP
アウトソーシング
XTech
OA業務生産性向上
BPR
SCM
CRM
ユビキタス社会
Society5.0
NEXT
デジタルは
何か？

出所：NTT データ経営研究所作成。

められ、J－SOX法の制定やIFRS対応が行われたのもこのころです。テクノロジの進歩に伴い新サービスが登場することで、ビジネス環境が変化しビジネスを取り巻く規制やルールも整備されてきたと言えるでしょう。

さらに、2000年代後半からはiPhoneを皮切りにユーザビリティの高いスマートフォンが登場したことで、写真のシェアが簡単になり、SNSが爆発的に普及しました。SNSによって消費者データが大量に生成されるようになると、今度はマーケティングの観点から消費者分析のためにビッグデータ分析が着目されるようになり、さらにディープラーニング技術の登場とともに、大規模データを解析するためのAIも普及し現在に至っております。今後は更なる計算能力向上を目指した量子コンピューティングの実用化も進むことから、現時点では機器の性能で制限されてできないことも、近い将来実現されてくるでしょう。

このようにDXを支える技術は日進月歩で変化しており、常に最先端のテクノロジを理解しビジネスに活用し続けるのは企業としても難しい側面があります。

一方でビジネスの原則はどうでしょうか。以下に示す3つのCに関する文章は実は30年前の記述です。ビジネス上考慮すべき力学の重要なポイントを示した文章ですが、これらの観点は現在においても通じる内容ですし、デジタルトランスフォーメーションにおいても重要な視点です。

・Customer：顧客が主導権を握る
売り手と顧客の関係における主導権が逆転した。優位に立っているのはもはや売り手ではなく顧客である。
・Competition：競争が激化する
今や競争の数が増加しただけではなく、その種類は過多岐にわたっている。（中略）技術は、企業が予想もしなかった方法で競争のあり方を変えている。
・Change：変化は絶え間なく続く
変化は至るところで起こるようになり、継続的となった。変化は当たり前の事象となったのである。

とくに、昨今では下記に示す3点で変革の性質が変化してきていると考えられます。

1　テクノロジによってできることがはるかに増えた
2　プラットフォーマたちを使って分業し、事業をスピーディに立ち上げられる
3　大量のデータが蓄積され、分析・活用されることで、さらに新たなデータが蓄積される（データ還流）

大企業と比較して資金力に限界がある個人や中小企業であっても、プラットフォーマのク

図表１－３　デジタルトランスフォーメーションとは

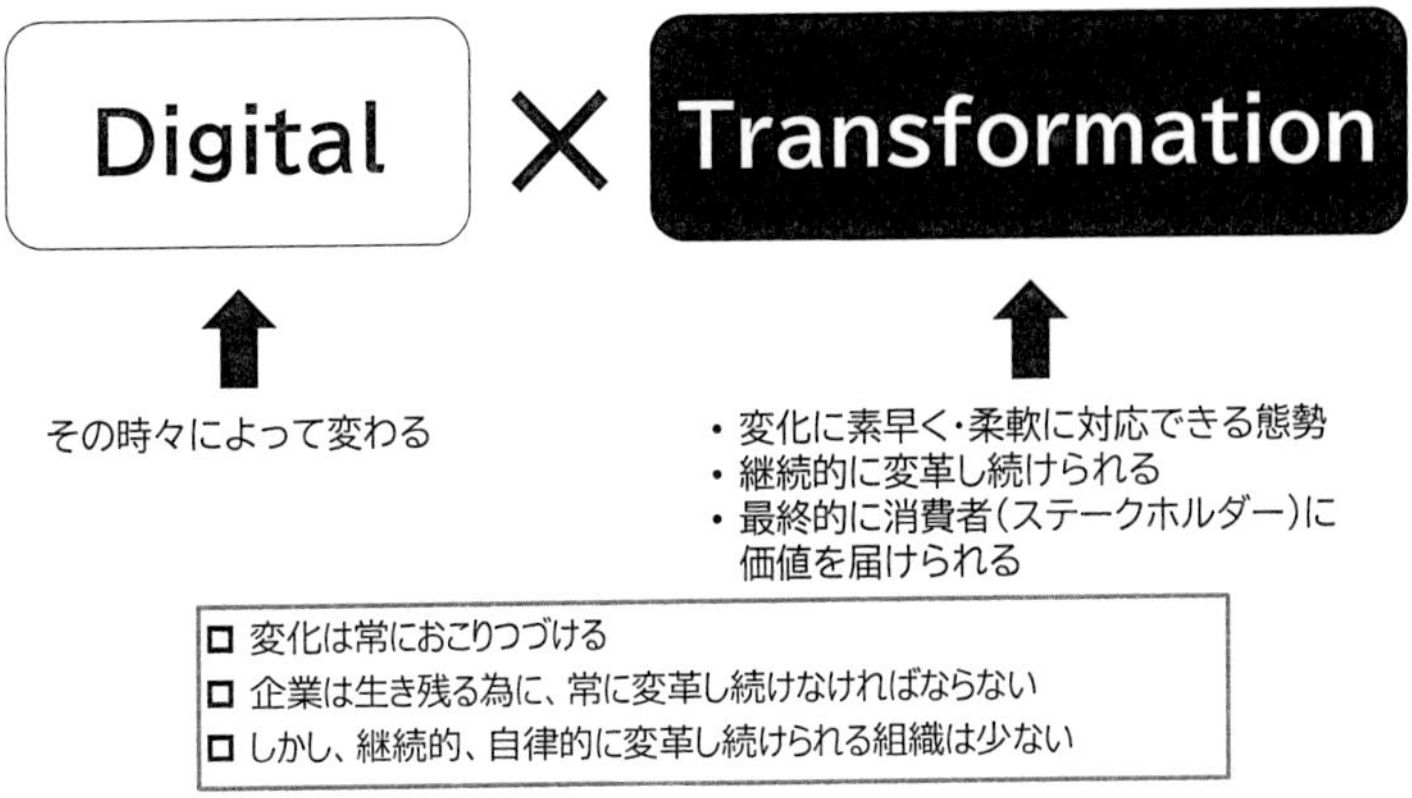

出所：NTT データ経営研究所作成。

図表１－４　変革のタイプ／重要な要素

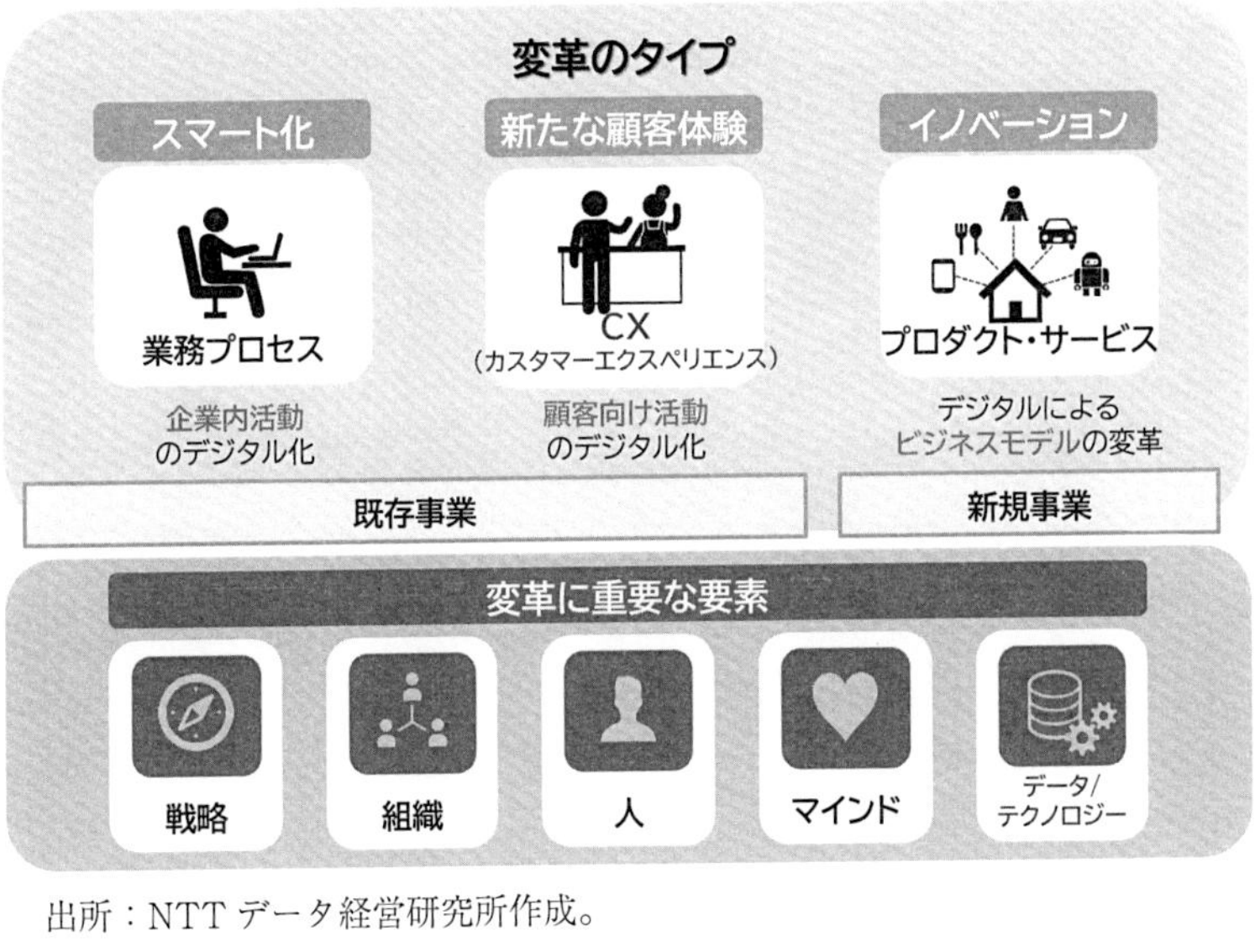

出所：NTT データ経営研究所作成。

ラウドサービスを利用すれば、大企業に比肩するほどのサービスを作り出すことが可能な時代です。図表1－3に示すように、ビジネスにおいては、昔も今も変わらず変革が重要であり、とくにDXでは、企業の中の変革の営みに、デジタル的な要素の付加が求められていると言えるでしょう。

続いて、トランスフォーメーションを企業方針に則った変化への対応と捉えた場合に、実際にはどのような取り組みが行われているのでしょうか。当授業では、コンサルティング実績や各社のレポート等をもとにDXの取り組み事例を精査し、DXの取り組みをおおむね3つのタイプに分類（図表1－4）しています。ここでは企業の実際の事例を紹介しつつ、DXの取り組みのタイプを紹介します。

① スマート化

スマート化とは既存のバリューチェーンや業務プロセスを、デジタルテクノロジを活用して徹底的に効率化・品質向上を進める取り組み、と捉えることができます。紙媒体や手作業の廃止といったデジタイゼーションの取り組みから、業界を巻き込んだエコシステム全体の効率化やスマート化まで、範囲は多岐に及びます。

例えば大手輸送機器サプライヤでは、グローバルに展開する全工場の機器にIoTセンサを設置し、統合的にデータを管理できる基盤を整備することでスマートファクトリを実現しています。これによりグローバルなレベルで工場・各製造機器の稼働状況が可視化でき、動的に変化する受給に対して先を見通したオペレーションが可能となっています。また、住宅メーカでは、技術開発から住宅の施工引渡後までに取得可能なデータをグループ横断的に活用できるよう、データ統合し業務改革を進めています。

このように、自社だけでなくグループやエコシステム全体に対して、ビジネスのバリューチェーン全体改善するために突き詰めてデジタルテクノロジを活用しようとする企業が増えてきています。徹底的なデジタル化を推し進めると、多くの業種のバリューチェーンは大半がデジタルテクノロジを適用できるでしょう。とはいえ、多くの業務プロセスがデジタル化されたとして、業務効率や業務品質、ユーザへの訴求が必ずしも最適な状態になるわけではありません。一度全プロセスのデジタル化を考えたうえで、本質的に人間がやらなければならないことは何かを定義すると、デジタル化する箇所と人間が敢えて行う箇所が明確化されるはずです。

② 新たな顧客体験

新たな顧客体験は、カスタマーエクスペリエンスを向上させるための各種の取り組みと位置づけています。ユーザインタフェースの改善等の目に見える取り組みでは、電子決済可能な自動販売機、セルフレジ等様々な新たな顧客インタフェースが生み出されており、加えて各種マーケティングの取り組みでは、顧客体験向上を図る目的で顧客データの蓄積・分析からクロスセルのシナリオを検討するなど、データの活用が盛んに行われております。

例えば、大手飲料メーカでは、飲食店においてユーザがスマホを用いて注文・決済できる仕組みを取り入れ、コロナ禍における新たな飲食形態を実現させています。近年、ＸＲ（拡張現実技術）等のデバイスの進化に伴いバーチャル空間上に現実に近い世界を表現することができるようになりました。新たな顧客体験はＷｅｂブラウザやアプリベースの世界からメタバース空間へと拡大を続けております。顧客接点が多様化するにつれて、今後も顧客に対し新たな価値を訴求できるサービスやプロダクトの創出は進化を続けていくでしょう。

③ イノベーション

イノベーションは、この言葉だけ耳にすると「業界構造の変革を起こすほどのプロダクトやサービス」を思い浮かべるかたが多いかもしれません。アップルのｉＰｈｏｎｅ、スペースＸ社のファルコンロケットなど、たしかにユニコーン企業がディスラプターとなって新たなビジネス領域を創出するケースもあります。しかし、上述のデジタルガリバー的な企業ではなく、既存企業のさまざまな事例を辿っていくと、イノベーションの創出においては、スマート化や新たな顧客体験の改善を、徹底的に考え磨きこみ続けることが重要ではないかと思われます。

例えば、ある大手自動車保険会社では、保険契約・保険支払いの効率化など、顧客が最適な保険を選定しいざ保険が必要になった局面でスムーズに処置できるようにするための改善が行われてきました。具体的には、保険契約から保険金支払いまでの一連のプロセスをスマートフォンのみで手続き可能にする取り組みや、ＩｏＴセンサ配付によるテレマティクス保険の提供など、デジタルテクノロジを活用したスマート化や新たな顧客体験が改善活動の中心です。変革に向けた取り組みの過程で、この会社は自動車保険会社の在り方を検討し、顧客に提供する価値を「事故のない安心・安全な世の中の共創」と再定義しました。その結果、ＡＩによる認知アシスト、運転行動データを活用した運転手の体調管理、運転行動データを提供し自治体と事故が起こらない街作り、といったそれまで保険会社の守備範囲外だったサービスが立ち上がることになりました。

他方、大手空調機器メーカでは、効率的な空調設備販売や検査管理を実現するためのデジタル活用を進めていました。これまでは故障時の迅速な修理など、エアコンがしっかり稼働することがユーザ志向の中心と考えられ、空調機器を中心としたスマート化の観点での改善が進められてきたと伺っています。快適な空気を提供する企業として自らを位置づけ、「環境負荷を低減し健康で快適な社会」を実現するという目的のもと、エネルギーマネジメントや空調コンサルティング、空気情報の可視化や除菌等衛生技術を組み合わせた安全空間の構築など、空調を基軸に置いた具体的なソリューションを提供することで、顧客へ提供する価値の範囲を拡張し続けていると推測されます。

ここまで紹介させていただいた事例に共通するのは、新たな価値の創出は、スマート化や新たな顧客体験に関する取り組みを経て繋がっているということです。イノベーションにラッキーパンチはなく、変革を志向し自社のあるべき姿から顧客やビジネス提供の仕組みを突き詰めて考えた結果、イノベーションが生み出されることが多いのではないでしょうか。

3　データマネジメント

「これまで蓄積された自社のデータを活用して何か良い施策がうてないか。」時折、このような相談を受けることがありますが、そもそも今、皆様の会社に蓄積されているデータは本当に価値があるのでしょうか?

前章でも述べたように、DXではデータ活用がとくに重要とされております。そのため、今回はデータマネジメントに着目してお話を進めます。

DXにおいては、AIやソフトウェアで利用できるデータを整備する必要もあれば、新たな顧客体験を実現するためのサービス開発に必要な顧客データの分析、意思決定に必要なデータの収集など、データに関わる取り組みは多岐にわたります。DXを推進するうえで、データを資産と位置づけ、投資し、活用することが重要となります。とくに機械学習の時代になり、データ資産の厚みが付加価値に直結するといっても過言ではないでしょう。

ビジネスにおけるデータ活用の歴史を紐解くと、日本では古くは江戸時代に全国に普及した商業帳簿が広く用いられたデータ管理方法ともいわれています。もともと顧客の購買履歴として商品の価格や数量等を詳細に記録するために用いられておりましたが、顧客行動を明らかにするために必要な情報が記帳されており、ＣＲＭデータベースとして機能していたようです。近年では90年代にデータウェアハウスの誕生とともに、データ蓄積用途のシステムが整備され、ＣＲＭの概念が世界的に広まるのと同時に顧客データベース構築が盛んに行われました。また、ｅ－コマース、ｅ－ビジネスの拡大に伴い、データ活用方法も高度化し、インターネット上で消費者の購買行動を記録し、Ｗｅｂブラウザの閲覧履歴と紐づけることによってより高度な分析・アプローチが行われてきています。これらはインターネットのブラウザから多くの情報を取得できることも大きく、グーグル等の会社はデータを駆使したインターネット広告を展開し、広告ビジネスの中核になるまで成長してきました。

このように顧客行動を知るためのデータ活用も、テクノロジの進化とともに高度化が進んできましたが、一方で顧客を理解するため・自社ビジネスを改善していくために、どのようなデータが必要で何を知る必要があるか、整理できている企業はそれほど多くないのが実情です。

イノベーションでは、データは様々なテクノロジの進化や新たなサービスと直結しています。特に、インターネット広告技術の発展により、ユーザデータ分析技術、リスティングやＲＴＢ（リアルタイムビディング）といった手法が確立され、インターネット上で顧客行動に関連する情報のレコメンドが可能となりました。また、ＳＮＳはスマートフォンでアプリを使えるようになり写真や動画のアップロードが手軽に行えるよう進化したことで、ユーザ参加型の媒体として拡大しました。SNSは志向分析に適した情報が多く蓄積されているため、SNSと連動した広告ビジネスも発展しています。ユーザ参加型の観点ではCtoCのユーザマッチング型ビジネスとしてUberやAirbnb、メルカリといったサービスが生まれ、これらはイノベーションの良事例といえるでしょう。Uberやメルカリの概念は古くからあったものの、テクノロジの進化と企業のスマート化の推進によって、さらに使いやすいサービスが実現できたと考えられます。

新たな顧客体験を創出するためには、的確な商品企画、プロモーション、といったマーケティング観点でデータ利活用するために、顧客状況の理解や洞察に資するデータ活用が必要となります。マーケティングにおいて〝個客〟を理解するためにどのようなデータを知りたいのか、何を目的としたデータ分析をするのか明確でなければ、取得したデータからの気づきが得られないこともあります。また、過去に実施した施策の情報を蓄積しておき、施策間での差分を分析することで有効性評価ができるのが望ましいといえます。

スマート化では、業務改善において各業務の状態を把握することが重要で、そのための業務量や時間、かけているコスト、品質などオペレーションに関するデータや、予測に必要な調達や在庫等のデータが必要となります。とりわけ業務改善においては、現場の従業員の気づきが重要で、従業員自ら業務の状態把握や将来予測にデータを活用して改善に取り組めると、より実効的な改善が可能となるでしょう。例えば、大手アパレルメーカーでは、全従業員にデータ分析の研修を行い、基本的なＥｘｃｅｌの使い方を浸透させる取り組みを10年以上継続しています。従業員が使いたいときに使える段階まで、データが〝民主化〟されると、有効な施策が次々と生み出され改善が加速していくことでしょう。

ＤＸの取り組み状況を多数見ていると、ＤＸ推進にデータを活用する場合、図表1−5に示すようなデータ活用上の課題がボトルネックになることが多いと感じています。事業企画担当や経営企画部など、データを用いて企業の方針策定や、具体的な施策の検討を担う担当者が、そもそもどのようなデータを分析したいか整理できていない場合、収集すべきデータ定義がなされておらず、収集する仕組みもないケースがほとんどです。

仮にデータウェアハウスなどデータ蓄積基盤が整備されていたとしても、データのメンテナンスができていなければ、使えない状態となっていることもあります。データメンテナンスには手間がかかるうえ、継続していかなければ意味がないため、大手企業にはデータクレンジング部隊を設けて年間かなりの費用を投資することで必要なデータを「きれい」に保持する努力を怠らないところもあります。加えて、グループ内でサービスごとに複数ＩＤを保持している場合など、同一顧客であっても異なるＩＤでデータが蓄積されていると、ＩＤの紐づけ（属に「名寄せ」というクレンジング作業）に多大な労力を要することになります。また、データを分析した結果、何らかの示唆を出すことができたとしても、出された示唆に対して適切な施策を企画・推進できないケースも散見されます。

図表1－5　データ活用上の課題

データ活用上の課題　－4つの「ない」

データがない	・知りたいことが分かるデータが存在しない
データがきたない	・データの精度，鮮度，粒度が適切でない
データがつながらない	・データ同士がつながらず，個別にしか分析できない
施策につながらない	・分かったけど，何も対応できない

データがきたない（データ品質）

・データ品質の評価には，様々な軸があるが，特に重要なのは，精度，鮮度，粒度の三つの観点

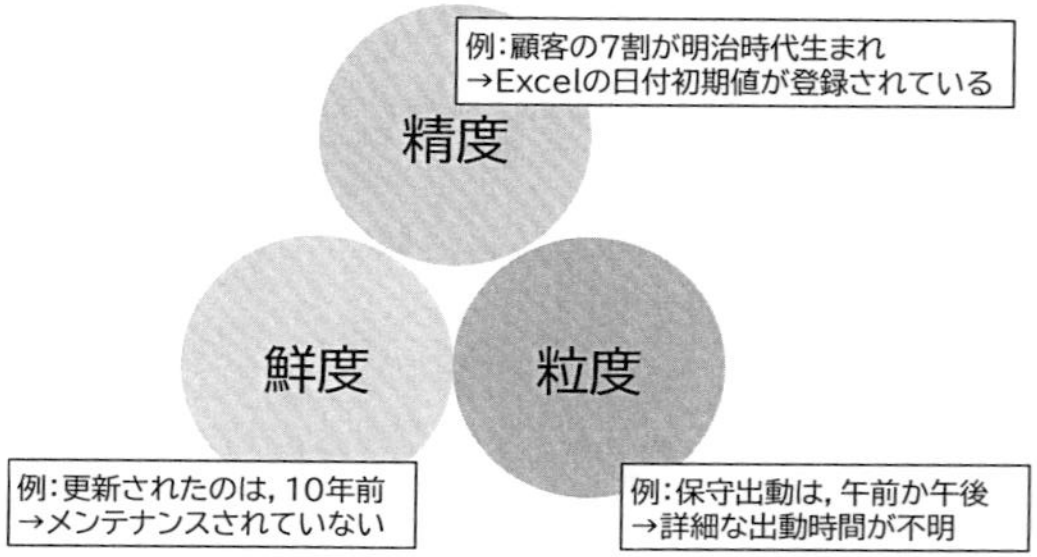

精度
例：顧客の7割が明治時代生まれ
→Excelの日付初期値が登録されている
鮮度
例：更新されたのは，10年前
→メンテナンスされていない
粒度
例：保守出動は，午前か午後
→詳細な出動時間が不明

出所：NTT データ経営研究所作成。

データ活用上の課題は、分析に長けたデータサイエンティストがいれば解消できるというものでもなく、企業が経営上、事業計画上見るべきデータを特定し、計画立ててデータを収集する組織としての姿勢に左右されます。「今あるデータから何か見出す」という姿勢から脱却し、「自社の事業の特性を明らかにするために顧客の○○なデータが欲しい」という観点でデータに対しても主体的に分析できる組織になることが重要と考えます。

4　変革を成功に導くために

ＤＸの社会的広がりは、結果的に企業に対して変革の必要性に気づくきっかけを与え、実際に変革に取り組む企業も増加したと思われます。とくに、新型コロナ感染症拡大に伴いリモートワーク中心の働き方への転換が必要となり、企業に対して強制的な変革が社会要請として突き付けられたことが大きかったのではないでしょうか。

テクノロジは進化を続け、計算機性能の向上、大容量低遅延通信、大規模ストレージを背景に、昨今もソリューションが次々と生み出されています。とくにクラウドコンピューティングの普及は、システム開発やサービス提供に必要なインフラ機器所有の制約をなくし、一般の個人であっても大手企業のプラットフォームを利用して、高度な計算やＷｅｂサーバを利用したサービス提供、アプリケーションの配布など企業と同等の取り組みが可能となりました。アイデアを持ちそれを実現するスキルがあれば、安価に高性能なシステム環境を利用できるため、企業の規模に関わらず、より良いサービスを生み出せる環境が整備されております。

このように、取り巻く環境が劇的に変化していることで、企業の戦略、とくにDX戦略を真剣に考える企業やビジネスパーソンが増えています。ここ数年で投資家等のステークホルダからの要請も背景に、DXを中期経営計画に盛り込み、具体的なDX戦略を公表する企業も増えました。また、構想だけにとどまらず、とくにコロナ禍に伴い企業活動に大きな変化が見られた2020年以降は具体的な施策や、継続的な取り組みも浸透してきているように見受けられます。今後もNextデジタルとなる技術は遠からず出現すると推測されますし、その次の変革ドライバも萌芽の時を待っているはずで、登場までのサイクルはさらに短くなることでしょう。しかし、重要なのは、継続的に変革を進める組織体質を獲得し、変化を取り込んでいくことだと考えます。

近年のDXに対する意識の高まりにより、自社のサービスのデジタル化、新しい顧客への価値、自社のミッションを考える企業が増えたことは、日本経済にとって重要な意味を持ちます。変化に対して真剣に取り組む企業が増えれば、今後も世界と戦えるだけのサービス・プロダクト開発で後れを取らずに、日本の存在感を世界に対して発信し続けることができるはずです。

【参考文献】

Hammer, Michael. and Champy, James.（1993）*Reengineering the Corporation: A Manifesto for business revolution*, HarperBusiness.（野中郁次郎訳（１９９３）『リエンジニアリング革命―企業を根本から変える業務革新』日本経済新聞社．）

Stolterman, Erik & Fors, Anna Croon（2004）“Information technology and the good life”, Umeo University.

経済産業省　デジタルトランスフォーメーションに向けた研究会（２０１８）「ＤＸレポート ～ＩＴシステム「２０２５年の崖」克服とＤＸの本格的な展開～」平成30年９月７日．https://www.meti.go.jp/shingikai/mono_info_service/digital_transformation/20180907_report.html

経済産業省（２０１９）「デジタル経営改革のための評価指標（「ＤＸ推進指標」）を取りまとめました」２０１９年７月31日．https://www.meti.go.jp/press/2019/07/20190731003/20190731003.html

経済産業省「デジタルトランスフォーメーションの加速に向けた研究会の中間報告書『ＤＸレポート２（中間取りまとめ）』を取りまとめました」平成30年12月28日．https://www.meti.go.jp/press/2020/12/20201228004/20201228004.html

第2章　DX人財戦略―ビジョンという原動力―

1　はじめに

「課題先進国」という言葉をご存じでしょうか。

「課題先進国」とは、国際的に先例・前例のない課題を多く抱えている国という意味ですが、日本の現状を端的に言い表しています。他国がまだ経験していない課題に直面しているということは、前例を参考にすることができないという難しさがありますが、見方を変えればこれはチャンスでもあります。日本が最初の課題解決国になることができれば、他国のモデルとなり、その分野で世界をリードすることができます。

社会変革企業になることを目指すAdecco Group Japanも、現在の日本における課題の一つひとつを危機ではなく機会と捉え、課題の解決を通じて社会全体にポジティブな影響をもたらしていこうと考えています。

1・1　ビジョンという原動力

①　社会変革企業として課題解決をする

Adecco Group Japan は中期経営計画を策定する際、現在を起点とし未来を予測するフォアキャスティング的なアプローチではなく、未来のビジョンを明確に描き、そのゴールへの道筋を考えるバックキャスティングで議論を重ねました。我々自身が社会の変革をリードする存在となり、それによってこの社会全体にポジティブな影響をもたらしたいという思いのもと、「『人財の躍動化』を通じて、社会を変える。」というビジョンを掲げ、日々事業を運営しています。

なかでも人財会社として我々が着目した課題は、人口減少、少子高齢化、デジタル化の遅れです。日本の人口は毎年減少傾向にあり、２０５０年までに現在より2、０００万人も減少するとみられています。また、現在の65歳以上の人口は3、５８９万人で総人口に占める割合（高齢化率）は28・４％です。これが、さらに２０５０年には38％となり超高齢化社会を迎えます。

一方でＤＸ（デジタルトランスフォーメーション）において、先進諸国と比較するとかなり遅れをとっています。ＩＭＤ（スイスの国際経営開発研究所）の世界デジタル競争力ランキング２０２２の発表によると、日本は過去最低の29位となりました。本ランキングは、63の国と地域を対象に、デジタル技術の利活用能力を「知識－Knowledge」「技術－

Technology」「未来への対応－Future Readiness」といった観点から評価しています。中でも小項目の「国際経験（知識）」「ビッグデータ活用・分析」「ビジネス上の俊敏性（Business Agility）」（未来への対応）については調査対象国・地域の中で最下位となっています。これらのランキングから見てもデジタルの世界において日本の競争優位性はなく、政府だけでなく企業と個人もデジタル化という課題について深刻に捉えなければなりません。DXを最大化するには自らデジタルということについて学び直すことが必要となりますが、知識だけではなく、それを活用する力（課題解決力）を学ぶことが重要です。Adecco Group Japanがどのようにデジタルスキルだけでなく課題解決力を企業として向上させていくのかについても本章で触れていきたいと思います。

ＩＣＴ導入やＤＸ推進などによって生産性向上を図る動きが注目されている中、テクノロジーの活用は不可欠です。ただ、労働力人口減少に伴う諸問題は、テクノロジーの力だけでは解決しきれません。テクノロジーを使うのも、生み出すのも「人」だからです。その意味でも労働生産性を飛躍的に向上させるには、人財のポテンシャルを最大限に引き出す必要があります。個人が持っている力、ポテンシャルを最大化させていくことこそが、社会全体の課題の解決に繋がるのではないかと考えます。

図表２－１　ビジョンの明確と「いきいきと働いている人」の割合の関連性

調査対象人数 3,262名	ビジョンが明確な人 約35%	いきいきと働いている人 約40%
		いきいきと働いていない人 約60%
	ビジョンが明確でない人 約65%	いきいきと働いている人 約10%
		いきいきと働いていない人 約90%

出所：Adecco Group Japanが行った市場調査（2020年12月）。

②　どのようにすれば個々人の力を最大化できるか

では、どのようにすれば個人の力は最大化するのでしょうか？　我々は、人がいきいきと働くことができるかどうかがカギだと考えています。そして、いきいきと働くためには、自身の目的とゴール（ビジョン）を明確にすることが必要になります。そうすることで、最大のパフォーマンスを発揮することにもつながります。

Adecco Group Japanが２０２０年12月に日本全国の働く人々を対象に行った市場調査では、自身のビジョンが明確であると回答した人は約35％で、そのうち約40％（全体の約14％）がいきいきと働いていると回答していました。一方、自身のビジョンが不明確であると回答した人は約65％で、いきいきと働いていると回答したのはそのうちのわずか10％ほどでした。ビジョンが明確であることといきいきと働いているかどうかは繋がっており、ビジョンが不明確な層が明確なビジョンを持てるように支援することで、いきいきと働く人を増やすことができるのではないか。Adecco Group Japan はここに大きなポテンシャルがあると考えています。

③「人財躍動化」を通じて社会を変える

Adecco Group Japan は、人がビジョンを持っていきいきと働いている状態を「人財が躍動している状態」と定義しています。仕事を通じて人財が躍動できるように支援する「人財躍動化」で社会を変革に繋げる取り組み、その推進こそが私どもの第一義とするところです。その第一歩として、個人が自らの「ライフビジョン」を言語化するということに取り組んでいます。人がいきいきと働き、仕事を通してやりがいを見出せる状態になるには、そもそも自分がどういう人財になりたいか、どう在りたいか、そしてどのような人生を歩んでいきたいのかを明確にする必要があります。

ここで Adecco Group Japan が用いているフレームワークを紹介します。アルファベット表記の「IKIGAI」をご存じですか。これは、近年海外で注目を集めている日本語のワードです。「IKIGAI」は、もともとアメリカの作家・研究者のダン・ビュイトナー氏の著作『ブルーゾーン 世界の100歳人(センテナリアン)に学ぶ健康と長寿のルール』で紹介された言葉でした。ビュイトナー氏は、沖縄の人々の長寿の理由のひとつとして「IKIGAI」に言及したのです。その後、アメリカの起業家のマーク・ウィン氏が「IKIGAI」をベン図として整理しました。「IKIGAI」は、「好きなこと」「得意なこと」「社会が求めていること」「稼げること」の4要素で構成されており、その4要素が重なった部分こそが

図表２－２　IKIGAI の４要素

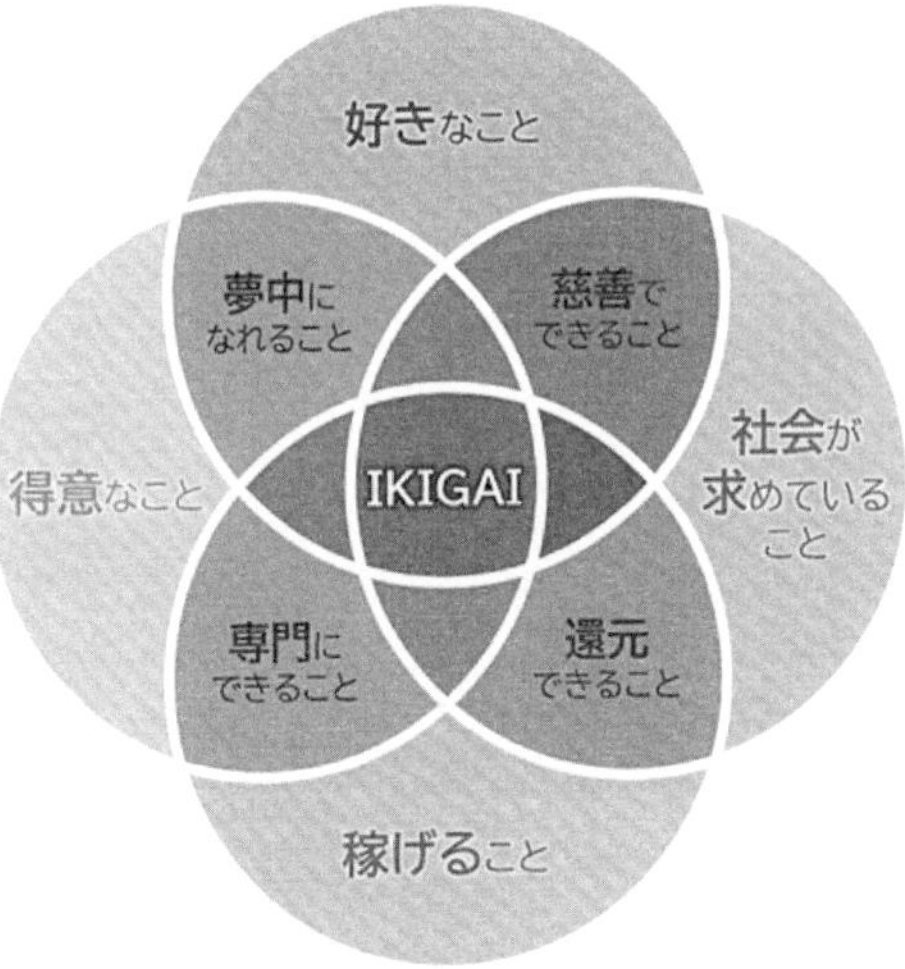

出所：Mark Winn “What is your Ikigai?” May 14, 2014
（https://theviewinside.me/what-is-your-ikigai/）より。

「ＩＫＩＧＡＩ」であるとしています。この「ＩＫＩＧＡＩ」を言い換えたものが「ライフビジョン」です。

ライフビジョンを明確化できると、それを達成する手段としてキャリアが存在し、どう働きたいのかというキャリアビジョンを考えていくことに繋がっていきます。ライフビジョンとキャリアビジョンが明確になればなるほど、やる気になり、自分が持つポテンシャルを最大化することが可能です。そして、ビジョンが明確であれば、ビジョン実現のための過程に壁があっても乗り越えることができる。つまり、ビジョンがその人の原動力になるのです。

2 「人財躍動化」に向けたAdecco Group Japanのビジネス戦略

組織として実現したいビジョンと、個人として実現したいビジョンをマッチングする。それによってこそ、やる気に満ち溢れた状態になるのだと考えています。それが我々の掲げる「人財躍動化」です。この節では「人財躍動化」を達成するために、「適財の輩出」、「適所の創出」、「ビジョンマッチング」の3つに分けて説明していきます。

2・1 適材の創出

全ての働く人々にビジョンという原動力とスキルが備わった時、組織は飛躍的に躍動します。今までの日本の教育は、すでにある正解へたどり着くこと、またその方法を教えるという教育に優れており、国民のリテラシーはそれによって上がっていきました。このような日本型教育は大きな効果を発揮し、経済を含め日本全体の急速な発展につながりました。しかし、現在はＶＵＣＡ（「Volatility（変動制）」「Uncertainty（不確実性）」「Complexity（複雑性）」「Ambiguity（曖昧性）」）の時代と言われ、未来の予測が難しくなっています。我々は正解のない世界、自ら正解を導かなくてはいけない世界で生きているのです。さらに、課題先進国である日本では、前例から学ぶことができない中で課題を解決しないとなりません。

Adecco Group Japanは、ＶＵＣＡの時代にすべての人財が身に着けるべきスキル

図表２－３　Adecco Group Japan 適財適所の創出とビジョンマッチング

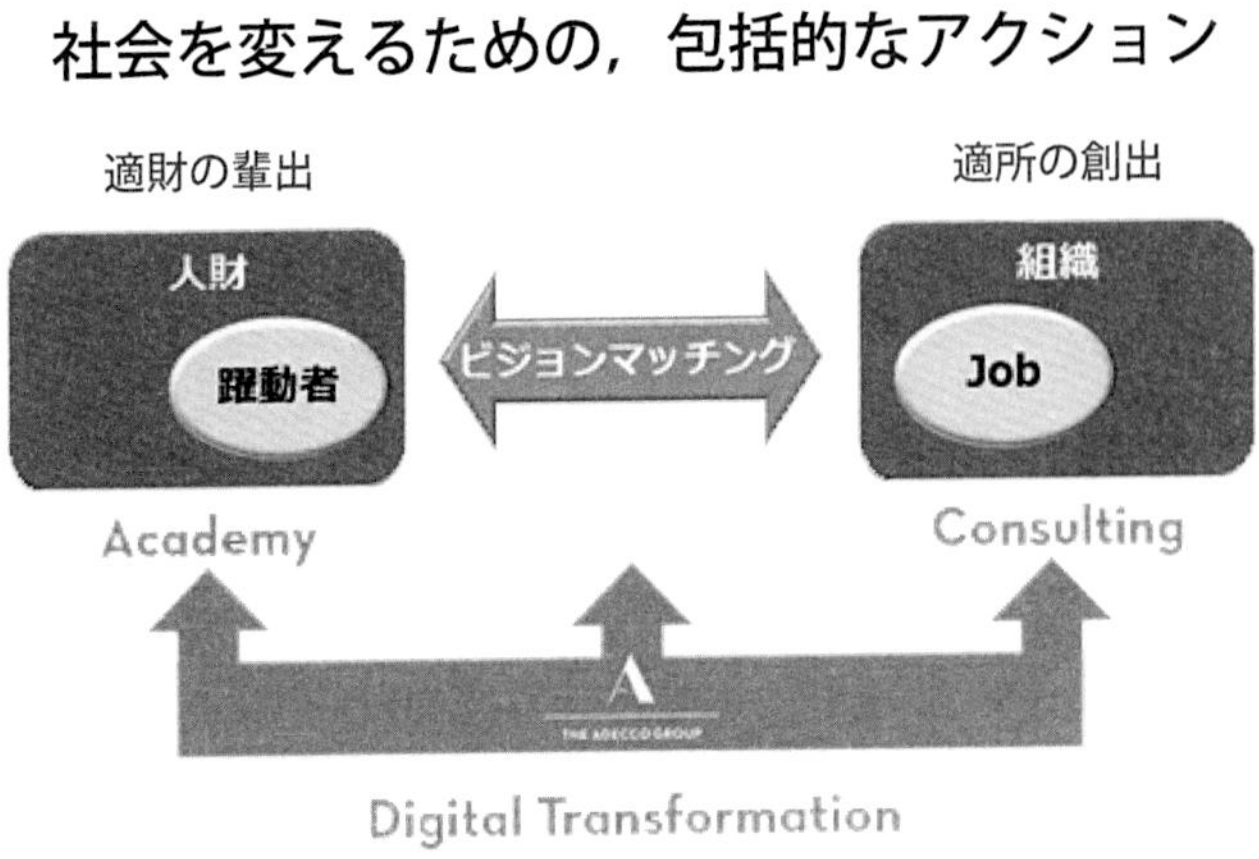

出所：アデコ株式会社。

が３つあると考えており、これを「３Ｓｋｉｌｌｓ」と呼んでいます。やる気を生み出し、そのやる気を持続可能とする「内発的動機」、様々な本質的な課題を解決する思考法である「課題解決能力2.0」、また生産性を最大化する「Ｄｉｇｉｔａｌリテラシー」の３つです。「３Ｓｋｉｌｌｓ」は業界や職種を問わず、これからのＶＵＣＡ時代において全てのビジネスパーソンにとり活躍できるために必要なスキルとして欠かせません。

ではAdecco Group Japanが考えるＤＸ人財とはどのような人財でしょうか。それは、Ｄｉｇｉｔａｌを利活用し新たな価値を創造できる「自律・自走型」の人財と定めています。つまり、自律・自走できるＤＸ人財は、自分自身のキャリアビジョンを考える力があり、加えて価値創造に向けた課題解決の思考

図表２－４　VUCA時代に躍動する人財が有する３Skills

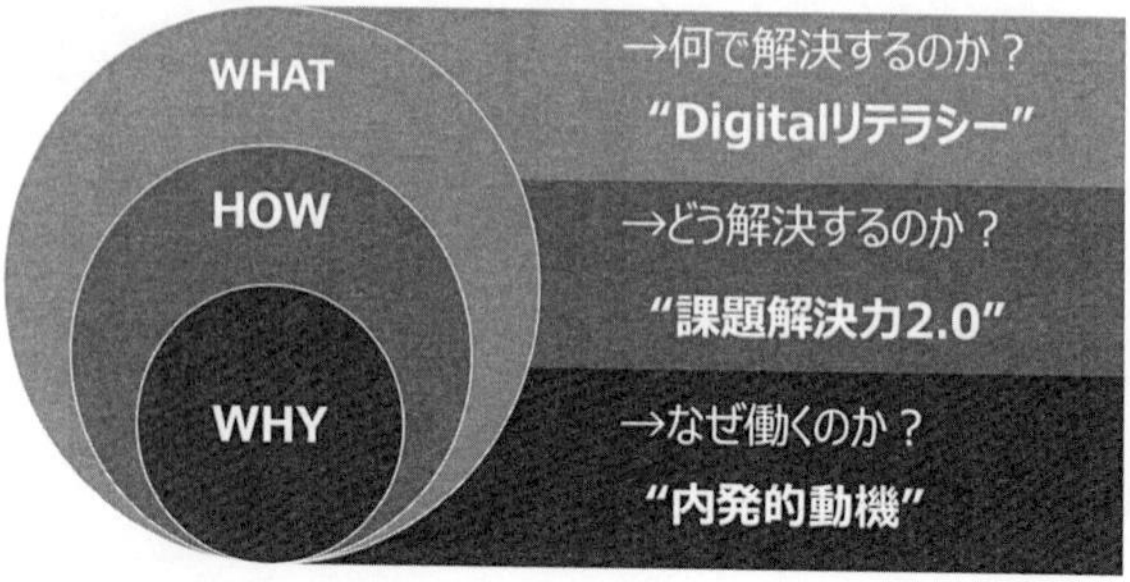
WHAT
→何で解決するのか？
“Digitalリテラシー”
HOW
→どう解決するのか？
“課題解決力2.0”
WHY
→なぜ働くのか？
“内発的動機”

出所：アデコ株式会社。

法を習得している。一方で自走のための技術としてデジタル利活用を発想する力がある人財ということになります。

ここで１００年後の未来を考えてみましょう。イギリスのオックスフォード大学が、近い将来に現在ある仕事の90％は機械（ＡＩ）化するという研究結果を公表しました。また、野村総合研究所は、この先15年で現在ある仕事の49％がなくなるというレポートを出しています。90％の作業がテクノロジーに置き換えられるというわけですが、ただ、複合的な知性や複雑な判断を要する意思決定、それから型にとらわれないような価値創造の仕事は、テクノロジーには代替されにくいはずです。そのような複雑な意思決定や価値創造ができるには、物事を多角的な視点で捉える力、物事を深掘りし自分事にする力、それに付随して行動力、発信力、周りを巻き込み推進する力が不可欠です。そのような力はビジョンがない個人では発揮されることはありません。ビジョンがあるから

図表２－５　社員のＩＴリテラシー向上を重要課題とする企業の割合

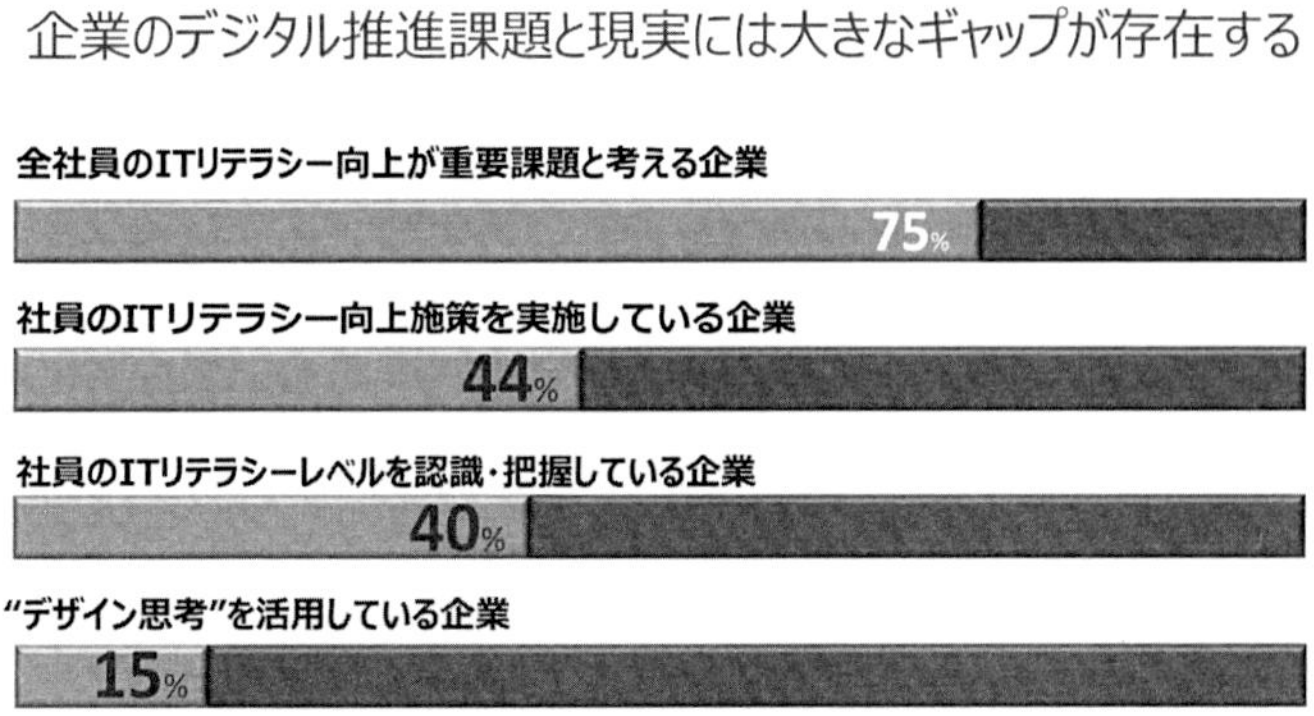

出所：IPA「DX 白書 2021」を基に作成（n=500 社超）。

こそ生み出される力なのです。そういった意味でも、ただＤｉｇｉｔａｌスキルを向上させても「人財躍動化」には繋がらず、やはり個人のビジョンの明確化が最も重要になります。

実際に企業のデジタル推進の現状に目を向けてみます。ＩＰＡ『ＤＸ白書２０２１』によれば、全社員のＩＴリテラシー向上が重要課題と考える企業は75％となっています。ところが、社員のリテラシー向上施策を実施している企業は44％、社員のＩＴリテラシーレベルを認識・把握している企業が40％、「デザイン思考」を活用している企業はわずか15％に過ぎません。企業がデジタル推進を課題としながらも、その現実とには大きなギャップがあります。さらに個人のスキリング認識にも課題があり、ＯＥＣＤ調査によると教育機関で学ぶ人の割合（25～64歳）がＯＥＣＤ諸国の平均に比べると低いという結果が出ています。

Adecco Group Japanでは、「適財」の輩出を実現するために「3Ｓｋｉｌｌｓプログラム」という教育プログラムを開発しました。3Ｓｋｉｌｌｓとは、ライフビジョンおよびキャリアビジョンの明確化に加えて、すべてのビジネスパーソンが躍動するために身に着けるべきだと我々が考えている3つのスキルです。具体的には、「内発的動機をセルフコントロールする能力」、テクノロジーを使いこなすための「デジタルリテラシー」、そして、ロジカルシンキングとデザインシンキングで構築される「課題解決力」です。我々は、2025年末までに30万人に対ししてこの「3Ｓｋｉｌｌｓプログラム」を提供することを目指しています。

こうしたデータを基にしつつ、人財総合会社としてのAdecco Group Japanは、適材の創出のため一人ひとりの働きがい、ライフビジョン・キャリアビジョンの明確化と併せて、「内発的動機をセルフコントロールする能力」、テクノロジーを使いこなすための「デジタルリテラシー」、ロジカルシンキングとデザインシンキングで構築される「課題解決力」という3つのスキルを養う教育プログラムを提供しており、2025年までに30万人に提供していくことを目指しています。

2・2 適所の創出

「適財」の輩出ができればすぐに社会が躍動するかといえば、そうではありません。才能のあるダンサーがいても舞台がなければ踊ることができないのと同じように、個人が明確なライフビジョンとキャリアビジョンを持てたとしても、それを実践できる場がなければいきいきとは働けません。人財がいきいき働ける場所、つまり適所がないと、人は能力を最大限に発揮できません。前項で人財にとってビジョンの明確化がいかに重要なのかについて触れましたが、雇用する側の企業もビジョンドリブンのコミュニケーションを進めていくことが求められます。

Adecco Group Japanでは、企業の5年後、10年後のビジョンをヒアリングし、なりたい姿を実現するために『人財躍動化コンサルティング』サービスを展開しています。現状をどう改善できるかを考えて、その策を積み上げていくフォアキャスティングではなく、なりたい姿の未来像から逆算して現在の施策を考えるバックキャスティングの考え方で、企業の様々の人事課題、組織課題にアプローチしていきます。

ここで1つ例を挙げましょう。ある企業が「人財不足」という課題に直面しているとしましょう。こうした場合、一般的には、人財紹介会社にその解決を求めることが多いと思います。しかし、これは応急処置の問題解決に過ぎません。「人財不足」という課題を根本的に解決していくためには、なぜその企業で人財が不足しているのかという問いを深掘りしていく必要があります。もしかすると、評価制度が古いままで、社員が自らの頑張りを評価してもらえていないと思っていることが人財不足の理由かもしれません。あるいは社内のエンゲージメント（従業員満足度）が低く、会社の一員であることへの誇りがなく、組織としてのパフォーマンスが最大化できていないために離職している社員がいるのかもしれません。顧客が気づいていないような課題を深掘りし、その根本原因を見出していくことが重要になります。

我々は、全ての組織で働く人財が、ポジション・働き方・雇用形態などに関わらず、組織のビジョンに向け躍動化できる環境を創出することを、「適所」と定義しています。デジタルの進化は「適財」の定義を変えているだけでなく当然ながら「適所」も変わっていっています。第1節で述べた現在の仕事の90％はＡＩに代替されると言われている通り、いまある仕事の一部は将来なくなる可能性があります。一方、新たな時代の到来により、今までにない新しい仕事も生まれてきます。そういった仕事は、テクノロジーを活用しながら今までになかったものを創造したり、幅広い領域でクリエイティビティが求められるようになったりと、これまでは存在しなかった仕事になる可能性があります。そういった意味でも、企業はそのような人が新しい価値を創造してイノベーションを引き起こせるような組織、つまり「適所」を創っていく必要があるのです。

またシームレスな世界になっているからこそ、多くの優秀な人財にとって活躍の場が日本国内にとどまらなくなります。ＶＵＣＡ時代に活躍できる人財が日本の企業では活躍できる場がないと考えた場合、活躍できる場を求めて海外に出て行く選択肢も多くなるでしょう。そうした意味でも、「適所」の創出が今後の日本の経済成長を支えるカギになるのではないかと思います。

Adecco Group Japanでは、組織のこうした「適所」創出をサポートするため、「人財躍動化コンサルティング」を提供しています。これを通じて、2025年末までに30万ポジションの「適所」を創出していくことを目指しています。

3　DXを成功させる秘訣

第1節と第2節では、Adecco Group Japanの掲げるビジョン「人財躍動化を通じて、社会を変える」を実現していくための想いと戦略について述べてきました。最後に本節ではAdecco Group Japanが考えるDXを成功させるポイントをお伝えしたいと思います。その方法は至ってシンプルですが、実践するのは容易ではないかもしれません。ただ、その要点を押さえれば、どのような企業でもDXを通じて飛躍できると考えています。

DXに取り組む企業のうち、DX化に95%は失敗しているといわれています。なぜ多くの企業はDXに失敗するのでしょうか。ここで述べたいのは「デジタルは魔法の杖ではない」ということです。何かシステムを導入すれば課題を解決できる、もしくは効率化できるわけではありません。システムを活用できる人財がいなければ、新しいシステムを入れたところで意味がありません。そもそも、何が課題でどんなシステムが必要かすら分からないでしょう。

ここで、一つ例を提示したいと思います。飛行機の進化についてです。1903年に「ライトフライヤー号」が世界初の有人動力飛行に成功しました。そのあと飛行機はより速く、より高く、より遠く飛べるよう改良が続けられ、わずか50年後の1952年には世界初のジェット旅客機が就航しました。ライト兄弟は50年後に旅客機が飛ぶとは思いもしていなかったかもしれません。なぜわずかな時間で飛行機は急速に進化を遂げられたのでしょうか？　それは、ビジョンを持った人々が、その実現に向けて努力したからです。

ＤＸも飛行機の進化と同様、ビジョンが明確でなければ進みません。むしろ、時間と労力と費用が意味なく費やされ失敗に終わってしまいます。ＶＵＣＡの時代という先を見通すことが非常に難しく、何が正解なのかわかりにくくなっている現代において、ビジョンの重要性はこれまで以上に大きくなっています。ビジョンが明確であれば、そこへたどり着くまでの戦略や施策は必ず生まれてくるはずであり、そういった戦略を前へ進めるためにデジタルは大きな力となります。ＤＸはビジョンを実現するために不可欠な手段ですが、それ自体が目的ではないことを常に意識する必要があります。確固たるビジョンを持つことができれば、すべての企業がＤＸを通じて飛躍することができるはずです。

【参考文献】

ＩＰＡ独立行政法人情報処理推進機構（２０２１）『ＤＸ白書２０２１』.

第3章　流通DX―DX時代の食品マーケティング―

1　はじめに

ＤＸ（デジタルトランスフォーメーション）の必要性が叫ばれて、久しくなります。しかし、自信をもって「当社は順調に取り組みを進めている！」と胸を張れる企業はまだ少ないのではないでしょうか？　食品業界も、必要性は痛感しながら、日々の業務に追われ、思うように取り組みが進んでいない企業が多いように感じられます。

食品業界を取り巻く環境は、厳しさを増す一方です。詳しくは本文に譲りますが、環境が激しく、目まぐるしく変化する今日、山積する課題に適切、かつ効率的に対処するためには、急速に進歩するデジタル技術を活用してゆかなければ、企業存続も覚束ない状況となっています。

メーカーから、卸売、小売業に至る食品業界は、膨大な量の、多種多様な商品を、1年365日、毎日取り扱う業界です。物の動きと、最終顧客である生活者の生活実態、価値観、行動実態、ニーズといった、多様なパラメーターを、瞬時に、しかも、正確に分析して、打ち手に結び付けることが必須の課題となっています。これは、正に、デジタル技術の活用なしには解決できない課題と言ってよいでしょう。

経済産業省は、DXを「企業がビジネス環境の激しい変化に対応し、データとデジタル技術を活用して、顧客や社会のニーズを基に、製品やサービス、ビジネスモデルを変革するとともに、業務そのものや、組織、プロセス、企業文化・風土を変革し、競争上の優位性を確立すること」と定義しています。

そうだとすれば、「出荷データ」という物の流れの「ビッグデータ」を持ち、「メーカー情報」「小売業情報」、さらには、自ら調査分析している「生活者情報」をも有して、食品業界のハブ的な位置付けにある三菱食品が、メーカー、卸、小売業を一気通貫して、業界全体のDX実現に向けて果たし得る役割は、極めて大きいと言ってよいでしょう。

本章では、重要な社会インフラである、食品業界全体のDX推進のために、三菱食品㈱が保有する、膨大な「食品流通ビッグデータ」や、「生活者データ」をフルに活用し、価値ある「有償サービス」として、「食品メーカー」「小売業」に提供してゆく取り組みについてご紹介します。

2　三菱食品と食品流通ビッグデータ

三菱食品株式会社は、三菱商事グループに属する東証スタンダード市場上場の総合食品卸売り企業です。売上高は2兆円を超え、食品卸売企業としては、日本最大規模です。

食品卸売業は、「中間流通」と呼ばれ、食品メーカーと、小売業の間に立ち、物流、商流に加え、食のマーケティングに関わる、様々な情報の流れも担っています。三菱食品の仕入れ先メーカーは、総合計で9、000社に及んでおり、加工食品、低温商品（冷凍食品、チルド食品）、菓子、酒類の、4つの食品領域の全てと、常温、チルド、冷凍の全温度帯をカバーした、「フルライン」の業容となっています。販売先である、取引先小売業は、スーパー、コンビニ、百貨店、ドラッグストア等のリアル店舗から、成長著しいECサイトにまで及びます。企業数では3、500社、店舗数では10万店と、膨大な数の小売店舗と繫がっています。

三菱食品の全国400か所に及ぶ物流拠点を通じて、9、000社の食品メーカーから、日本全国10万店の小売店舗への、数十万アイテムにも及ぶ商品の流れは、年間で12億件を数え、正に食品流通の「ビッグデータ」そのものなのです。

3 食品業界を取り巻く環境

2020年初頭からのコロナ禍による混乱に加え、ウクライナ紛争、エネルギーと食料を中心とした世界的なインフレは、食品業界にも大きな影響を与えています。

さらに、日本では、固有の課題として、次のような問題を抱えています。

（1）加速する人口減少 → 食品市場の縮小

（2）深刻な少子高齢化 → 高齢人口増による店舗へのアクセス能力の低下

（3）「単身世帯」と「夫婦のみ世帯」の増加による世帯規模の縮小（東京との平均世帯人員1・95人、全国平均2・27人　総務省「2020年国勢調査速報集計」）→食品の販売単位の縮小、「作るより買う」ことの合理性拡大

（4）「所得の低下」と「格差拡大」→生活スタイルとニーズの分散化、多様化

そして、このことが経済力の衰退、国際的な日本のプレゼンスの低下、さらには、地方の活力低下といった状況を生み、食品業界にも大きな影響を及ぼしているのです。

4　食品小売業界で進行する「ビジネスモデル」の同質化

前節で述べた4つの変化を受け、食品市場では、大きな変化が起き始めています。

図表3－1は、コロナ禍を機に、急速に進みつつある、小売業界の「ビジネスモデルの同質化」を示したものです。従来は、左の「棲み分けの時代」に示したように、小売業の各業態は、それぞれの固有のビジネスモデルで競い合っていました。「店舗内で来店客に食事をしてもらう」という形は、外食の領分でした。「各家庭への商品の配達」は、もっぱら生協の得意分野でした。野菜や果物といった「生鮮食品」の店頭販売は、食品スーパーが担っていました。そうした「業態間の垣根」が、コロナ禍を機に一挙に崩れ始めているのです。

今では、生協以外に、食品スーパーやコンビニエンスストア、ドラッグストアまでもが、個人宅への配送に乗り出しています。あらゆる業態が「宅配」に乗り出していることから「ど

図表３－１　小売業界で進む「ビジネスモデルの同質化」

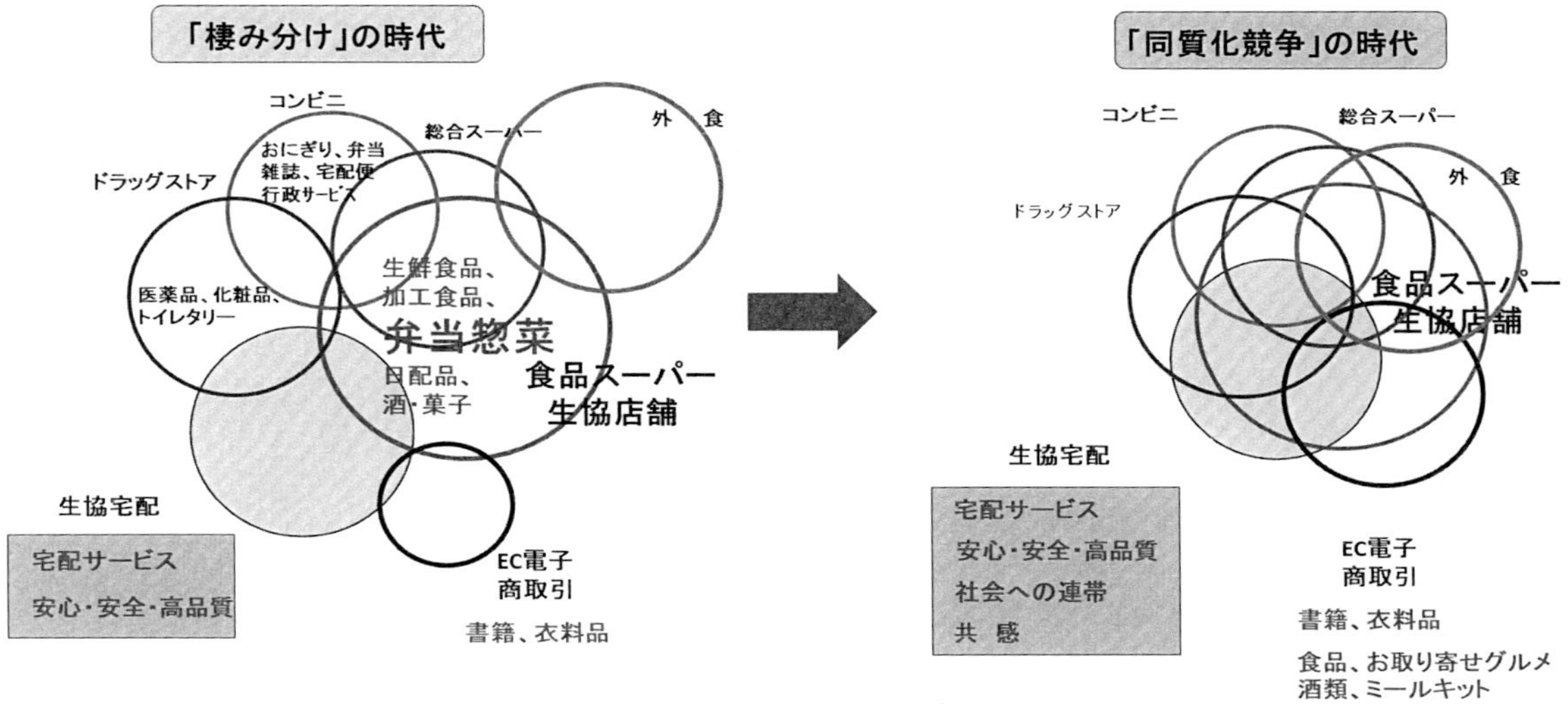

出所：著者作成。

こへ行って何を買おうか？」の時代が、「どこから何を届けてもらおうか？」の時代に変わりつつあるという有識者もいます。

「生鮮食品」は、食品スーパー以外に、コンビニエンスストア、ドラッグストアや、一部外食店にまで並び始めています。さらに、外食店は、コロナ禍で店舗営業が厳しくなり、メニューの店頭販売（テイクアウト）や、「Ｕｂｅｒ Ｅａｔｓ」「出前館」などを活用し、宅配に力を入れ始めています。外食店の料理宅配、テイクアウト強化の動きは、コロナ禍が収束しても、売上確保の柱として、定着してゆくでしょう。

逆に、店舗内でその店舗で購入した商品を喫食できる「イートインコーナー」は、食品スーパーや、コンビニエンスストアにも広がっています。生活者から見て、業態間の垣根が低くなり、提供する商品サービスが似通って、小売業界の同質化競争が始まっているのです。

5　コロナ禍で食品小売業者が考えていること：「パーパス経営の必要性」と「5つのサバイバル戦術」

こうした、コロナ禍以前から少しずつ起き始めていた変化が、コロナ禍の3年間で一挙に加速しました。食品小売業の経営者は、危機的とも言える「市場縮小と生活スタイルの変化」に対応するため、次のような「戦略」と「戦術」を考え始めています。

図表３－２　コロナ禍で食品小売業の経営者が感じていること

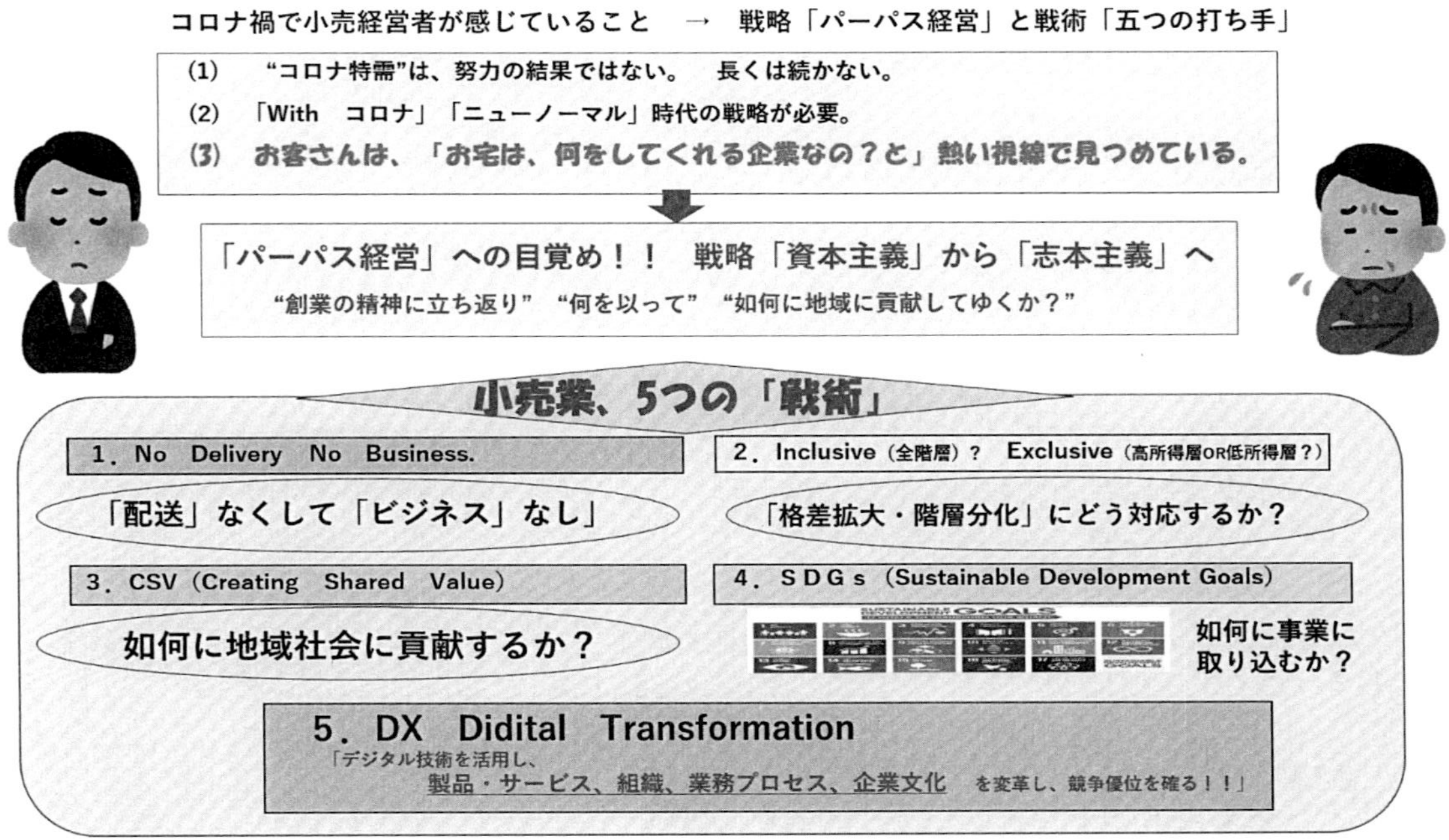

コロナ禍で小売経営者が感じていること　→　戦略「パーパス経営」と戦術「五つの打ち手」
(1)　“コロナ特需”は、努力の結果ではない。　長くは続かない。
(2)　「With　コロナ」「ニューノーマル」時代の戦略が必要。
(3)　お客さんは、「お宅は、何をしてくれる企業なの？と」熱い視線で見つめている。
「パーパス経営」への目覚め！！　戦略「資本主義」から「志本主義」へ
“創業の精神に立ち返り”　“何を以って”　“如何に地域に貢献してゆくか？”
小売業、5つの「戦術」
1．No　Delivery　No　Business.
「配送」なくして「ビジネス」なし」
2．Inclusive（全階層）？　Exclusive（高所得層OR低所得層？）
「格差拡大・階層分化」にどう対応するか？
3．CSV（Creating　Shared　Value）
如何に地域社会に貢献するか？
4．ＳＤＧｓ（Sustainable Development Goals）
如何に事業に取り込むか？
5．DX　Didital　Transformation
「デジタル技術を活用し、
製品・サービス、組織、業務プロセス、企業文化　を変革し、競争優位を確る！！」

出所：著者作成。

図表3－2は、「コロナ禍」で、食品小売業の経営者が「経営戦略」、「事業戦術」として必要と考えていることを纏めたものです。

5・1　戦略としての「パーパス経営」

地域に密着して成り立っている、食品小売業の経営者は、地元の生活者の生活状況や、生活者ニーズに敏感です。今、そうした小売業の経営者が考えているのが、企業戦略としては、効率化や、売り上げ利益を追求する従来型経営から、「志」を重視する「パーパス経営」への転換です。

今の世の中、企業は、商品やサービスの「基本価値」を満たすだけでなく、「情緒的価値」や、その商品やサービスを通じて、生活者が感じる「自己実現価値」までをも提供することが求められています。生活者に「この企業は、私の心の奥深くから湧き出てくるニーズに応えてくれそう！」「この店を利用している私は素敵！」と感じてもらうためには、その企業の「パーパス＝志」が問われる時代になっているのです。

5・2　戦術としての五つのテーマ

さらに、この企業戦略としての「パーパス」に続く、具体的な戦術として、多くの経営者が以下の5つを考えています。

① No Delivery No Business → 配送なくしてビジネスなし

高齢人口増加の中で、重い物も多い食料品は、配送サービスが必須となることは、火を見るよりも明らかです。社会課題となっている、子育て層の支援にも欠かせないサービスです。

② Inclusive（全所得階層対応）Exclusive（特定所得階層対応）→ 格差拡大対応

年金生活者の増加や、非正規雇用の拡大、さらには中間層の崩壊で、所得格差は開く一方です。一部の小売業では、既に店舗の2ブランド化や、低価格PBブランド戦略で対応を始めています。

③ CSV → 本業を通じた地域貢献

地域に生きる小売業を、樹木に例えれば、地域は、樹木を支え、育む大地です。その大地が疲弊して、植物が生育できない環境になっては大変です。小売業には、「自らが根を張る大地を守り育ててゆくために」地域のハブ的存在として、物販のみならず、店舗を地域の人々が集うコミュニケーション拠点としたり、地域産品の販売や、地域のオリジナル商品開発の現場とするなど、地域の繁栄を支える拠点になることが求められ始めています。地域の住民たちが、毎日集まる、「店舗」というインフラを持つ「地域小売業」は、行政や、地元金融機関、地方新聞、テレビ、ラジオとも連携し、地域コミュニティの中核となることが求められているのです。

④　ＳＤＧｓ→小売業は生活者とＳＤＧｓの接点に

食料品を販売する小売業の店頭は、生活者とＳＤＧｓの接点ともいえる存在です。小売業には、フードロスの削減、容器包材のリサイクル、地球環境に優しい商品の普及促進等を通じて、生活者が、子供たちと共にＳＤＧｓに参画するプラットフォームになることが期待されています。

⑤　ＤＸ→業務効率化からビジネスモデル、企業風土の改革へ

ＤＸは、食品産業にとって、避けては通れない課題となっています。毎日、メーカーの工場、卸の倉庫、小売店頭など、様々な現場から、ＩＯＴ端末やセンサーを通して収集される、出荷データなどビッグデータや、生活者が発信する位置情報、ＩＤ－ＰＯＳ情報をマーケティングに活用することは、今や必須の課題となっています。また、生活者から見て、魅力的なコンテンツを、店頭においてサイネージで配信したり、10～30代ではぼ１００％、60代以上でも80％以上が保有し、必須の生活インフラとなったスマホに向けて、ＳＮＳやＹｏｕＴｕｂｅで広告を配信するといった、新たなマーケティング活動が求められています。

図表3－3　三菱食品の「データ×デジタルマーケティング」プラットフォーム

出所：三菱食品マーケティング開発本部作成。

6　三菱食品の「データ×デジタルマーケティング」プラットフォーム

三菱食品では、前章で述べたデジタル時代の「新たなマーケティング」の時代に対応し、総合食品卸売業としての強みを生かした、独自のマーケティングプラットフォームを開設し、食品メーカー、小売業への、有償マーケティングサービス事業を開始しました。図表3－3は、その概念図です。

6・1　三菱食品保有データの強みと、その活用

①　食品流通ビッグデータ→食品出荷の「Factデータ」＋「補正データ」

本章の冒頭で述べた通り、三菱食品はわが国

最大級の総合食品卸売業者です。そして、1年365日、全国400か所の配送物流拠点から、加工食品、低温商品、菓子、酒類の、食品領域全ジャンルと、常温、チルド、冷凍の全温度帯をカバーした9,000社の食品メーカーの商品を、リアル店舗から、ECサイトに至るまで、企業数では3,500社、店舗数では10万店という膨大な数の小売店舗にお届けしています。その10万店分の出荷データは、年間で12億件に及んでおり、三菱食品ならではの、食品流通「ビッグデータ」なのです。

② **中期トレンド予測データ**

前述の、年間12億件に及ぶ三菱食品の「出荷データ」を基に、人工知能も活用して、商品カテゴリー、単品別の半年先の需要を予測します。これにより、メーカーの生産計画、小売業の販売計画を最適化し、今や社会課題となっている「廃棄ロス」や、ビジネス上の「販売機会ロス」を最小化し、収益の拡大、安定化に貢献します。

さらには、1年365日、常に生活者のニーズに応えた品揃え、売り場提案を可能にして、生活者との接点を強化し、好意度を上げて、顧客ロイヤリティ向上に貢献しているのです。メーカーは、商品需要の「中期トレンド」を把握することにより、市場動向に合った生産量、在庫量を事前に把握すると共に、広告や販促を、生活者のライフスタイルに合わせ、最適化することができます。

③ 生活者データ

三菱食品の社内シンクタンクである、「三菱食品戦略研究所」が行う、「経済社会分析」「オリジナル生活者調査」を通じて、リアルな生活者の姿を描き出します。

三菱食品戦略研究所は、大手食品メーカーのマーケティング部門、世界的家電メーカーの研究所、コンサルティング会社、大手調査会社等から優秀な人材を集め、旧菱食時代からのメンバーも合わせた陣容で生活者研究を進めています。さらに、大学、シンクタンク、マスコミ等、社外ネットワークをフルに活用しています。また、複数の大手食品メーカーのマーケティング部門と共同で、生活者に対する「インタビュー調査」「アンケート調査」を実施する「生活者共同研究会」を実施し、幅広い生活者データを収集し、メーカーの商品開発にも協力、貢献しています。三菱食品戦略研究所の、豊富な情報アウトプットは、「三菱食品ダイヤモンドフェア」「三菱食品マーケティングレポート」「年30回余りの社外講演、勉強会」「大学、大学院への出講」「書籍、専門誌等への寄稿」を通じて広く社外へ発信され、各方面から高く評価されています。

「三菱食品生活者データ」は、数ある食品卸売業の中でも、三菱食品だけが有する情報であり、先に述べた「出荷データ」など、様々なデータと組み合わせることにより、デジタル時代に即した、高度なマーケティング活動の展開が可能となります。

④　レシートデータ

ＳＯＮＹグループのフェリカネットワークス㈱と業務提供して提供する「誰が、どの商品を、どのエリア、チャネルを通じて、どのくらいの頻度で、どんな商品と一緒に購入しているか？」が分かる、レシートデータです。

これは、購買実績を個人と結び付けた「ＩＤ－ＰＯＳデータ」で、デジタル時代のマーケティングには、必須のデータと言えるものです。もちろん、個人を特定した活用は実施していませんが、先に挙げたⅰ．食品流通ビッグデータ（出荷データ）、ⅱ．中期トレンド予測データ、ⅲ．生活者データ、と組み合わせることで「生活者の購買シーン」を生き生きと浮き彫りにすることができます。

6・2　ビッグデータを活用した「デジタル販促活動」

「三菱食品『データ×デジタルマーケティング』プラットフォーム』」では、ここまでご説明した、「食品流通ビッグデータ」「中期トレンド予測データ」「生活者データ」「レシートデータ」から得られる豊富な情報に、最新のデジタル技術を駆使した二つのデジタルツールを活用して、デジタルマーケティングを展開し、食品メーカー、小売業に新たな価値を提供しています。

① 行動ビッグデータに基づくデジタルマーケティング

日本最大級のプラットフォームを持つ㈱ｕｎｅｒｒｙ」の知見を活かし「行動データ」と、「ＩＤ－ＰＯＳデータ」を組み合わせ、最適なターゲティングを可能にします。そのターゲティングに基づき、抽出したターゲットに、その嗜好性に合致した、最適な販促情報を、スマホに向けて、ＳＮＳや、プッシュ通知メールの形で発信し、効率的なデジタル販促を展開します。

このデジタル技術をフル活用した「ターゲティング＋情報発信」に、効果測定（来店者／閲覧者、購買者数／クリック数）を組み合わせ、小売業の来店客数アップ、売上げの増加、コスト削減を実現すると共に、顧客接点を強化し、店舗ロイヤリティを高めます。メーカーのベネフィットとしては、ミニマムな広告宣伝費で、広告効率を飛躍的に向上させ、ブランドロイヤリティを高めることを可能にします。

② サイネージ（ｓｔｏｒｅＴＶ）

三菱食品が傘下の、リテイルメディア㈱（ＣｏｏｋｐａｄＴＶ株式会社のサイネージ部門）の動画配信技術をフル活用して、生活者の耳目を惹きつける店頭でのデジタル販促を展開します。

全国のスーパー６，０００店の店頭に、図表３－４で示したような、生活者の耳目を集める「Ｃｏｏｋｐａｄ」のロゴ入りのサイネージ端末を設置し、食材情報や、有名な料理研究

図表３－４　店頭サイネージ事例

出所：リテイルメディア株式会社。

家、シェフ、タレント出演の調理工程動画を配信します。メーカーの広告動画の配信も可能です。

来店客が気に入った映像は、画面上のＱＲコードからスマホに取り込める機能も装備し、従来の、紙のメニューリーフをデジタル化し、売場の負担を軽減します。

7　「マーケティング5.0」と三菱食品「データ×デジタルマーケティング」プラットフォーム

フィリップ・コトラー『マーケティング5.0　デジタルテクノロジー時代の革新戦略』において、マーケティングの神様といわれるコトラー教授は、デジタル時代のマーケティング要素として「マーケティングの5つの要素」を挙げています。

図表3－5は、同書に掲載された「デジタルマー

図表3－5　フィリップ・コトラー「デジタルマーケティングの5つの要素」

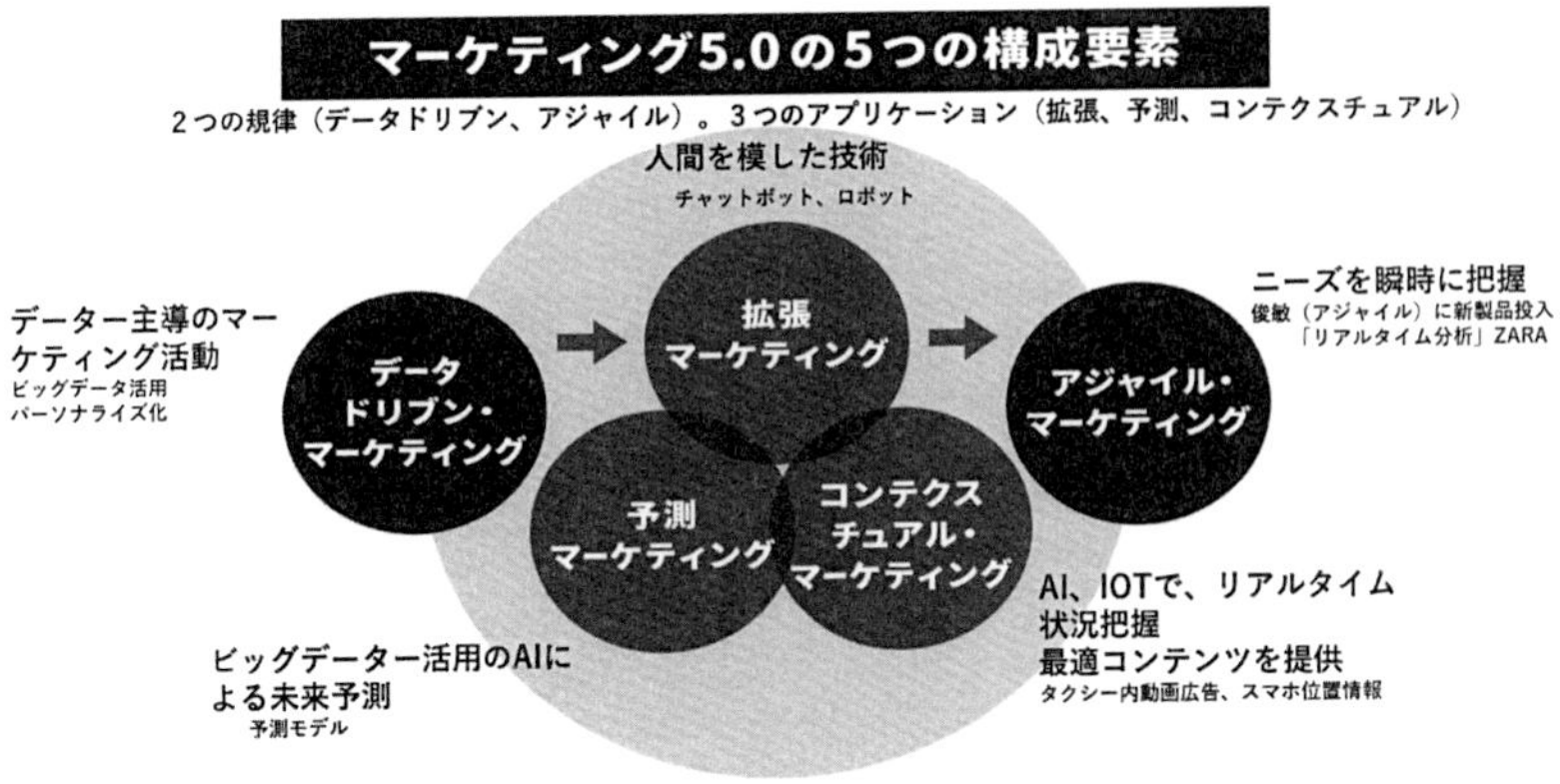

出所：リテイルメディア株式会社。

ケティングの5つの要素」の図表に解説を加えたものです。本稿で説明してきた三菱食品の「データ×デジタルマーケティング」プラットフォームは、食品メーカーや、小売業が、この「デジタルマーケティングの5つの要素」を実現させるための「ナビゲーター」と言ってよいでしょう。

そして、この5つの要素の実現が、食品メーカー、小売業の「DX」実現のカギとなるのです。以下、5つの要素毎に見ていきましょう。

① データドリブン・マーケティング（Data-Driven Marketing）

データを意思決定の判断軸とするマーケティング手法です。三菱食品「データ×デジタルマーケティング」プラットフォームでは、三菱食品の「出荷データ」、人工知能を活用して算出する「未来予測データ」さらに「生活者調査データ」「レシートデータ（ＩＤ－ＰＯＳデータ）」等を組み合わせ、マーケティングの意思決定に有効な、豊富なデータを提供しています。

②　アジャイル・マーケティング（Agile Marketing）

急速な市場変化に対応し、タイムリーに収集されるデータを活用し、迅速かつ大規模に手を打つマーケティング手法です。三菱食品「データ×デジタルマーケティング」プラットフォームでは、出荷データの分析と日本最大級の生活者行動データのプラットフォームを持つ「㈱ｕｎｅｒｒｙ」の情報を活かし、迅速、大規模に、最適な販促情報を生活者のスマホに向けて、ＳＮＳやメールの形で発信し、効率的なデジタル販促を展開します。さらに、タイムリーな効果測定も行って、次のアクションに繋げていきます。

③　予測マーケティング（Predictive Marketing）

過去の施策による影響を分析・検討することで、これから起こる変化を予測し、対応してゆくマーケティング手法です。三菱食品「データ×デジタルマーケティング」プラットフォームでは、出荷データをベースに、人工知能も活用して行う「中期トレンド予測データ」が、将来を展望するための、有益な情報を提供します。

④　拡張マーケティング（Augmented Marketing）

デジタル技術を活用し、新たな顧客接点インターフェースを構築することです。三菱食品

「データ×デジタルマーケティング」プラットフォームでは、「㈱unerry」の「行動データ」と「ID-POSデータ」を組み合わせから抽出したターゲットに、最適な販促情報を、スマホに向けて、SNSや、プッシュ通知メールの形で発信し、効率的なデジタル販促を展開します。

また、リテイルメディア㈱（CookpadTV株式会社のサイネージ部門）の売り場における、動画発信技術をフル活用して、生活者の耳目を惹きつける、店頭でのデジタル販促を展開しています。

この領域は、今後、AR（拡張現実）やVR「仮想現実」、さらにはMetaverse「メタバース」への発展も予想される「有望領域」です。

⑤ コンテクスチュアル・マーケティング（Contextual Marketing）

IoT（Internet of things）の技術で、様々な物が、カメラやセンサー等を通じてインターネットにつながり、相互に情報交換する仕組みを活用したマーケティング手法です。

例えば、タクシーに乗ると、カメラが乗客の性別、年齢を判断し、目の前のディスプレイに、そのターゲットに広告映像が流れるといった仕組みです。

三菱食品「データ×デジタルマーケティング」プラットフォームでは、「㈱unerry」の「行動データ」「購買データ」から、カスタマイズされた販促情報をSNSやメールで配信するサービスを実施していますが、この領域も、前述の「拡張マーケティング」

（Augmented Marketing）領域と同じく、テクノロジーの進歩で生み出される、新たなツールを活用した、より生活者に寄り添った情報発信が期待される「有望領域」です。

8　おわりに

本章で紹介してきた三菱食品の「データ×デジタルマーケティング」プラットフォームは、三菱食品が保有する「流通×生活者ビッグデータ」をベースとして、デジタル広告配信や、サイネージとのデジタル販促施策を展開する「DX時代」の新たなマーケティングシステムです。この「プラットフォーム」を使いこなして戴くことが、食品メーカー、小売業のDXを推進する契機となるでしょう。

食品業界は、厳しい環境下にありますが、三菱食品は、メーカー、小売りを結ぶ中間流通の立場で、三菱食品の資産である「流通×生活者ビッグデータ」を活かし、有償サービスの形でメーカー、小売業に提供し、業界全体のDX推進に貢献していきたいと考えています。

【参考文献】

フィリップ・コトラー．ヘルマワン・カルタジャヤ．イワン・セティアワン．恩藏直人監訳、藤井清美訳（2022）『コトラーのマーケティング5.0デジタル・テクノロジー時代の革新戦略』朝日新聞出版．
名和高司（2021）『パーパス経営　30年先の視点から現在を捉える』東洋経済新報社．

第4章　金融DX―DXによる金融の明日―

1　DXと金融

1・1　DXの再認識

近年、DXとの関係で、特に言及されることが多いのが金融ではないでしょうか。元々、金融業務、金融サービスは数字や計算過程が中核にあるため、コンピュータ化に馴染みやすく、産業界の中でも比較的早い段階から自動化、IT化が進んでいました。

例えば、日本銀行発行の「日本金融年表」（1988年）を紐解くと、「1969年12月15日、住友銀行、わが国初の現金自動支払機（CD）を設置」という記述があります。また、同じ本によれば、その4年後の1973年4月には、全国銀行データ通信システムが稼働を開始し、ここに金融機関のオンラインネットワーク化が本格的にスタートしていたことがわかります。こうした歴史的背景を踏まえつつ、本章では、金融に焦点を当て、これからのデジタル化の方向性を考えてみます。

最初に、そもそもDXとは何かについて、整理しておきたいと思います。

DXという言葉の起源としてよく言及される例としては、2004年にスウェーデンの

Erik Stolterman 教授が“Information Technology and the Good Life”という論文の中で提唱した概念があります。この論文の中で、同教授は、「インフォメーションテクノロジーの進歩は新しく複雑な環境を生み出しており、私たちの生活は劇的な変化を受けている」として、様々なｉｓｓｕｅ（論点）が生み出されていることに言及し、この研究を通じてテクノロジーを深く探究し、それが日々の生活をどのように変貌させていくのかを考察すること、そして、進化するテクノロジーを Digital Transformation と呼称するとしています。

つまり、デジタル技術には、人々の生活にポジティブ・ネガティブの両面での変化を与える可能性があること、そうした点に留意しながら活用を進めていく必要があるということを述べているのです。

一方、わが国でよく引き合いに出される経済産業省の定義では、「企業がビジネス環境の激しい変化に対応し、データとデジタル技術を活用して、顧客や社会のニーズを基に、製品やサービス、ビジネスモデルを変革するとともに、業務そのものや、組織、プロセス、企業文化・風土を変革し、競争上の優位性を確立すること」（「ＤＸ推進指標」とそのガイダンス、２０１９年）と、対象が企業にフォーカスされており、より具体的な産業政策として位置付けられています。

いずれにせよ、本稿では、金融とデジタル技術の関わりを通じて、より良い人々の暮らし、社会活動などへの付加価値提供を実現するための考察を進めることにします。

図表４－１　全国銀行の決算状況推移

		2000年度	2021年度	2000年度→2021年度
全国銀行数（末残）		136行	110行	△25行
預金（末残）	(a)	512兆円	951兆円	＋85.7%
貸出金（末残）	(b)	475兆円	628兆円	＋32.2%
有価証券（末残）	(c)	177兆円	269兆円	＋51.9%
貸出金利回り	(d)	2.11	0.88	△1.23%ポイント
資金運用利回り	(e)	1.84	0.66	△0.32%ポイント
預金債券等原価	(f)	1.53	0.63	△0.90%ポイント
資金調達原価	(g)	1.50	0.55	△0.95%ポイント
預貸金利鞘	(d)-(f)	0.58	0.25	△0.33%ポイント
総資金利鞘	(e)-(g)	0.34	0.11	△0.23%ポイント

出所：一般社団法人　全国銀行協会「全国銀行の 2021 年度決算の状況（単体ベース）」等から筆者作成。

1・2　金融の『今』と『これから』

一口に金融と言っても、現実には広範な概念を含んでいます。まずは伝統的な金融機関（金融庁で一般的に定義している預金取扱等金融機関）の現状を見てみましょう。伝統的な金融機関（以下、金融機関）の収益構造は、負債として集めた預金を原資にして、貸出と有価証券での運用による収益を上げると同時に、決済や送金業務を通じての手数料収入を得るというものです。

こうした伝統的金融機関が今日、どのような状況に置かれているかを、我が国の全国銀行に関する主な経営指標（一般社団法人全国銀行協会が、同協会への加盟行の中から集計・公表しているもの）に基づいて整理したのが図表４－１です。

まずこれからわかるのは、2000年度から2021年度にかけての20年余りの間に経営統合等により、集計対象となった全国銀行の数としては全体の約2割に相当する25行が減少したこと、その間、金融緩和等もあり、預金残高は8割以上伸びたこと、があります。つまり一行当たりに引き直せば、預金は大幅に増加したことになります。一方、利鞘は、この20年余りの間に低金利政策の影響もあり、縮小しました。したがって、資金量が増大したことが一つの要因となって、収益水準を確保している構図にあります（注1）。

すなわち、金融機関の収益構造を整理すると、資金量（運用ボリューム）と利鞘の積で決まる資金運用利益（主な内訳は貸出収益と有価証券運用益）と手数料収入が主な収益コンポーネントですが、縮小する利鞘を資金量の増大と手数料収入（役務取引等収益）で補う姿となっています。

金融機関のこれからを考える上で、いくつかの重要な要因がありますが、まず考慮しなくてはならないのが、少子高齢化に伴う経営基盤への影響でしょう。地方を中心とした人口の減少がこれから資金量にどのような影響を与えるのかは避けて通れない課題です。また、利鞘を確保するためには、経費率、人件費率といったコスト要因を今後も切り下げることができるのかがポイントになります。さらに、もう一つ、金融機関にとって見過ごせないのが、新たな競争要因です。そこで、次のセクションでは、最近の金融界における特徴的な動きを見てみることにします。

1・3　非伝統的金融サービスとの競合

QRコード決済に代表される新しい決済サービスの台頭は、近年の金融界でのとりわけ大きな変化です。スマートフォンをインターフェースとするポータビリティ、簡便性が評価され、世間に急速に浸透しています。こうした主に決済を中心とした新しい金融サービスを、非伝統的金融サービス、と呼称するのなら、現在生じているのは伝統的金融サービスと非伝統的金融サービスの競合ということになります。

非伝統的金融サービスには、それまでの伝統的金融サービスとの対比で、いくつかの大きな特徴があります。第一に、収益構造の差があります。これは、預金を持たない決済サービスを柱としているため、収益の中心は手数料収入になるということです。第二に、営業資産にも差があり、伝統的金融機関が現実の（tangible な）店舗や営業拠点を構えるのに対し、非伝統的金融サービスでは、店舗に依存せず、クラウドサービスなど形として見えにくい（in-tangible な）ITインフラでのサービス提供を主体にしています。このため、人件費や経費面での負荷が異なると共に、ビジネスモデルの転換速度にも差があります。また、金融当局からの監督体制も異なります。

このように、さまざまな特徴を持つ非伝統的金融サービスですが、伝統的金融サービスの将来を見る上で大きな示唆を得ることができます。それがITの利用スタイルと言う点です。IT投資の規模という点では、伝統的金融機関も巨額の設備投資を行なっています。

しかし、それは預金という顧客資産への安全性確保、大口決済の着実な実行、貸出における与信リスク管理、有価証券における市場リスクの管理など、預金等取扱金融機関に必要なミッション達成のための投資が少なからぬウエイトを占めているからです。こうしたシステム投資には、いわゆるコアバンキングシステム（勘定元帳、出入金管理、為替など銀行の基幹機能を担う中核システム）など、時としてレガシーと言われる古くからの技術や仕組みの維持管理が背景にあり、それが投資予算の柔軟な運用を難しくする傾向にあります。その点、限られた予算でビジネススタイルの変革、すなわちＤＸを行うためには、非伝統的金融サービスにおけるＩＴの利用スタイルを参照することは有益だといえます。

1・4　IT利用スタイルのモデル化

ＤＸの考察に向けて、ＩＴの利用スタイルを再考するために、デジタル処理の本質を一度整理してみましょう。

図表4－2は、デジタル処理と人の関係を整理したものです。人間の世界ではほぼ全ての情報がアナログです。五感の全てでアナログ情報を認識し、発信します。これに対し、コンピュータの世界は、0と1で符号化されたデジタル情報で構成されています。人間の世界とコンピュータの世界を繋ぐのが各種のインターフェースで、キーボードやカメラ、タッチパネル、マイク、ディスプレー、スピーカー、スマートフォンなど極めて多岐にわたっています。

図表4－2　デジタル化の本質

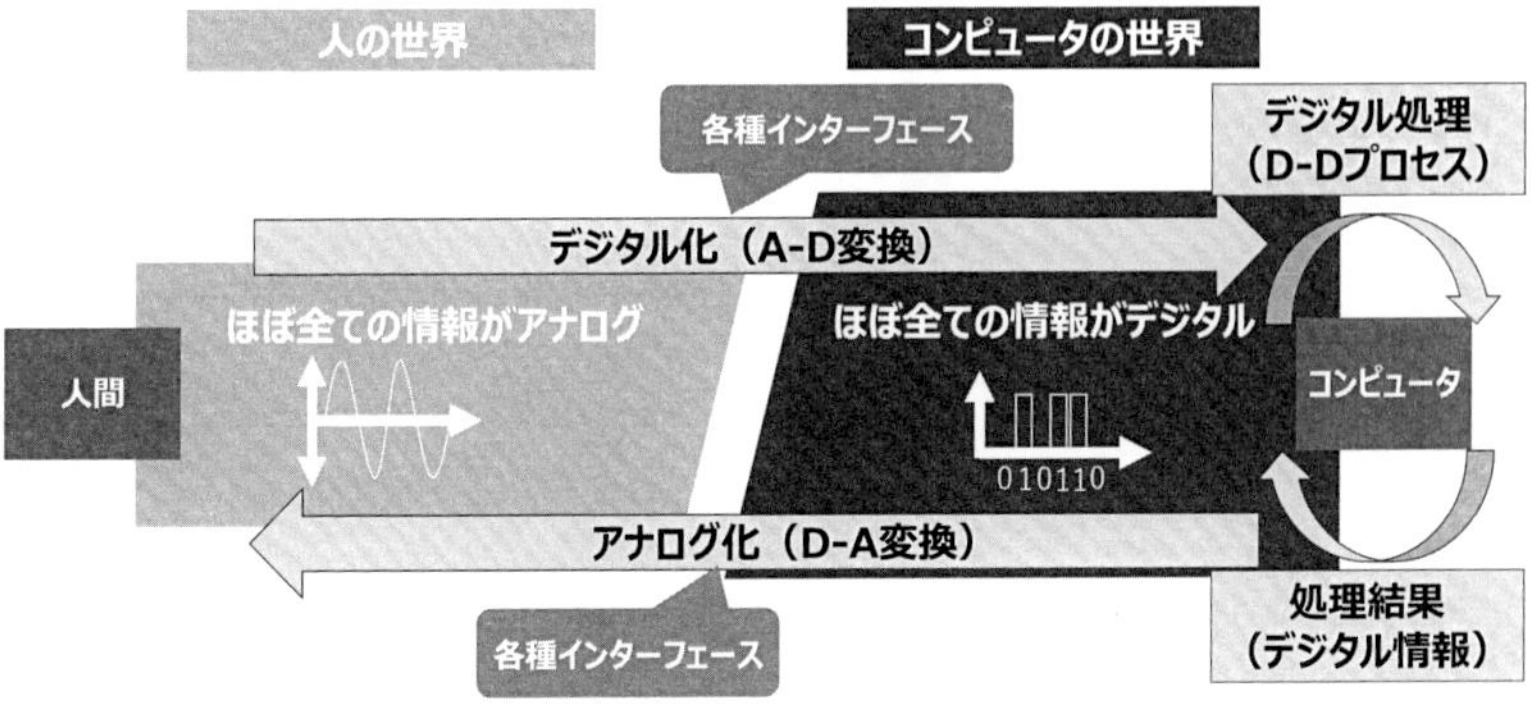

出所：筆者作成。

デジタル処理の本質は、こうしたインターフェースを通じて、人間が行うさまざまな情報処理を、デジタル情報の形でコンピュータにアウトソーシングしているということです。アウトソーシングですから、より効率的にコンピュータに情報を伝達する必要がありますし、コンピュータの中ではより高速、大量、そして高度な付加価値を生む処理を行わなければなりません。また、その結果を人間が認識できるよう、もう一度アナログ情報に変換する必要があります。こうした人間社会との円滑な接点をいかに構築するかが重要な鍵になります。

1・5　DXのポイント

それでは、金融に限らず、DXに取り組む場合の具体的な視点としてはどのようなものがあるのでしょうか。一つの整理として掲げたのが図表

図表4－3　DX実施の視点

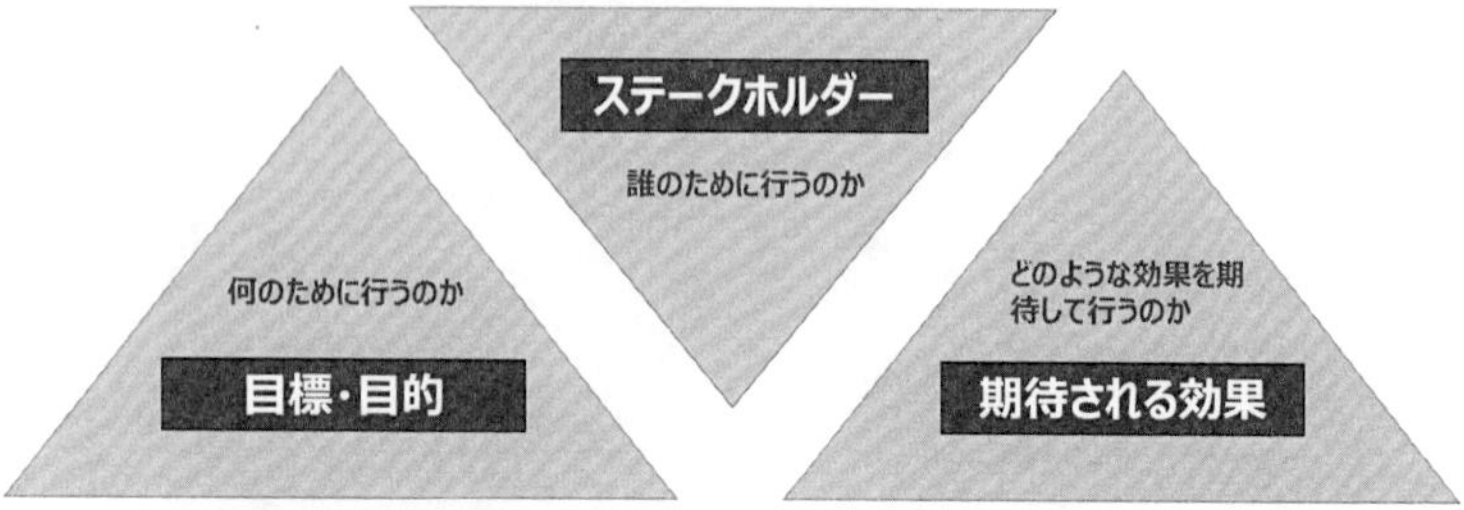
ステークホルダー
誰のために行うのか
何のために行うのか
目標・目的
どのような効果を期待して行うのか
期待される効果

出所：筆者作成。

4－3です。

第一の視点として欠かせないのが、「目標・目的」でしょう。何のためにデジタル化、DXに取り組むのか、この点を明確にしないままDXを推し進めても、満足な結果は得られません。システムベンダーやコンサルタントに丸投げにしてしまうプロジェクトは、出発してもすぐに躓いてしまいます。

第二の点としては、「ステークホルダー」です。誰のためにDXに取り組むのか、誰が受益者なのか、この視点を忘れると誰も幸せになれない、不幸なDXをもたらしてしまいます。最近では、組織内の従業員の視点や、組織外の人間への効果も視野に入れてプロジェクトを考えるという意味で、EX（Employee Experience）、CX（Customer Experience）という言葉も聞かれるようになっています。

これは、DXの成果が、その企業の従業員の労働モチベーションを高めること、あるいは、その企業の顧客が当該企業の提供するサービスや製品の評価を高めることにつながる側面があるということを考慮すべきである、という考え方です。換言すれば、単なる業務効率の改善という枠を超えた広範な効果、価値も勘案する必要がある、ということです。

第三の点が、「期待される効果」です。どのような効果を期待してDXに踏み込むのかを明確にすること、これはどのプロジェクトでも同じだと思います。しかし、ここでも留意点があります。一般的に、コンピュータ処理の導入効果を評価する時、数値化しやすいコスト削減効果が注目される傾向にありますが、一方で、数値で評価しにくい効果があることも忘れてはなりません。コンピュータ、あるいはデジタル化により、可視化が難しいが、重要な効果がもたらされることに注目する必要があるということです。こうした見えにくい効果は、前述の第一、二の観点にも密接に関わってきます。

2　金融DXを支えるテクノロジー

2・1　技術の進歩と限界

DXを進める上で忘れてならないのは、コンピュータには、その時点でできることと、できないことがあり、その境界線は技術の進歩により、日々変化しているということです。こうした境界を認識せずに、過大な期待を抱いてデジタル化に飛び込むことは、ある意味無謀だと言えます。また、古くから使い慣れた技術でも、既に陳腐化しており、運用コストが嵩んでいるために、かえって業務効率の改善を阻害しているケースもあります。肝心なことは、こうした技術フロンティアの変化を専門家の意見も参考にしてできるだけフォロー、理解し、効率的・効果的なＤＸを目指すことです。

今日、ＤＸ一般に効果が期待されている具体的な技術としては、高速通信（Ｇ５ないしその先をいく高速・大量通信）、クラウド、さまざまなセンサー、五感とデジタル信号を繋ぐインターフェース、仮想化などの他に、ＡＩ、大容量ストレージ、ブロックチェーンなどがあります。

2・2　金融ＤＸのためのキーテクノロジー

①　ブロックチェーンと決済

こうしたテクノロジーの中で、金融との関係で特に注目されてきたのが、いわゆるフィンテック（Fintech: Financial Technologiesを短縮した造語）と呼ばれる一連の技術です。その中には、暗号化や、各種認証技術など、セキュリティを要求される金融関連の分野に活用が期待される技術が含まれていますが、中でも注目を浴びたのが分散型台帳技術（ブロックチェーン）でしょう（注２）。

従来からの金融機関の勘定元帳では、中央集権的な口座情報のデータベースを、金融機関が管理し、入金や出金、口座間の資金の振替など、さまざまな業務を行っています。ここでは、金融機関自身が、責任ある管理者（アドミニストレータ）として、資金の移動等を一元

図表４－４　伝統的決済方法とブロックチェーンを使った決済の対比

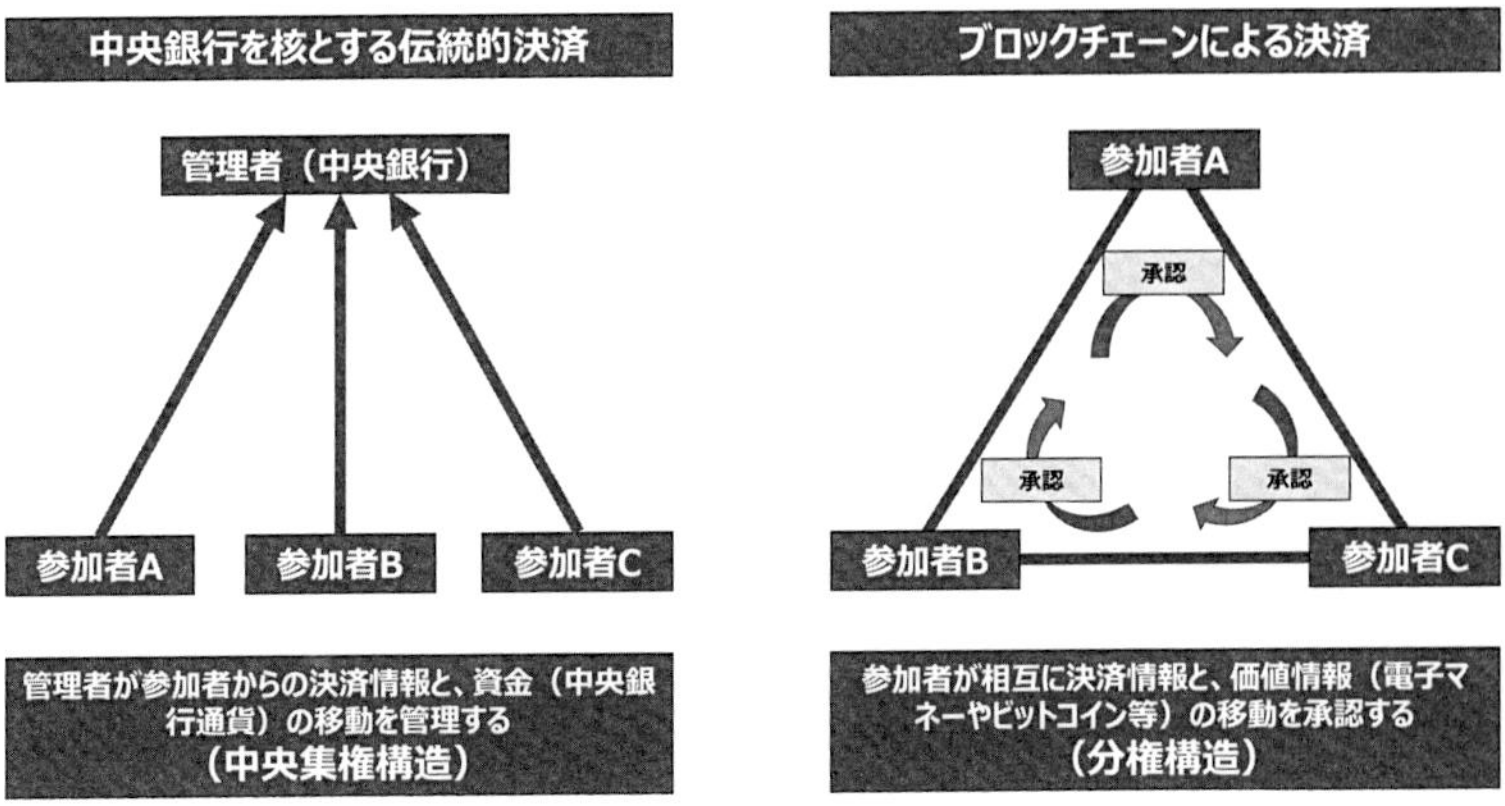

出所：筆者作成。

管理しており、そうした管理形態から、非分散型台帳とも呼ばれています。システム構造的に見れば、アドミニストレーターが全てのセキュリティ、システム管理の責任を担うもので、権限が特定の主体に集中する特徴があります。

　これに対し、近年登場してきた分散型台帳システムでは、ブロックチェーンと呼ばれる仕組みを用いており、前述の非分散型台帳とは異なる管理プロセスを持っています。すなわち、資金の移動など、台帳に記載されたデータの変更を行う場合、ノードと呼ばれる共同管理者達が合意の元で、操作を行うことで、誰かが勝手にデータを変更するような事態を防ぐ仕組みになっています（もちろん、ノードを一つに限定してしまえば、単独の管理者によるデータの変更が可能になります）。

こうした分散型台帳技術、ブロックチェーンを用いた決済方法を、中央銀行を核とする伝統的決済方法との対比で、改めて示したのが図表4－4です。

こうしたブロックチェーンを用いた資金決済システムの例として、CBDC（Central Bank Digital Currency：中央銀行電子マネー）と呼ばれる手法があります。これは、中央銀行が発行する電子マネーをブロックチェーンの上で流通させたり、トークンと呼ばれる改ざんが困難な電子情報の形で、通貨と同様の価値を持つ電子的な現金を流通させるものです。後者の場合、必ずしもブロックチェーンを用いなくても、安全性を確保しつつ、インターネットなどの一般的な情報ネットワーク上で流通させることが可能です。目下、世界の中央銀行で様々な実証実験が進められており、実用化に向けた課題の整理が進められています。

②　ビットコインと中央銀行電子マネー

ブロックチェーンとの連想で、思い当たるものにビットコインがあるのではないでしょうか？　ビットコインと中央銀行電子マネーはどこに違いがあるのか、少し整理してみましょう。

中央銀行電子マネーは、通常使われている通貨、マネーと同様に、中央銀行自身が価値の安定に努める「お金」です。中央銀行は、通常、同一の国、経済圏に一つだけ存在し、独占的に通貨、お金の発行権を有しています。また同時に、通貨に関する非常に重い責任を担っており、そのミッションは、「物価の安定」と「金融システムの安定」という2点に集約されます。一般物価が連続的に上昇するインフレは、「お金」の価値が目減りする現象ですので、中央銀行は「お金」の価値を安定させるために、金融政策を変更し、通貨価値の安定を通じて物価の安定という責任を果たします。最終的なお金の価値は、そのお金を発行する国の信用力、国力に依存します。大量の国債が際限なく増発され、それを中央銀行が購入して、貨幣の供給量を過大に増やすことが、お金の価値を危うくするのではないか、という議論は、国の信用力、国力を超えて通貨が発行されることへの懸念です。ただ、いずれにしても、通貨の価値の裏には、国家の信用力が存在し、これが通貨価値の裏付けになります。

これに対し、いわゆるビットコインはどこが違うのでしょうか。ビットコインは、マイニングという計算プロセスによって、複雑な条件を満たすデータのセットとして生み出されます。マイニングを行う人には、ある種の手数料が入りますが、その後のビットコインの価値は、生み出されてから流通する中で、供給と需要との関係で決まります。したがって、何か確固とした価値の基準があるわけではなく、ある意味で、貴金属とかダイヤモンドのように人々のニーズ、選好によって自由に変化します。これが中央銀行の発行する貨幣であれば、その価値を安定させるために中央銀行が様々な金融政策を発動しますが、ビットコインにはそうした価値の守り手がいないのです。その結果、将来の価値上昇を期待する人々が増えれば、ビットコインの価値は激しく上昇しますし、逆に人々がビットコインの将来に悲観的になれば、たちまちのうちに価格が下落します。こうした価値の不安定性が、民間発行のビットコインは中央銀行通貨を代替する手段にはなり得ないと言われている所以です。

このほか、デジタル技術を背景にした貨幣的な決済手段としては、QRコード決済に代表される電子マネーもあります。これらは、はじめに決済サービス会社が中央銀行通貨を受け入れて、その代わりに電子マネーを発行し、自社のネットワークの中で、当該電子マネーの利用者同士での決済に利用するものです。したがって、先に見た図表4－4の中央集権型決済の仕組みを、中央銀行ではなく、決済サービス会社が責任を持って管理する構造になります。この場合の電子マネーは、最初に中央銀行通貨をベースに発行されますので、価値の安定が図られるため、様々な取引に利用されるだけの信用度を得ることができます。もっとも、電子マネーを管理する決済サービス会社が、何らかの理由により経営不安に陥ると、その会社の発行する電子マネーは敬遠され、価値を失うという可能性もあります。

このように、フィンテックをベースに様々な決済手段が登場していますが、それぞれの成り立ち、特徴をよく理解した上で利用することが必要です。

3　金融におけるDXのケーススタディ

3・1　貿易実務の姿

金融と実務が密接に関係するビジネスケースとして、貿易があります。エネルギー、原材料、中間材、生産材、最終材、さらにはサービスも含めて、取引は世界に広がっており、私たちの日常生活は、貿易と切り離すことができない関係にあります。貿易の歴史は古く、古代にまで遡りますが、第二次世界大戦後、金本位制から基軸通貨制への移行を経て、決済制度が整備されるにつれ、現代の貿易フローが確立してきました。

特に実物貿易は、国際間でのモノの取引と、その対価である資金決済とが並行して行われ、出荷、輸送、通関、保税、引き渡し、販売と資金回収まで、多くのステップを踏むことから、取引の安全性、確実性を確保するために非常に複雑なフローが形成されてきました。すなわち、商談が成立すると、商品の価格や数量、納期が決定され、船積み条件、決済条件が決まります。その後に、代金決済方法の確認、輸送のための船便、航空便の手配、通関書類の作成などが行われます。これらのプロセスに伴って、信用状、B／L（船荷証券）、AWB（航空貨物運送状）、保険証券など、重要な書類がやり取りされます。こうした書類は、通常、紙ベースで授受されることから、受け渡しに時間を要するほか、途中での紛失や盗難の危険を伴ってきました。

このように複雑で煩雑な取引プロセスをデジタルの力で効率化しようという試みの一つとして生まれたのがTrade Waltzです（図表4－5）。同社は、2020年にNTTデータのほか、金融機関、商社、保険会社、物流企業など14社の出資により設立され、ブロックチェーン技術をベースに、安全で効率的な貿易業務のデジタル化を実現しています。

Trade Waltzの最大の特徴は、各種の貿易関係書類を電子化し、ブロックチェーンに乗せ

図表4－5　Trade Waltz のスキーム

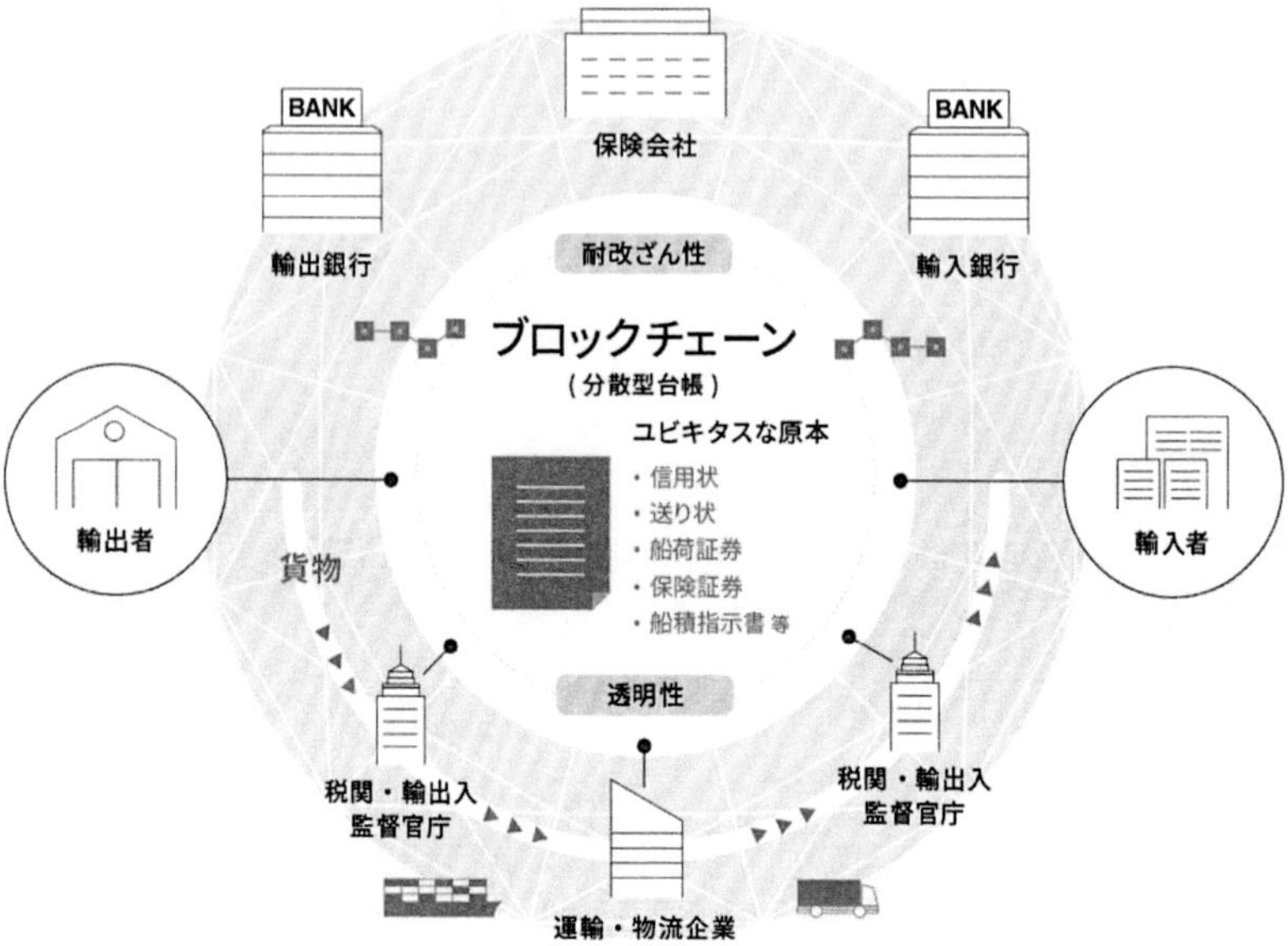

出所：Trade Waltz 社 HP より引用。

ることで原本性を担保し、改竄を防止しながら、関係者間で安全に共有することを可能としている点です。これにより、書類の紛失や悪用（貿易関係書類を複数の金融機関に持ち込み、二重に融資を受ける不正行為など）を防止するとともに、一気通貫の情報共有を可能にすることで、処理の迅速化や、取引情報の分析・利活用も可能にすることができるのです（注3）。

4　DXの成功に向けて

4・1　DXとシステム化

以上、金融を軸に、DXを巡る様々な論点を見てきましたが、改めて考えてみると、DXの推進にはITシステムの導入、システム化のプロセスが不可欠です。システム化プロジェクトが避けて通れないのであれば、そのプロジェクトをいかに安全かつ確実に実現するかがDXの成功の重要な鍵になります。

4・2　システム化プロジェクトの手法とリスク

システム開発手法には、伝統的なWaterfall型に加え、最近ではAgile型というものも浸透してきました。前者は、システム全体の要件を最初に固め、その後、設計、コーディング、テストという流れで進行する手法で、大型システムにしばしば用いられています。これに対し、後者は、システム全体の機能を複数のユニットに分割し、各ユニットの設計、コーディング、テストという流れで進めるもので、比較的小型・短納期のシステムに用いられています。ただ、いずれの手法を取るにしても、開発でも最も影響が大きいリスクは手戻り（やり直し）の発生ということになります。また、手戻り以外にも様々なリスクはあり、これらを整理すると以下のように集約できます。

（1）隠れた要件の判明
（2）施主（プロジェクトの発注者）とベンダー間のシステム要件に関する認識のずれ
（3）重大な要件変更
（4）プロジェクトコストの過小見積もり・予算オーバー
（5）技術力の不足
（6）要員不足・要員のスキル不足
（7）プロジェクト要員の予期せぬ交代、など

4・3 リスク回避のために

それでは、こうしたリスク回避のためにはどうすれば良いのでしょうか。これにはいくつかのポイントがありますが、最も重要なのは、開発の要件（どのような機能を実現したいのか）をあらかじめ明確にしておくこと、そして、十分な予算・リソース・開発期間を確保することです。そんな理想論は現実には通用しないでしょう、と思われる方が多いと思いますが、限られた条件、制約の中で、できる限りこれらの要素のバランスを取るとともに、プロジェクトのオーナーと担当するベンダーとの会話を十分密に取ることで、回避できるリスクも少なくないのです。

4・4　DXの実効性を高めるシステム開発

限られたDX予算の中で、一過性ではなく、長期にわたる効果を引き出すには、何が大切なのでしょうか。ここでは、筆者の経験からいくつかのポイントをあげさせて頂きました。

①　中間評価とシステムやプロセスの見直し

多くのシステム化プロジェクトでは、実施の決定までに様々な議論を行い、慎重な稟議により可否を決定することが一般的でしょう。しかし、一旦プロジェクトが実施され、完成した後、そのプロジェクトが期待された効果を挙げているかを評価するケースは意外に少ないのではないでしょうか。

完成すればそれで終わりではなく、運用開始後に見えてきた良い面と改善を要する面を冷静に評価し、次のプロジェクトに向けた準備を進めることが重要です。

②　人材の活用と次期ビジョン作り

プロジェクトが完成した後、それに関わった人々は次にどのような仕事に就くのでしょうか。プロジェクトの経験を活かせるミッションにつくことが望ましいのは当然でしょうが、現実には難しい面もあるでしょう。しかし、できれば何人かの方には次のDXのステップに向けてもう一度、プロジェクトチームに入って頂くことも考えてみる必要があります。プロジェクトのプロになれ、というのではなく、プロジェクトを担当しなければ学べなかった経験を、次のプロジェクトに活かし、システム化のビジョン作りを行うこと、さらに、後任者の育成にも関わってもらうことは非常に大切な視点です。

4・5　DXを生かすために

以上、金融との関わりを軸に、DXを様々な角度から見てきました。DXの本質は、コンピュータと共生すること、経営学的な言葉で言えば、コンピュータと人間との価値共創（Value co-creation）を目指すことにあるのではないでしょうか。AIに支援されたモバイルデバイスを経由するサービスの利便性は、時として高齢化社会の救世主のように、言われますが、高齢者の衰えた視覚、聴覚、自由にならない指先での操作に配慮しないデジタルサービスは、価値共創には繋がりません。あくまで人に使えるサービスでなければなりません。

コンピュータの機能の限界を認識しつつ、人間のさまざまな活動を支援する仕組みを構築すること、そして人が使いこなせるスキームを作り上げることこそ、意味のあるDXにつながるのではないでしょうか。

【注】

（1）日本銀行金融システムレポート別冊シリーズ（2022年7月）参照。

（2）ブロックチェーン技術について詳しく知りたい方は、「ブロックチェーン 仕組みと理論」（2019年、赤羽喜治・愛敬真生編著、リックテレコム刊）を参照。

（３）詳しくは、同社ＷＥＢサイト（https://www.tradewaltz.com/）を参照。

【参考文献】

日本銀行金融研究所（１９８８）「日本金融年表（明治元年～昭和62年）」日本銀行金融研究所長　三宅純一　編集兼発行　日本信用調査株式会社出版部.

Erik Stolterman and Anna Croon Fors (2004) "Information Technology and the Good Life", IFIP International Federation for Information Processing book series (IFIPAICT, volume 143), Springer.

経済産業省（２０１９）「ＤＸ推進指標」とそのガイダンス.

一般社団法人　全国銀行協会「全国銀行の２０２１年度決算の状況（単体ベース）」

一般社団法人　全国銀行協会「全国銀行の平成13年度決算の状況（単体ベース）」.

日本銀行（２０２２）『日本銀行金融システムレポート別冊シリーズ』２０２２年7月.

赤羽喜治・愛敬真生編著（２０１９）『ブロックチェーン 仕組みと理論』リックテレコム.

Trade Waltz 社ホームページ　https://www.tradewaltz.com/

第5章　地域創生DX――地方DXの背景にある文化の理解――

1　ソフトパワーと地方地域の観光ビジネス

ジョセフ・S・ナイは1990年にソフトパワーの議論をしました。対するハードパワーは国家の戦力のようなものを想定しますが、ソフトパワーは例えば「アメリカンドリーム」のようなintangible（無形の、ぼんやりとした、の意）で、ある種「やさしい」概念や文化を指します。しかし、これらの「文化」は「イズム」に代表されるように、最終的に武力やそれが実現する戦争（ハードパワー）よりも巨大なパワーを持つことはご承知の通りです（ナイ、1990、2002、2004）。なぜこのソフトパワーの話を観光地方地域の文脈で持ち出すかというと、それが「無形でぼんやりした」資産だからです。このことを私は横文字で「intangible asset」と呼んでいます。実は観光地方地域の経営におけるほとんどの資産は、このintangible assetに支配されています。つまり日本の「地方地域」における観光にまつわる商売の営みは、ナイのいうところのソフトパワー側にポジショニングすることを冒頭に覚えておきましょう。

1・1 観光地域経済における intangible asset

ではその intangible asset とは何かを説明していきます。一言で intangible asset と言っても色々なものがありますが、経営における貸借対照表（以下B／Sと表記）に載るものと、載らないもので分けて説明してみたいと思います。

まずは、説明を分かり易くするため、ごくごく当たり前に「B／Sに載る tangible asset」には車両や建物などを例に挙げます。これらは法人などが保有した瞬間から償却されていく資産、つまりCAPEX（Capital Expenditure：資本的支出のことをいい、減価償却の対象となる資産）です。次に「B／Sに載る intangible asset」には、昨今の代表格としてソフトウェアがあります。また場合によってはIP（Intellectual property：知財）などもあげられますが、これは取得にかかった費用相当が掲載されるに留まり、それが将来生み出す価値を一般的にはCAPEXとして認識しません。誰にもわからないからです。

しかし、ソフトウェアの場合は、そのソフトウェアを買ったにせよ開発したにせよプライス（≒投資）がありますので、そのプライス相当が資産として計上されて償却されていくことになります。ただ、昨今のクラウドサービスは買った訳でも、開発した訳でもないため、月々の利用料として支払うことはご存じの通りで、つまりOPEX（Operation Expense：業務費又は運営費）であり、資産性はありません。また、クラウドサービスの場合、日に日にソフトウェアはアップデートされより良く改良されていきます。買ったり開発したりしてCAPEXとして認識されるソフトウェアよりも、資産性のないクラウドサービスの方が、より良くかつ導入効果が高いと言える可能性が昨今指摘されています。実は、これが私が指摘する「ソフトシフト」の醍醐味です。これまでの時代は、B／Sの立派さというのがあるとすると、それはハードでした。つまり、tangibleであり、自慢できるものでした。社用車や本社ビルなどが良い例です。

ソフトシフト化した時代に、CAPEXとして認識されるソフトウェアはintangibleなので、そもそも、自慢できるようなものではありませんが、それがしっかりとP／Lを作っていきます。さらに、まったく同じようにソフトウェアと表現されるものでも、CAPEXではなくOEPEXとして認識されるソフトウェア、つまりはクラウドサービスの方がより良く、P／Lの構築に貢献できる時代に既になっています。従って、私たちが「資産」というものの価値が大きくソフトシフトしているのです。

私が提唱する「IT前提経営」の6大要素（図表5－1）の1つに「デジタルネイティブの理解」というものがあります。この世代論的な中にも、若い人たちはtangibleな資産を持ちたがらないという議論が良くあります。彼らが文字通り消費するパケット代はintangibleであり、OPEXに分類されるものですが、それによってデジタルネイティブカルチャーは構築されていますし、私たち世代が若かった時のように、CAPEXとしての車を持ちたがらず、必要なときにシェアリングで車を利用しますし、ローンをしてCAPEXとしての持ち家を持つよりも、モビリティーを重視してOPEXとしての賃貸マンションを好むようです。本来であれば自慢できる類のハードウェアとしての tangible asset を構築できるのに、あえて、intangible asset を好み、そしてその文化を形づくっていくのです。つまりこれもまた、ソフトシフト化した社会そのものです。

そして、最後に分類されるのが観光地域において重要になる「B／Sに載らない intangible asset」です。具体例でいえば、山、川、海、青い空、雲海、パウダースノーのような観光資源です。これらは誰のものでもありませんのでB／Sに載せようがありません。無論、揚げ足をとろうとすれば、国立公園だったり私有地としての山林もあるでしょうし、領土、領海、領空という概念もありますが、一般論として、いち企業のB／Sに掲載するものではありません。そもそも、露天風呂に入って見ることができる素晴らしい景色や風の香りは、仮に人のものであっても、「借景」であり、その旅館のB／Sには掲載されないからです。

同様に、兼ねてより日本の経営環境の中で、とても重要視されてきた「経営者の人柄」といったものも「B／Sに載らない intangible asset」の1つです。銀行が企業に貸付をする際には、担保や事業計画以外にも経営者の人となりをしっかりと確認します。銀行員のすべてが人となりを確認できる能力があるとは思いませんが、経営者の人柄といった intangible なものが、debt finance による資金調達の裏付けとなり、それによって調達した現金で tangible asset を購入し、そしてB／Sに掲載され、償却されながらP／Lを作ってきたのが、戦後の多くの日本の中小企業の歴史であることはご存じの通りです。

ここで整理したように、どちらが鶏で、どちらが卵かは、まだ決定的に分析できていませんが、資産がソフトシフトすると同時に、文化もソフトシフトしており、それらを支える資金調達の方法も、debt finance 一辺倒から equity finance とのバランスへとシフトしてきました。

つまり、intangible asset が多い観光地方地域においては、世の中がＤＸすればするほど有利である、という仮説が成り立つのです。

２「ＩＴ前提経営」とデジタルマーケティング

さて、ここでは「ＩＴ前提経営」と観光地方地域における経営の関係について、説明いたします。

「ＩＴ前提経営」の６大要素については、既に、書籍や論文などで多く論じてきたので、詳細はそちらを参照して頂くこととし、紙幅の関係上、ここでは、本章に関係のある「デジタルネイティブの理解」「デジタルマーケティングの適切な運用」の２要素に注目して簡単に説明いたします。

２・１「デジタルネイティブの理解」の重要性

そもそも、デジタルネイティブ（注１）が生活者の主役になりつつある時代において、世代間のＩＴ、とくにアプリケーション層の捉え方や使い方が大きく異なってきているのは

図表5－1　「IT前提経営」の6大要素

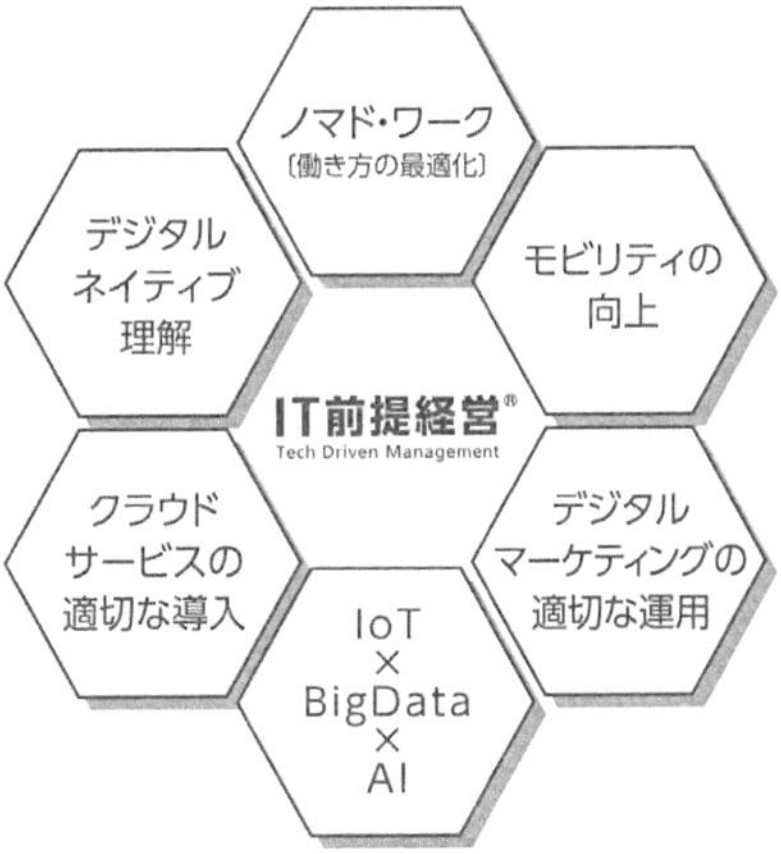

出所：筆者作成。

ご承知の通りです。筆者は大学だけでなく、高等学校でも教鞭をとっているため、そのミルフィーユのように積み重なっている薄い世代ごとに、使うアプリケーションが異なることを経験し、アンケート調査を継続的にしてきました。驚くことに、調査の自由記述を読んでみると、高校生からしても、その数年下の中学生のＩＴの使い方は理解できない、という記入が多いことに気づきます。したがって、社会や地域、あるいは組織や企業側が、そういった多様なデジタルネイティブについてしっかり理解していないと、彼らの消費行動を捉えることはできないのです。

例えば、私が住む長野県白馬村は、長野オリンピックの後、大きく来村者数が落ち込みましたが、コロナ前まではインバウンドの拡大も相まって年間230万人程度（注2）まで回復してきました。無論、その旅行者の主な目的は、白馬村が持つ北アルプスの絶景や紅葉、冬のパウダースノーなどの intangible asset であることは言うまでもありません。しかし、その「体験」を促すとき、「デジタルネイティブの理解」が極めて重要になります。つまり、「インスタ映えするかどうか」や、投稿された写真や動画についた「いいね」の数、または当該アカウントのフォロワー数などは、10年前であればまったく存在しないKPIでした。白馬岩岳マウンテンリゾート（注3）の取り組みはこの点で目を見張るものがあり、北アルプスを一望するテラスで、ニューヨーク発のカフェブランド「CityBakery」が提供する美味しいクロワッサンサンドウィッチとコーヒーを飲むというコンテンツや、あるいは、絶景に向かって大きなブランコを漕ぎ出す「ヤッホー！　スウィング presented by にゃんこ大戦争」などは「インスタ映え」を促し、その写真や動画は、Instagram のみならず、SNSやブログ、YouTube などを介して #hakubavalley のハッシュタグとともに、世界中をかけ巡っています。

そもそも写真や動画を撮って、位置情報を付与した上でネット上にこういったコンテンツを好んで投稿するという行為そのものが、余暇体験の中でどれだけ重要なのかということを、少なくても、デジタルネイティブの目線でしっかり理解しなくてはならないのです。これらは、CGM（Consumer Generated Media）であり、必ずしも、仕掛ける側が大きな仕掛けを作らなくても、自動的にネット上に増えていくコンテンツです。つまり、仕掛ける企業や地域が能動的に何かをするのではなく、勝手に人々が作っていき、それが intangible asset

としてインターネットにアーカイブされていき、それら無数の投稿が、また新しいムーブメントを作り出す繰り返しになるのです。

整理すると、ここで一番重要な視点はB／Sに載らない資産で、それが誘引して旅行者たる顧客を獲得しているところです。同時にそこで獲得した顧客がCGM的な機能と行為により、何かこちらから強い働きかけをすることもなく、それ自身の都合で、画像や動画や位置情報を中心とする情報をネット上に投稿していくのです。これは当該観光施設や地域が能動的に仕掛ける仕組みとはまったく関係の無いところで行われる行為ですが、「デジタル資産」として着実にクラウドに積み上がっていくのです。そしてその intangible asset を起点に、更に顧客の獲得に繋がるというのが一連の流れです。

当然ですが、ホテルのようなハードウェアを建設したり、森林を切り開いて大きな商業施設を作ったりする必要がありませんから、B／Sは軽いままで、むしろ載せるものがなく、能動的に投資をしなくても、知らないところでつくられた intangible asset によって、P／Lが作られるという現象が、ここで指摘したい「観光地方地域のデジタルマーケティング」です。したがって「デジタルマーケティング」とは、ここまで説明してきた一連のムーブメントをいかに誘発するかという「適切」な取り組み、と理解するのが良いと考えられます。これが私がＩＴ前提経営の中で「デジタルマーケティングの『適切な』運用」と言っている所以です。

一方、デジタルマーケティングは事実上のターゲットマーケティングです。ＩＴ前提経営の6大要素の中には「IoT×BigData×AI」という要素を入れてありますが、デジタルマーケティングもここに大きく依拠します。つまり、何らかの方法でアクセス可能なビックデータの中でターゲットマーケティングをすることになります。当たり前のことですが、誰もが一泊10万円の高級な部屋に泊まりたいと思っている訳ではありません。マスマーケティングの時代は、比較的、メディアの特性に依拠してターゲティングを行っていましたが、デジタルマーケティングにおいては、ビックデータに依拠しますし、GAFA、特にGoogleやFacebookがこれまで行ってきたやり方です。先ほど述べたように#hakubavalleyというハッシュタグを付けた投稿を行った人は、その地域のかなりのファンであることが伺えます。または、観光が「確認行為」（詳細は後述します）であることを考えると、最低でも1回は行ったことがある人が投稿しているはずですし、事実上のファンであるとすれば、そのハッシュタグや投稿内容、あるいは、その人がよく閲覧するコンテンツに関する広告が掲出されるのが、足元のデジタルマーケティングです。イーライ・パリサーはこれを「フィルターバブル」と呼んで批判（パリサー、２０１６）していますし、デジタルマーケティングに使われる技術は、生活者のＵＸ（User eXperience：ユーザー体験）にとって、必ずしも有益であるとは言い切れない問題を抱えていることも事実です。しかし、現状においては、図表５－2が示す通り、デジタルマーケティングに特徴的なトレーシング性、効率性などがマスマーケティング時代と比較しても大きく向上していることから、日本の広告量の総量の指標でも、

図表５－２　広告費の推移

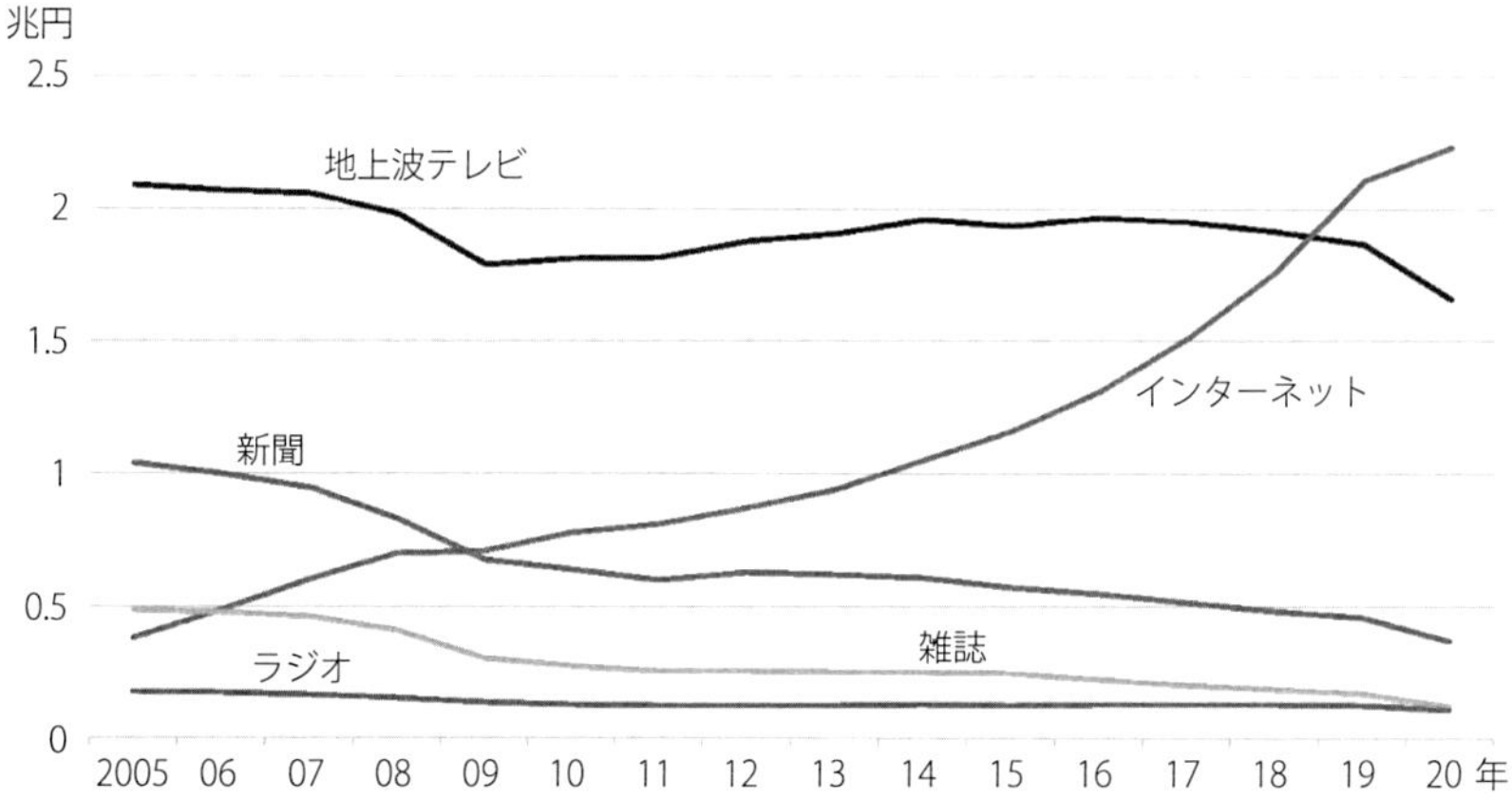

出所：電通の公開情報を元に筆者作成。

マスマーケティング時代の権威とされてきたテレビのそれを、２０１９年に上回っているのです。

デジタルマーケティングのメリット・デメリットについてはここで紙幅を割きませんが、ＩＴ前提経営の６大要素の中で「『適切な』運用」と表現した理由は、顧客たる旅行者が自動的に無数のデジタル資産を積み上げてくれるため、運営側が過度に広告を含むデジタルマーケティングに投資をしてしまうと、逆に、ファンとして、ある種、ボランタリーに関与してくれる顧客に、しらけムードを作ってしまうため、ファンの「背中を押す」程度に留めておくことが重要になるからです。その地方地域に十分なintangible assetがある場合、むしろ、それで十分に正しいムーブメントが起こり、リピーターの獲得や「確認行為」の誘発を促すと考えられます。

3 digital twinとWeb3が観光地域、地方地域のターンアラウンドに及ぼす可能性

ここではB／Sに載らないintangible asset、つまりここまで述べてきたように「誰か」の行為の積み重ねによって膨大に溜まったデジタル資産が、観光地域、または地方地域にいてどのように作用するか、という議論を、digital twinの概念を用いて検討していきたいと思います。

皆さんは「セカンドライフ」というメタバース（仮想世界）を覚えているでしょうか。Facebookが社名をMetaに変更して久しいですが、セカンドライフはそれよりはるか昔、2003年に米国Linden Lab社が独自の開発言語Linden Scriptにより開発した3DCGのメタバースサービスです。まさにハイプ・サイクル（注4）を描き、誰もがアカウントをとってチャレンジし、ユーザー数は瞬く間に伸びていきました。2006年5月と2007年7月にはそれぞれBusinessweekとNewsweekでセカンドライフ上で活動するアバターを纏ったデジタルクリエイターが瞬く間にミリオネラーになったというセンセーショナルな報道も続きました。あまりに注目されたので、当時筆者が経営していたソフトウェア会社から『セカンドライフで作る リンデンスクリプト入門』（インプレスR&D：2007）という指南書を出版し、出版当初はAmazonのランキングで上位入賞したほどでした。

しかしその後、当時のPCの一般的な処理能力では動作が非常に遅いとか、一体この仮想世界で何をしたら良いかわからない、など様々な理由で、いわゆるハイプ・サイクルが言うところの幻滅期をたどり、多くのユーザーが離脱しました。Linden Lab社はその後、IPOすることなくこのサービスを続けており、現在は公式発表はないものの「年間6億ドルの国内総生産（GDP）を誇っており、これまでに20億以上のユーザー資産が作成され、毎日20万人のアクティブユーザーがいて、年間3億4、500万件以上の取引が行われている。クリエイターへの報酬は年間8、040万ドル以上もある」とメディアは伝えています（注5）。一時期のブームと思われた元祖メタバースである「セカンドライフ」ですが、ブームと捉えるよりはハイプ・サイクルにおける安定期を迎えているといえなくもありません。現在ではWeb3の文脈で、『The SandBox』や、ムーブメントとしてのROBLOXなど、ブロックチェーン技術に支えられたアプリケーションとしてのNFTを技術の軸にしながら、セカンドライフと似たメタバースが広がりつつあります。

さて、このメタバースの世界観を観光地域の課題と合流させるには、この節のタイトルにもなっているdigital twinの概念を理解しなくてはなりません。

digital twinの歴史は意外と古いのです。その源流の1つは1992年に出版されたDavid Gelernterの『Mirror Worlds』とも言われていますが、昨今は図表5－3のように製造業における実践で語られることが多くなってきました。

図表５－３　製造における「デジタルツイン」のイメージ図

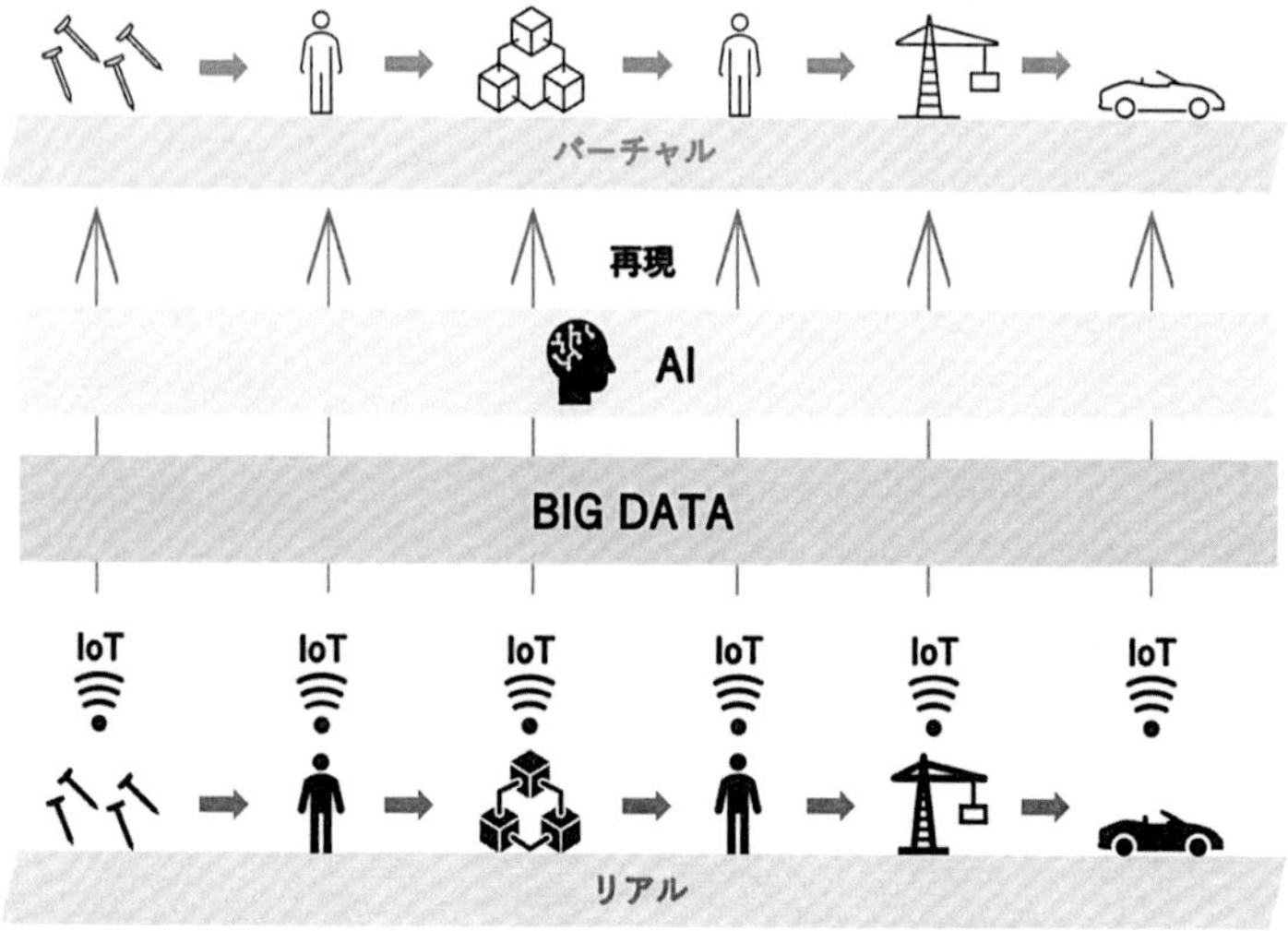

出所：筆者作成。

下側がリアルな工場のライン、クラウドの上側はデジタルでリアルを再現したコピーの世界（つまりmirror world）です。これは、ＩＴ前提経営の６大要素にもある「IoT×BigData×AI」の文脈そのものでもあります。つまり、IoT（Internet of Things：モノのインターネット）といわれるセンサーの固まりが、リアルな現場の様々な情報（熱、動き、動画、風の動き、圧力、位置情報などなど）を全量でリアルタイムにクラウド側にアップロードし、それをコンピュータ（主にＡＩと置き換えて説明されることが多いです）が解析し、クラウド上にデジタルで同じ環境を再現します。このデジタル上の環境で、様々なシミュレーションをすることにより、リアルな問題が起こる前にその問題の対処策を検討し、機械などが壊れる前に部品を交換していく、というイメージです。

実は、この手法は色々なところで使われてきました。一番有名なのが映画『アポロ13』（注6）で極めて忠実に再現されたシーンです。宇宙空間のアポロ13で起こった問題の対処策を、ヒューストンにあるラボのチームが、アポロ13とまったく同じ地上の機体を使って検討し、そしてそこで出た答えを無線で宇宙空間のアポロ13に伝えて、宇宙飛行士がそれを実施し、問題を解決するという緊張の高まるシーンです。この場合、digital twin（図表5－3）におけるリアル側は宇宙空間の実際のアポロ13で、デジタル（バーチャル）側はヒューストンのラボにあるアポロ13の完全なコピーになります。もう1点重要なことがあります。それはデジタル（バーチャル）側では人が死んだり怪我をしたりという危険が事実上ゼロということです。つまり完全な安全地帯です。無論リアル側は宇宙であり工場ですので絶えず危険と隣り合わせなのです。

このdigital twinの考え方は何も特殊なものではありません。すでに内閣府のSociety5.0の説明の中でも語られており、前掲の図表5－3とはリアルとデジタル（バーチャル）の向き逆ですが、まったく同じことを言っていますし、これまで数々のSF映画などでも表現されてきた世界観です。

さて、冒頭の「セカンドライフ」の話に戻りますが、「セカンドライフ」バブルのときに

図表5－4　Society 5.0

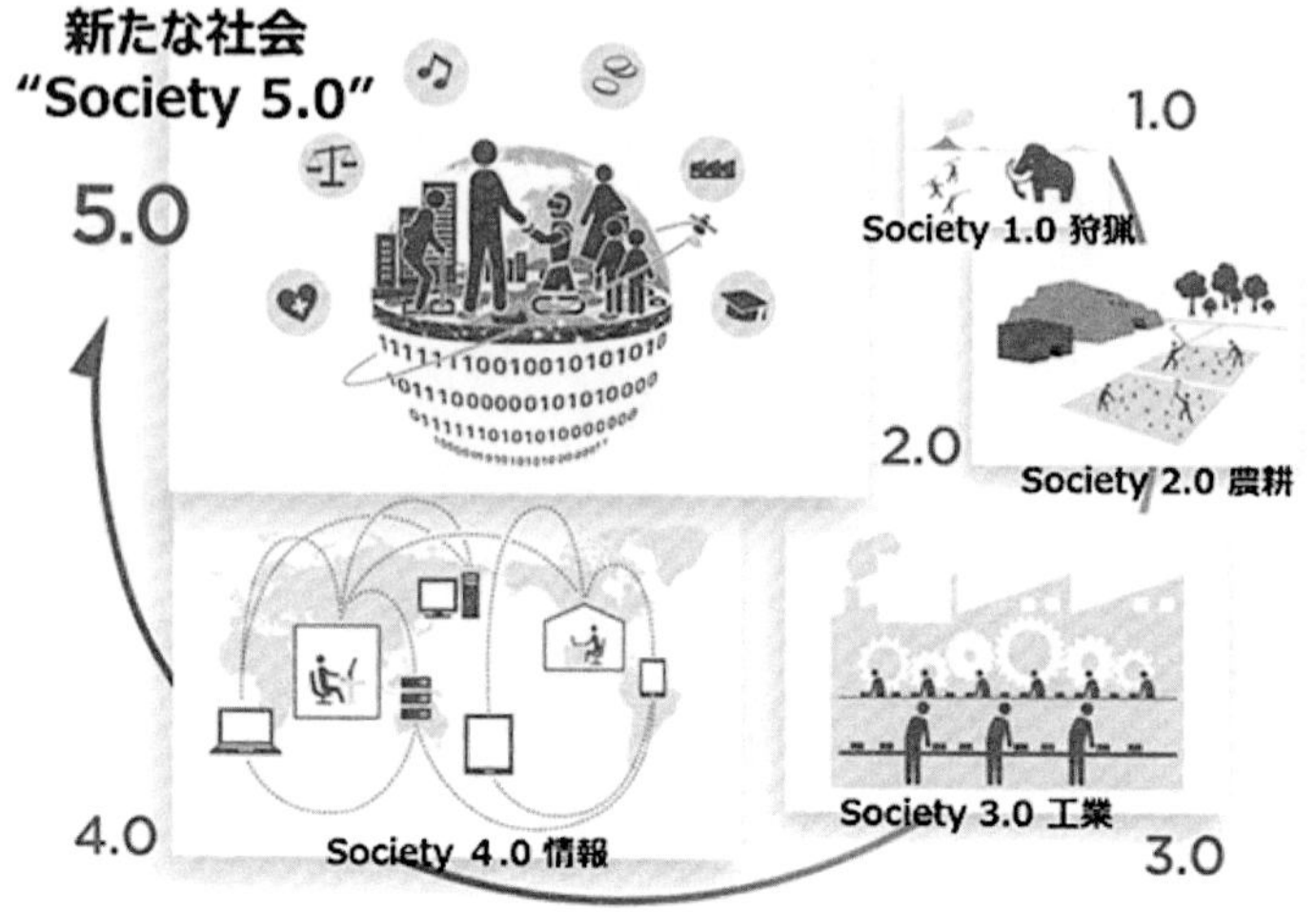

出所：内閣府「科学技術政策 Society 5.0」ウェブサイトより（内閣府作成）。

「SLguide.jp」（現在は閉鎖）というセカンドライフ内に、ユーザーが自分のアバターを経由して作っていくための数々の場所（セカンドライフではシムといいます）を検索したり、分類したりするサイトがありました。当時、このサイトの上位に必ずランクインしていたシムが「足湯」でした。前述したように、まったく危険が伴わないため、アクションゲームのように戦ったり、とてつもなく危険なジェットコースターのようなアトラクションを経験したり、飛んだり跳ねたりするようなシムに人気が集まると思いきや、「足湯」に人気が集まったのです。

私もセカンドライフをプレーする中で、この「足湯」には通いました。文字通り、自分のコピーであるアバターが足湯に足を突っ込んで、そこに集まっている他のアバターとチャットで話をするというものでした。つまり、結局のところ、私たちがデジタルに求めるユーザー体験（UX）というものは、リアルでの体験と同じものでないかと考えられるのです。つまりdigital twinなのです。

そこで、話を地方地域のデジタルマーケティングに戻します。いわゆる「インスタ映え」の背景には、B／Sに載らないintangible assetとしての素晴らしい山、川、海、パウダースノーのようなものがあります。それはその観光施設の持ち物でもなんでもありませんが、それを文字通り「背景」にした写真や動画の数々が半ば「勝手に」デジタル資産としてクラウドに積み上がってきています。Society5.0の世界は既に到来しており、工場や宇宙船だけでなく、私たちもテレワークやオンライン授業で経験したように、かなりのことがインターネット上だけで進み、テキスト、動画、静止画問わないコンテンツがクラウドに積み上がっています。

実際、N校（注7）の登場で、小学校を除いては、大学までほぼ完全にオンラインでも卒業資格や学位がとれるようになりました。仮に、学校という権威的な「場所」で学ぶことによって得られる学位に価値があるとしても、MOOC（注8）を使えば無料で世界中の有名な大学の授業がオンラインで受けられ、そして修了証も発行されます。この修了証は、特にIT企業などからすると、場合によっては、大学の卒業証書よりも評価されるのです。つまりdigital twinのデジタル（バーチャル）側の価値は、リアルな世界の価値に既に追いついているといっても過言ではないのです。

3・1　digital twinと「確認行為」

それではこの時代に「確認行為」としての観光とはどうあるべきなのでしょうか。「確認行為」とは、メディアなどを通じて遠方の観光地域の資源を見聞きし、メディア接触だけでは満足できない場合に、交通費や宿泊費を負担して「確認」にいく行為です。その交通費や宿泊費という一種のコストが観光地域の売上となっているという考え方です。しかし、これはあくまでも、digital twin以前の社会が前提となっています。とくにコロナ禍を経たdigital twinが前提となってくるSociety5.0の世界においては、「確認行為」に及ばない観光地域消費というものが存在する可能性が出てきました。つまり、移動をせずに、digital twinのデジタル側（バーチャル側）だけの体験と消費をもって「旅行をした」と位置付ける消費者の存在です。digital twinのデジタル（バーチャル）側では、怪我など、人間にフィジカルな危険が及ばないという話をしました。物理的な移動を伴わない「確認行為」は、その点においては安全で、この度のコロナ禍では、それが証明されました。既に学校や企業の一部が完全にオンラインになっている事実を踏まえると、この「確認行為」の概念の再定義がされるべき時にきており、観光地域の産業側としては、今からしっかりと「デジタル資産」

を貯めておくことが重要と考えられます。それには、これまでのマスマーケティングだけではなく、デジタルマーケティングを理解し、適切にそれを実践することで、ファンを増やし、intangible assetとしてのデジタル資産を積み上げていく必要があります。つまりユーザー体験側に目を移すと、可処分所得が多く余暇が取れる人は、これまで通りの「確認行為」にて満足することもできますが、逆に、可処分所得が少なく、あるいは、同時に余暇がない場合でも、デジタル（バーチャル）上だけのコンテンツ消費で満足できる世代や環境が出てくることへの準備が必要ではないでしょうか。

4 余暇と地方創生（「ワーケーション」という官製用語）

「確認行為」にはフィジカルな「移動」が伴うという議論をしてきました。この移動は社会学では長く議論されており、例えばジョン・アーリの「移動（Mobility）」の議論は2015年に『モビリティーズ～移動の社会学～』（作品社）として日本にも紹介されています。この中でアーリは「移動は社会学の中心的な議論になる」と言及しています。日本でも新幹線にはじまり、空路のLCCの登場やトンネルによる移動時間の短縮。ドローン輸送、リニア計画に高度なADAS（運転支援システム）の大衆車への実装や電動キックボードのレンタルなどが行われ、デジタルが最も得意な「時間×モノの管理」の機能と相まって、CASE（「Connected」「Automated/Autonomous」「Shared & Service」「Electrification」

図表５－５　Whistler-Blackcombのウェブサイトに掲載された（当時）「FRESH AIR MEETS FRESH IDEAS」の広告

出所：Whistler-Blackcombのウェブサイトより（当時）。

の頭文字をとった造語で、自動車を中心としたモビリティーの新しい形態を示す言葉）の時代が到来しつつあります。

これらのベースにある技術がインターネットの存在です。図表5－5と図表5－6は米国のマウンテンリゾート運営会社のVail Resorts, Inc.（以下、ベイル社）が20年以上前にウェブに掲出していた広告のクリエイティブです。日本ではコロナ禍を経る形で、ある意味強制的に「ワーケーション」という官製用語が使われるようになりましたが、ベイル社が経営する世界的に有名なWhistler-Blackcomb（カナダ・ブリティッシュコロンビア州）というスノーリゾートでは、いち早くリゾート全域に及ぶインターネットの敷設が行われ、モビリティーの高い働き方を前提とした長期滞在の啓蒙が行われていました。私が現地調査を繰り返していた

図表5－6　Whistler-Blackcomb のウェブサイトに掲載された（当時）「PATIO SESSION MEET PLENARY SESSIONS」の広告

出所：Whistler-Blackcomb のウェブサイトより（当時）。

２００５年頃には、ホテルのカフェや自室で仕事をするだけではなく、ブリーフケースを持って、スキー客に混じり、ゴンドラに乗って山に入り、山の中のレストランでパソコンを広げる、いわゆる非スキーヤーのゴンドラ利用者が沢山いたことに驚かされました。

つまり、前述したように digital twin の社会では、「まったく動かない」という概念と、「ものすごく動く」という真逆の概念がほぼイコールになります。「ＩＴ前提経営」の６大要素の中にも「モビリティの向上」がありますが「モビリティが極度に向上すると、人は動かなくなる」という論点を理解する必要があります。つまり、動いている人にとっては、インターネットが前提である以上、自分が動いているその瞬間にいる場所が相対的に固定化されるため、動いていないことと同義になるのです。その結果、パソコンやスマホさえあれば、どこにいても同じ仕事を続けられることになるため、ベイルリゾートが20年以上前に提案した通り、あるいは、「ワーケーション」という言葉が指し示すように「脱場所」の社会が実現したことになります。したがって、Society5.0の社会における観光地方地域の意味は、digital twinの概念なくして検討できないと言っても過言ではありません。

実は、ベイル社が20年以上前にこの広告を出したことは、よくよく考えると、さして驚くことでもありません。例えば、コロンビア大学の故・マイケル・ハウベン博士は、1990年代に「ネット」と「シチズン」の造語である「ネチズン（Netizen）」という概念を構築し、それを著した「ネチズン革命」というテキスト（注9）をコロンビア大学のサーバーで公開したことで、瞬く間に世界中に広がりました。私はちょうど大学院生だったため、このテキストに釘付けになったことを覚えています。曰く、インターネットが前提となる社会においては「脱場所」「脱時間」が進み、ネット上だけで知性のある生活をするネチズンが登場する（登場した）というものです。これを受ける形で経済学者の公文俊平先生は、インターネットの時代には「智業」を生業とする「智民」が現れ、それらの業や民には「脱時間」で「脱場所」が重要な理論的なインフラになるという議論をされました（公文、1997、2001）。

1980年代後半には既にこういった議論がされており、言ってしまえば、インターネットの大衆化を後押ししたWWW（World Wide Web）を、CERN（欧州素粒子物理学研究所）

のティム・バーナーズ・リーが1989年に考案したその理由は、「脱時間」且つ「脱場所」で世界が繋がることで、研究発表が誰でもリアルタイムに所属に関係なく、どこからでもでき、そして世界中から自由闊達な批判や意見をリアルタイムに貰うためとして、リリースしたのです。つまり、もうその時代には、事実上の digital twin の社会は独占状態から民主化しており、後の Windows95 のリリースを待つ形で大衆化に漕ぎ着けたのです（注10）。今から20年以上前にベイルがこの広告を出していたのは、前述したような「啓蒙」ではなく、すでにそのマーケットが存在していた可能性があったかもしれません。したがって、日本におけるワーケーションの文脈で重要なのは、digital twin 時代の働き方を想定することにあるのです。

4・1 「働き方改革」と「移住・複住」「複業」の関係

「ワーケーション」という言葉を役所が使い出したので、観光地方地域の文脈でDXを考える時に、どうしても仕事にまつわる話を織り交ぜないと着地しなくなってきてしまいました。ワークはワーク、バーケーションはバケーションという時代はもっと議論はシンプルだったと思いますが、インターネットが前提となる社会においては「ながら文化」（高柳、2020、2022）が日常化しているため、仕事とプライベートの線引きがかなり曖昧になってきています。もっというと、月〜金と土日という線引きもかなり曖昧ですし、昼間と夜間の線引きも曖昧です。そもそも「脱場所」と言い出してしまうと、北半球だろうが南半球だろうが関係なくなってきますし、ティムのＷＷＷ的な発想は、そういった文化を良い意味で後押しする技術的な考案でした。

ＩＴ前提経営時代の働き方については、私の『まったく新しい働き方の実践』シリーズ（ハーベスト社）で書いてきたので、ここではエッセンスだけ触れたいと思います。

ここまでは「観光地方地域」という言葉を使ってきましたが、実はこれはずるい用い方です。つまり「観光」と「地域」という2つの言葉が、あたかも1つの言葉のように表現されているからです。前述したベイル社のストーリーは当然「観光」に依拠します。一方で、観光地ではない「地域」も存在します。「地方創生」という言葉が乱舞してもう長い年月が経過しました。そもそも、インターネットが出来た時には「これで地方の情報が発信されて地方が元気になる」という言説がありました。私が学生や大学院生をしていた１９９０年代の半ばは、そういう牧歌的な時代でした。しかし、インターネットが日本で大衆化した１９９５年以降も地方からの人口流出と、一極への人口流入は止まらず、東京への転入数は積算されていくばかりです。モビリティの観点からみても同様です。新幹線1つとっても、地方へのアクセスが良くなり地方が元気になるという言説があったわけですが、結局のところ、東京の人が地方に一時的に移動し、そしてすぐに東京に戻るためのツールとして使われているのはご承知の通りです。

私は最近、半島と孤島の研究をはじめ、日本全国の半島と孤島が隣接する地域を回っていますが、メインランドと陸続きの半島は、メインランドにある都市部（人口密集地）に人が吸い寄せられ、過疎になる傾向にあります。一方、孤島は移動するのに船か飛行機を使わなくてはならないため、そこの観光資源は維持され、宿泊などの産業も同様に維持される傾向が見受けられます。

1800年代半ばから1900年代前半に活躍した社会学者のゲオルク・ジンメルは『橋と扉』というエッセイを残しています。「橋とは岸と岸を結びつけるが二つの岸に距離があることを思い起こさせる」といい、「扉は空いているときに、ある空間とある空間を結びつけるが、それが閉ざされたときただ壁がある以上に二つの空間のあいだの遮断を感じさせる」と書いています。つまり「橋」が出来た瞬間、それは必ずメインランドに繋がっているのは当然で、モビリティを獲得すれば、よりコンビニエントなメインランドに効率を求めて人口が流出するのは当たり前なのです。

しかし、地方創生のもと、幾重にも助成金や補助金が地方に分配され、孤島を便利にしようと渡し船を廃して、橋をかけた瞬間、人々のモビリティーはあがり、そこへの訪問は日帰りが前提となり、旅行者のみならず定住者もメインランドに流れ出て、いっきに孤島が空洞化する現象を見てきました。これらは「ストロー現象」と言われます。

実際、私が住む長野県白馬村も、1998年の長野オリンピックを境に急激な人口減少を辿りました。ご想像の通り、長野新幹線（現在の北陸新幹線）が長野駅まで開通し、長野駅から白馬村までトンネルをつくり、「オリンピック道路」ができたため、日帰りでディズニーランドに行けるようになりました。つまり、東京に日帰りできるくらいにモビリティが高まると、東京の人が白馬村に来るよりも、もともと定住していた方が東京に出やすくなるのです。結局のところ、それが最終的に住民票の都市部への流出を誘引し、地方地域の活力がなくなっていくというのが、地方創生とモビリティの関係でこれまで分析されてきた文脈でした。

ここまで述べてきたようにＩＴ前提経営時代において、且つ、モビリティが極度に向上した場合に、人が動かなくなるならば、逆にどこに居ても同じ効果が得られることになります。従って、逆に言えば、やっと、ではあるのですが、コロナ禍という外圧を受けて都市部の会社へ通わずとも、どこに居ても仕事ができることに改めて気づき、そして、住民票が地方地域に残ったまま、都市部の仕事をする人が出るのではないか、または、その逆で、都市部を離れて地方地域で生活をしながら都市部の仕事をする人が出るのではないかという言説が飛び回るようになりました。実際に、いくつかの企業は、その後押しをする制度をつくりはじめるなどのムーブメントが起きはじめているのはご承知の通りです。

またこの議論で重要なのは、経営者と労働者の働き方に対する考え方を直視することです。単純化すれば、経営者は利益を出し、しっかりと配当を出すことが求められますから、労働者の働き方に寄り添う必要はなく、経営において、もっとも効率的な方法を選べば良いのです。従って、本社に集めて一括管理する、というのがもっとも効率的であるというのが、日本だけではなく、世界的にみても、コロナ禍を経て、出社主義に戻る会社が多い理由です。

従って、この文脈において経営者を責める必要はなく、経営者は当然のことをやっているとむしろ賞賛されてしかるべきなのです。しかし、「場所」という意味で働き方を自由にしたい、つまり、脱場所化したい労働者と経営者の思惑が一致する点があります。それは「採用」です。いわゆる「当社の将来を託せる若くて優秀な人材」を採用し、そして維持するために、彼らの働きやすい方法を提供する点においてのみ、利害の一致があるのです。

4・2 「採用」においてのみ一致する経営者と労働者の「働き方改革」の論点

私自身、東京でソフトウェアエンジニアを雇う会社経営をしていた頃、「若くて優秀なエンジニア人材」獲得の競争は熾烈を極めました。国内超大手や、外資大手と正面から戦わなくてはなりません。そして、採用費を1名あたり数百万円かけて採用したところで、トレーニングを終え、一人前になると、転職されてしまう事案も相次ぎ、そして、10年以上前に、経営する会社のオフィスを捨てて、どこでも働ける「ノマドワーキング制度」をつくりました。結果、私が経営していた最後の時代は、東京本社の会社でありながら、半数またはそれ以上が地方在住の人で構成される不思議な会社になり、超大手との採用合戦から離脱することができ、離職率は極端に下がりました。この顛末は『まったく新しい働き方の実践』シリーズにまとめて書いてあるのでそちらを参照してください。

つまり、マイケル・ハウベン博士や、公文俊平先生が言ったように、ソフトウェアエンジニアリングという「智業」を行う「智民」(ネチズン)は、脱場所であり脱時間であるということが実践を経て証明されたのです。

住む場所が都市部である必要がなくなれば、当然リビングコストも劇的に下がります。従って移住の文脈につながり、例えば、徳島県神山町の2015年頃の事例(高柳、2017)は、地方地域において転入が転出を上回る稀な出来事で、そこには「ITインフラ」や「IT企業」といった「智業」が、そこで働く人たちの住民票を伴って自然と集まる戦略があったのです。

どうしても行政区で考えがちですが、これまで述べてきたように、東京一極集中という問題を解決することは一旦横においておく必要があります。つまり、「IT前提経営」をしっかり捉え、東京の仕事を地方でできるようにすることで、住民票を地方に維持する、または、地方で増やす方向を考えた方が、働き方の自由度を上げる点で労使の利害が一致するのです。また、移住と定住の間の概念として位置付けられる「複住(複数拠点居住)」をそのリビングコスト差を利用して実現すれば、効率的になります。当然IT前提となるので、ほぼオンラインで完結する仕事を選ぶ、ということにはなってしまいます。

一方で、この議論の先には、複業も視野に入ってきます。都市部で得た人脈や知識を地方地域のために生かすこともできますし、Web3がクリエーターズエコノミーと呼ばれるように、オンラインでのコンテンツを含む創作物でマネタイズすることもできるようになりました。労働力や労働時間をマネタイズするのは、寝る時間を削る必要があるので限界がありました。これまでは不動産を含む金融資産の運用などが労働時間を削らずに稼げる方法でしたが、digital twinの時代には、それ以外の方法が見え始めたのです。

前述したように、ハイプ・サイクルを見事にたどって安定期のような状況になった「セカンドライフ」でさえ、一定の規模の経済圏を持っているとすれば、今後はdigital twinのデジタル側の経済圏の拡張は続くと予想されます。それに伴い、都市部での定住を離れて、地方地域に移住をしたり、都市部との複住を考える際には、当然、デジタル（バーチャル）側「だけでの」マネタイズが複業の選択肢に入ってくるのです。

4・3　地方地域におけるオピニオンリーダーの存在

このようにして都市部から移住してきた人たちがオピニオンリーダーになり、地方地域をターンアラウンドさせるケースが増えてきました。例えば、かつて私が訪れ、経営する会社の支社をおいていた秋田県五城目町では、東京からの移住者の多くが新しい活路を見出し、地域の経済が回り始めていました（高柳、２０１７）。「回り始める」ことを因数分解すると、適切にＩＴを使った、地域の公立教育の支援、ＥＣを使った地域の名産のマーケット拡大、地方地域の素晴らしい自然や生活といったintangible assetのデジタルコンテンツ化と、デジタルマーケティングを適切に利用したそのデジタルコンテンツのネット上での流通です。

着目する点は、それらの活動はお金と時間のかかる重厚長大なものではなく、アジャイル文化を背景にもつ「智業」である点です。どこからともなく来た予算で議論なく建設されていくハードウェアとしての箱物とは違い、トライ&エラーを繰り返しながら、移住者や、長くその地に住んでいらっしゃる人々がチームとなってワイワイと仕事をするのです。つまり、B/Sに掲載されない、または、掲載される intangible asset です。ですから、あくまでもB/Sは軽く、アイディアと知恵と知識で、地方地域をターンアラウンドさせるのです。

そう聞いてよくよく周りを見回すと、私の住む長野県にも、人口は減少しているものの、新しい私学一貫教育校ができたりインターナショナルスクールができたりと「智」に関する活動が盛んになっており、その中心には、ここで書いたペルソナと近似の、都市部から来たオピニオンリーダーたちがいることがわかります（高柳、2022）。昨今はSNSを中心に人々がメディアと同等の発信する力を獲得したため、メディアが気づく前にこれらの活動が可視化される傾向にあり、よりその活動のクリアランスが高まり、似た取り組みが各地に派生している可能性が出てきたのです。

5　おわりに　テクノロジーの大衆化と観光地方地域のデジタルへの適応

先端技術が大衆化するプロセス（これを私は「テクノロジーの社会化のプロセス」と言っています）は、まずは大資本や権力の独占状態からはじまります。その次に技術が公開され、それを中間層（水越、1996）と呼ばれる研究者や専門家、あるいは愛好家がよりよく改良を重ね始めます。この状況を民主化と呼んでいます。そして最後に誰もが使う技術となり、大衆化します。大衆化した技術はその歴史や起源を喪失し、そこに技術があるのかどうかすら人々はわからなくなります。インターネットも、その根幹技術がパケット通信であることや、TCP／IPというプロトコルであること、そして、有線接続の時代はイーサーネット（Ethernet）と呼ばれる通信規格で繋がっており、Etherの語源は神学の文脈でアリストテレスによって語られた「エーテル」であることなどはとっくに忘却され、今や「インターネットにつなぐ」ですらなく、「Wi-Fiに繋ぐ」と間違って表現されているのです。つまりインターネットそのものが、もはやさまざまな私たちの行為の「前提」となっていることを意味します。

その時代に、tangible assetだけを資産と捉えてしまうと、経営は立ち行かなくなります。その背景は、ソフトパワーやソフトシフトの説明でお伝えした通りです。現にこれまでの経営においても「知財」や「社長の人柄」といったintangibleな資産は重要視されてきました。観光地方地域の経営においても同じことが言えます。特に、観光地方地域の本当の資産はintangibleなものが多いのです。つまりそれは逆説的に考えると、急激にソフトシフト化する社会に対して、先回りして、あるいは昔からアジャストしていたとも言えなくもないのです。もっとわかりやすく説明するなら、観光地方地域はデジタルの時代に適した資産の宝庫であるということです。

私が住む長野県白馬村は北海道のニセコなどにも似て、そこに降るパウダースノーが世界的に有名で、いつしかインバウンドの外国人がそのパウダースノーを「Japan」の「Powder Snow」ということで「JAPOW」と言うようになりました。当然、そのJAPOWを動画や写真で撮影し「インスタ映え」を狙ったコンテンツが自然発生的、且つ、自動的に大量にクラウドに蓄積され、その多くに #japow というハッシュタグが付けられています。

一方、このハッシュタグに目をつけた日本の大手広告代理店は、これを商標（知財）として登録し、現在、特許庁の知財検索サイトで公開されています。また、地元の新設校が新しい校舎を建てるにあたりクラウドファンディングでその資金を調達したり、JAPOWをクオリティーの高い出版物として日本中、世界中に広げたいという思いをもった写真家やライターなどのクリエーターたちも、その十分な資金をクラウドファンディングで獲得することに成功し、最新号の制作にあたっています。また、スキーやスノーボードをしながら同時に、且つ、リアルタイムに連絡を取り合うイヤラブルデバイスを開発するテックベンチャーは、1億円近い新製品の開発資金を同じくクラウドファンディングで調達しました。そして、村政史上もっとも若い村長は毎日のようにその公務をSNSで発信し、ヘリコプターで視察をした際のとてつもなく美しい3段紅葉の写真は、世界中のさまざまなクラスターにシェアされ、ネットを中心に活動をした移住組の村議会議員も誕生しました。入山チケット（リフト券）はすべてオンライン販売となり、そのプロモーションには適切なデジタルマーケティングが導入されています。そして、当然、村内のみならず、山の隅々まで4Gや5Gの電波やWi-Fiが飛び回り、誰もがいつでもどこでもインターネットにリーチャブルになっていて、ほとんど全ての店舗にカード決済と電子決済端末が置かれました。となれば、そこに敏感な世代は自動的に集積しはじめ、山の中や自然豊かな静かな場所で電話会議をはじめる人すら現れます。

実は、これらの現象は運営側が何か大きな投資をすることなく、顧客やファンの行為が次の行為を産んで、その結果としてデジタル資産がクラウドに蓄積され、世界中にシェアされることで起こっている出来事なのです。つまり、これまでの地方創生のように、中央(center)としての補助金や助成金などに頼らず、むしろ、decentralized(分散)での成功事例が多くなっており、確かに、DAO(Decentralized Autonomous Organization:分散型自律組織)の考え方やムーブメントと重なるところはあり、digital twinの現象に被さってくるWeb3の文化が、この流れをさらに後押しする可能性があると考えています。

かつて、1950年代にアメリカでパケット通信の技術が議論された際、それを大きく発展させ、TCP/IPにまで昇華させインターネットの誕生に貢献したのは、1970年代から80年代のアメリカ西海岸のカウンターカルチャーの文化でした(古瀬・広瀬、1995)。インターネットやApple、つまり、「パーソナル」コンピューターの誕生は、中央集権的な権力や大資本で成り立っていた産業文明批判のムーブメントから生まれた、まさに

decentralized の文化そのものでした。そんな流れで誕生したインターネットでしたが、続くＧＡＦＡの誕生で、また独占的なcentralized の文化に逆戻りしてしまい、２回目の産業文明批判として、ブロックチェーン技術の誕生とともにWeb3 のムーブメントが起こったのです。

この先、またこのチャレンジが失敗する可能性は大いにあると思っていますが、重要なのは、この繰り返しによって誕生したデジタルの文化は、それが程遠いと思われていた観光地方地域の資産活用と極めて相性がよかったという事実なのです。従って、東京を中心とした都市部の文脈で語られるＤＸよりも、観光地方地域で実践される小さなＤＸの積み重ねの方が圧倒的にそのエリアへのインパクトが大きく、役に立つということを真剣に考えるべきだと思います。その理解をもってはじめて、観光地方地域の活性化が持続的に成功するのではないでしょうか。なぜならば、それは、decentralized であり、intangible であるため、背景にはアジャイル文化が存在し、誰もが、大きな痛手なくチャレンジでき得るからなのです。

【注】

（１）ここでは、「インターネットが日本で大衆化した１９９５年以降に生まれた世代」と定義します。
（２）白馬村村勢要覧統計資料２０２１
（３）HAKUBAVAKKEY を成す約10箇所のスキーリゾートの内の１つで、かつては白馬岩岳スキー場と言われた。現在は日本スキー場開発株式会社のグループ会社である株式会社岩岳リゾートが運営する。

（4）ハイプ・サイクル（英語：hype cycle、ハイプ曲線）は、特定の技術の成熟度、採用度、社会への適用度を示す図で、ガートナー社が提案した概念。

（5）THE BRIDGE, Inc. が運営するＴＥＣＨ系ウェブメディア『ＢＲＩＤＧＥ』に２０２１年9月6日に掲載された記事「Second Life に再来したメタバースの波：年間6億ドルを生み出す元祖・仮想世界（1）」

（6）月面探査船アポロ13号爆発事故の実話を基に、ウィリアム・ブロイルズ・Jr., アル・ライナート ジョン・セイルズが脚本を担当し、ロン・ハワード監督がメガフォンをとって１９９５年に製作された映画。トム・ハンクスやケビン・ベーコンをはじめ有名俳優が多数出演したことでも有名になった。配給はＵＩＰで原題は「Ａｐｏｌｌｏ 13」。

（7）N高等学校：学校法人角川ドワンゴ学園が設置した通信教育を行うオンラインの高等学校。

（8）Massive Open Online Course（ＭＯＯＣ、ムーク）または Massive Open Online Courses（ＭＯＯＣs、ムークス）。インターネット上で世界中の有名大学の授業を、誰もが無料で受講できる大規模な開かれた講義のプラットフォーム。

（9）現在でもその一部はコロンビア大学のサーバーで公開されている。http://www.columbia.edu/~hauben/text/netizen-a-call.html

（10）筆者は技術が独占状態から大衆化に至るプロセスは「独占」「民主化」「大衆化」の順番で進むと説明している。高柳寛樹『続・まったく新しい働き方の実践～なぜ働き方は自由にならないのか。ＤＸ未完了社会の病理～』ハーベスト社（２０２２）に詳しい。

（11）『日経ビジネス』２０１２年7月号「『社員全員』ノマドワーカーにした会社」他

【参考文献】

ジョセフ・S・ナイ：『ソフト・パワー～21世紀国際政治を制する見えざる力～』、日本経済新聞出版社、２００４

ジョセフ・S・ナイ：『不滅の大国アメリカ』、読売新聞社、1990
ジョセフ・S・ナイ：『アメリカへの警告─21世紀国際政治のパワー・ゲーム』、日本経済新聞社、2002
山下祐介・金井利之：『地方創生の正体～なぜ地域政策は失敗するのか』、筑摩書房、2015
海老原城一・中村彰二朗：『SMART CITY5.0～地方創生を加速する都市OS』、インプレス、2019
飯田泰之・木下斉・川崎一泰・入山章栄・林直樹・熊谷俊人：『地域再生の失敗学』、光文社、2016
須田憲和：『地域活性化を成功に導く5つの提言～自立・継続と人財育成～』、カナリアコミュニケーションズ、2015
木下斉：『地方創生大全』、東洋経済、2016
岩永洋平：『地域活性マーケティング』、筑摩書房、2020
増田寛也編著：『地方消滅─東京一極集中が招く人口急減』中央公論新社、2014
増田寛也、冨山和彦：『地方消滅─創生戦略篇』中央公論新社、2015
高柳寛樹：『「IT前提経営」が組織を変える～デジタルネイティブと共に働く～』、近代科学社Digital、2020
高柳寛樹：『まったく新しい働き方の実践～「IT前提経営」による「地方創生」～』、ハーベスト社、2017
高柳寛樹・黒部得善：『続・まったく新しい働き方の実践～なぜ働き方は自由にならないのか。DX未完了社会の病理～』、ハーベスト社、2022
イーライ・パリサー（著）、井口耕二（訳）：『フィルターバブル──インターネットが隠していること』、早川書房、2016
ジョン・アーリ：『モビリティーズ～移動の社会学～』、作品社、2015
古瀬幸広・広瀬克哉：『インターネットが変える世界』、岩波書店、1996
ピエール・ブルデュー、ジャン・クロード・パストン（著）、宮島喬（訳）：『再生産〔教育・社会・文化〕』、藤原書

店、１９９１
水越伸『20世紀のメディア〈1〉—エレクトリック・メディアの近代』、ジャストシステム、１９９６
水越伸『デジタル・メディア社会』、岩波書店、１９９９
吉見俊哉『メディア時代の文化社会学』、新曜社、１９９４
公文俊平『ネティズンの時代』、ＮＴＴ出版、１９９６
アルバート・ゴア・ジュニアほか著、浜野保樹監修、門馬淳子訳、『情報スーパーハイウェイ』、電通、１９９４
アルバート・ゴア・ジュニアほか著、浜野保樹監修・訳、『ＧＩＩ世界情報基盤』、ビー・エヌ・エヌ、１９９５
高橋利枝、本田量久、寺島拓幸／著「デジタル・ネイティヴとオーディエンス・エンゲージメントに関する一考察：デジタル・メディアに関する大学生 調査より」、『応用社会学研究』、No.50、立教大学社会学部、２００８
川崎和哉『オープンソースワールド』翔泳社、１９９９
イシエル・デ・ソラ・プール、堀部政男監訳『自由のためのテクノロジー〜ニューメディアと表現の自由〜』、東京大学出版会、１９８８

第6章　アジャイルDX―ソフトウェア開発からデジタル組織の変革へ―

1　何故DXが必要なのか―不確実な時代―

本章は、DXを進めるうえでの前提となるITについて、とくにその重要な要素となるアジャイルについてとりあげます。

2021年にデジタル庁が発足するなど、産業、業種に関わらず、著名な企業の多くがDXの取り組みを急いでいます。DXは、最新のデジタル技術を採用することだけではありませんし、デジタル技術を導入するだけで満足してはいけません。ビジネスの可能性を再考するプロセスであり、「顧客体験」を改善することで顧客価値を生み出し、さらなる競争力、つまり競合に対する競争優位性を確保することが目的となります。

DXは、スウェーデンのエリック・ストルターマン教授が2004年に論文で提唱したとされています。6ページほどの短い論文ですが、DXを考える上で、従来の情報システムのための従来の分析手法はもはや通用しないことや、「good life（豊かな生活）」を実現するための aesthetic experience（美的体験）の重要性を指摘しています（Stolterman and Fors, 2004）。

DXの定義は、エリック教授の提唱から時代に合わせて少しずつ変化しています。エリック教授は、DXについて、デジタルテクノロジーの発展と浸透により、社会システムや生活の質の向上など人々の生活が大きく変化して良くなっていくことと捉えました。その後、ガートナーなどの企業は、DXについて、デジタルテクノロジーにより、競争優位性を獲得するため、産業構造を含め、ビジネスモデルや組織構造、企業文化などを変革するプロセスと捉えています。

2018年9月に経済産業省が「DXレポート～ITシステム「2025年の崖」克服とDXの本格的な展開～」を発表し、そこでは、DXの定義を「企業がビジネス環境の激しい変化に対応し、データとデジタル技術を活用して、顧客や社会のニーズを基に、製品やサービス、ビジネスモデルを変革するとともに、業務そのものや、組織、プロセス、企業文化・風土を変革し、競争上の優位性を確立すること」(経済産業省、2018)としています。

DXレポートでは、このまま市場の変化に対応できなければ、日本の企業はデジタル競争の敗北者となること、既存システムの維持管理費がIT予算の9割以上となる技術的な負債となりかねないこと、そうした古いシステムを利用することで、システムトラブルやデータ滅失のリスクが高くなることを指摘しています。DXの対応が進まなければ、2025年以降で最大で年間12兆円の経済損失が生じる可能性があるとされています。

一方で、最新のデジタル技術の導入について、企業は今までも何もやってこなかったわけ

図表6－1　DXの3つのフェーズ

1.デジタイゼーション(Digitization)	アナログのデジタル化 （手作業からの置換／単純な電子化） ・PCの利用，web会議等 ・ハンコを無くす，紙を無くす（電子化・ペーパーレス化）
2.デジタライゼーション(Digitalization)	ビジネスプロセスのデジタル化 （仕事の効率化・コスト削減／IT化） ・作業の効率化，自動化（たとえばRPAの導入） ・社内承認プロセスの見直し，オンライン化 ・クラウドサービスの積極利用
3.デジタルトランスフォーメーション(DX：Digital Transformation)	ビジネスモデルのデジタル化 （新しい価値（顧客価値）の創出・競争優位性の確立） ・販売（商品の売り切り）からサブスクリプションの導入 ・購入・所有から共有（シェアリング）への切り替え ・販売やレンタルからストリーミングサービスへ

出所：経済産業省デジタルトランスフォーメーションに向けた研究会（2018），Bloomberg（2018a, 2018b），Savić（2019），Gupta（2020）を元に筆者作成。

ではありません。それこそ、多額の費用をかけて、これまでも、現在も、そして未来もテクノロジー（IT）を導入してきています。

このDXには図表6－1のように、おおよそ3つのフェーズに分けることができます。

最初のデジタイゼーション（Digitization）は、手作業だったものから、PCの導入やPDF・Webの利用といった、アナログで行っていたものをデジタルの手段に置き換えようとするものです。単純な電子化ともいえるでしょう。デジタルに置き換えるだけですので、それまでのやり方とほとんど変わりません。

次のデジタライゼーション（Digitalization）は、社内の承認作業プロセスの見直し・オンライン化や、ＲＰＡ（ロボティック・プロセス・オートメーション）の導入による作業の効率化・自動化、クラウドサービスの利用といったといったものです。これは今までの作業をデジタルを利用し、いかに効率化し、コストを削減できるか、ということを重視したものです。単にデジタル化するのではなく、それに合わせてやり方を見直そう、無駄だと思えるプロセスをやめよう、とするものです。

これらデジタイゼーション、デジタライゼーションは、今に至っては、どの産業・企業も当たり前のように取り組んでいますが、顧客価値の実現のための、デジタル技術を前提とした取り組みはまだまだこれからです。ＤＸ、つまり、ビジネスモデルをデジタル化し、そこからの新しい価値（顧客価値）の創出・競争優位性の確立が必要となるのです。

最後のＤＸ（Digital Transformation）は、これら2つを踏まえた上で、ビジネスモデルそのものをも変えようとするものです。たとえば、これまで商品を売り切る形だったものをサブスクリプション型に変更して継続的に利用してもらったり、顧客に購入し所有されていたものからシェアリングによる複数人での共有することに切り替えたり、ＤＶＤや音楽ＣＤなどの販売やレンタルを止めてストリーミングにサービスに変更することなどです。こうしたビジネスモデルを変更することで、顧客にとって新しい価値を創出し、他の企業に対し競争優位性を確立することが可能となります。当然ながら、業務プロセスどころか、ビジネスモデルそのものを大きく変えるようなもの、場合によっては全く別の事業になるようなものです。そのため、ビジネスモデルに合わせて会社のルールややり方、さらにチームやグループといった組織構造も変える必要が出てきます。

企業にとってDXはビジネスモデルや組織変革を伴う抜本的な企業改革という認識が広がってきました。経営者は、戦略・オペレーション・組織人事など、多くの分野にわたり一貫した経営判断と、全社を変革に巻き込んだ変革推進に迫られています。業務の効率化にとどまらず、コア事業の創造的破壊までに変革の度合いが大きくなると、当然ながら社内の抵抗勢力への対策や組織風土の変革まで議論の幅は多岐にわたるのです。

2 DXのプロセス

DXを実現するためには、ITを中心としたデジタルテクノロジーが必須となります。しかし、技術そのものや、それを扱うデータサイエンティストやエンジニアだけでは、大きな変革を起こすようなイノベーションを実現することはできません。

新規製品・サービスの開発を行う際、どのようなプロダクトやサービスを創り出すのか、創り出せばいいのかわからないような不確実性や急激な変化に対応するには、ユーザーの要望を見つけ出し、ユーザーにとって価値のあるものを作ろうとする顧客中心の考え方が重要になります。そこでは、顧客の失敗や成功の経験（知識・情報）を共有する仕組みやリスク

図表6－2　サービス開発を素早く実現するための
ビジネス視点におけるプロセスとシステム

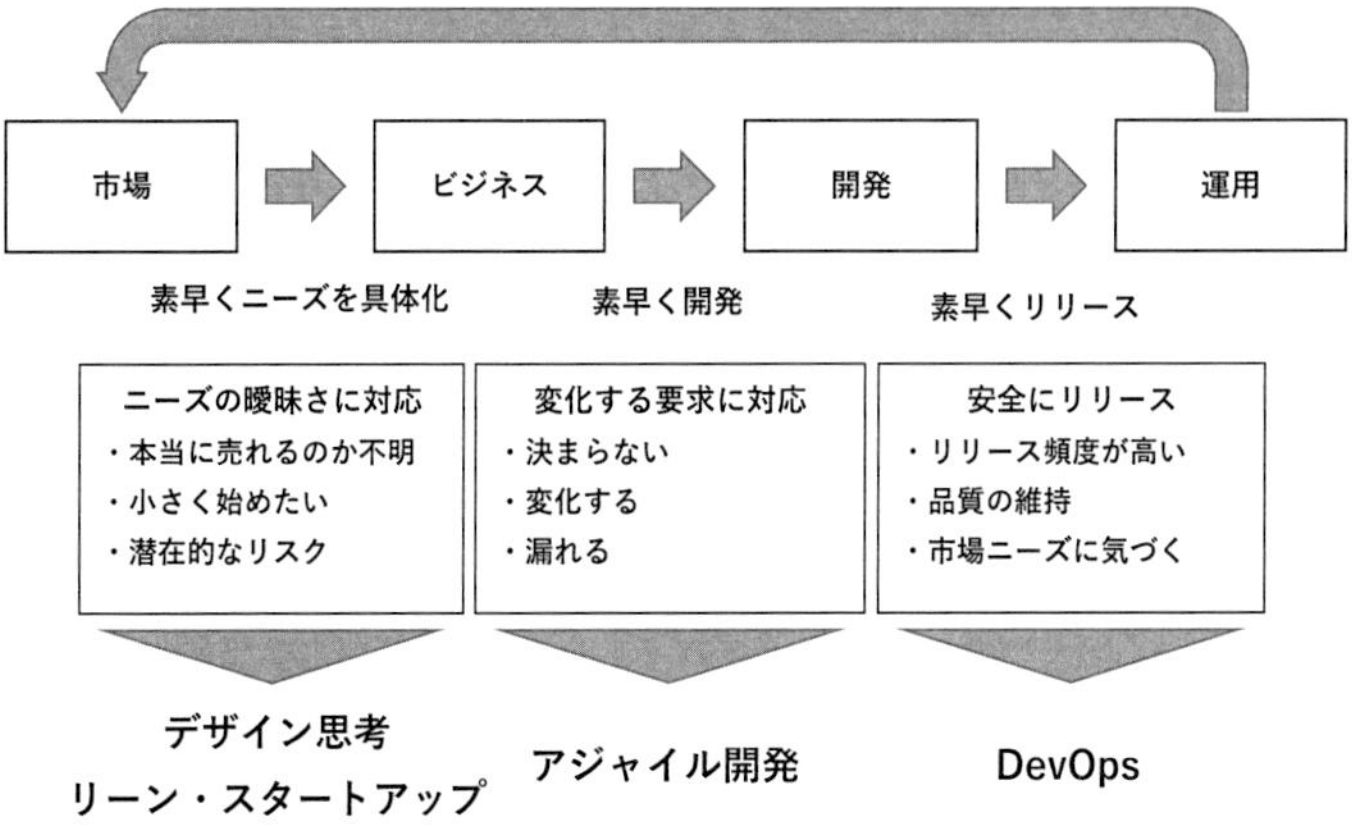

出所：『DX 白書』p.191 をもとに筆者一部加筆。

を削減するために少しずつ作って検証するといったプロセスが不可欠となります。従来の方法は通用せず、顧客への価値提供スピードに大きくシフトしてきているのです

顧客などの人間を中心とした考え方で発想され、アイデアを検証していくプロセスとして、「アジャイル」、「リーン・スタートアップ」、「顧客開発モデル」、「デザイン思考」、「DevOps」などがあります。

図表6－2は、サービス開発を素早く実現するためのビジネスの視点をまとめたものです。

市場から顧客ニーズを発掘し、それを具体化、製品開発・サービス開発に結び付け、素早くリリースしていく必要があります。このとき、顧客ニーズは曖昧であり、作ったものが本当に売れるかどうかはわかりません。ど

のようなリスクが潜んでいるのかもわかりません。当然ながら、発売した製品やサービスが失敗してしまわないよう、調査したり、事業そのものをまずは小さく始めたくなります。こうした顧客ニーズを、解決すべき問題を発見するものがデザイン思考やリーン・スタートアップです。

さらに、そうした製品の仕様やサービスの内容は、なかなか決まらないものです。顧客の要望が大きく複雑だったり、作っている途中に変化したり、気づかない漏れが存在することが多くあります。こうした時に、素早く開発していく方法がアジャイル開発です。

また、こうして作り上げた製品やサービスが必ずしも顧客の要望と一致し続ける保証はありません。そこで、まずはリリース・販売することで、実際に使用してもらうことでニーズと合致しているのか、品質は維持できているのかが確認できます。しかしながら、開発担当者と運用担当者がうまく連携できなければ、安定的で素早い販売、リリースを行うことができません。開発チームとオペレーションチームが協力し合える関係を作り上げようとするものが、DevOpsと呼ばれるものになります。

こうした手法を繰り返すことでDXを実現していくことになりますが、もちろん、販売・リリースした製品が必ず成功するわけではありません。そこで、せめて大きな失敗を避けるために、様々な調査をし、改善していくことが求められます。つまり、失敗することを前提とし、単に失敗するのではなく、その失敗を生かし（学び）、成功に向かって進んでいくことが重要となるのです。特に、ベンチャー、スタートアップ企業は起業したばかりのことも多く、また、規模も小さいため、こうした実験と失敗を繰り返して、新製品、新規事業を起こしていく必要があります。

不確実な中、新規事業や新製品を開発する方法が前述のリーン・スタートアップです。「Build（構築）→Measure（計測）→Learn（学習）」のフィードバックループを原則とし、顧客に気を配り、当初のビジョンをどうするかさまざまな事象を調整しながら、検証による学びを通して画期的な新製品を開発していきます。

リーン・スタートアップの手法は、成長性の高いハイテク・スタートアップを生み出すために考案され、新規ベンチャーが、早めに失敗して顧客から学習し、当初のアイデアを修正して、開発サイクルを反復し、改善を重ねることで、起業の成功確率を高めようとするものです。リーン・スタートアップは、Eric Ries（2011）によって提唱され、顧客開発モデル（Blank, 2003）を中心に、リーン生産方式（Womack and Jones, 2003）のほか、デザイン思考（Brown and Katz, 2011）、アジャイル開発など、これまでのマネジメントや製品開発の手法をベースにしています。

3　DXを進めるためのアジャイル開発

DXの実現のためには、デジタル技術が必須となります。さらにデジタル技術を前提とし、組織を変えていくような取り組みを進めるＩＴ技術者やその産業自体も、顧客企業がＤＸにより変革していくように、これまでのやり方を変えていく必要があります。

これまでのビジネスでは、新しいサービスやプロダクトを創り上げる際、事前に綿密な調査を行い、顧客ニーズを確認したうえで、計画的に開発を行ってきました。こうした方法は、顧客ニーズが明らかになっていることなどの条件が必要です。つまり、変化が激しくない、安定的な世界であれば問題ありませんでした。

しかしながら、現代は、顧客のニーズは多様化し、ビジネスのスピードは増し、ＶＵＣＡと呼ばれるような不確実性の高い時代となっています。こうした状況では、顧客のニーズを把握することは難しく、時間をかけて製品・サービスの開発をしていても、顧客のニーズを満たすことができなくなってしまうことが多々あります。さらに、顧客はさまざまな新しい商品やサービスに目移りしてしまうことで、製品のライフサイクルも短くなってきています。

このような、変化の激しい不確実な時代において、デジタル化を進めることは大きな武器となりえます。最近のビジネスで取り上げられ始めた言葉が「アジャイル（Ａｇｉｌｅ）」です。◯◯アジリティや、アジャイルな◯◯（ビジネス、経営、リーダー・・・）、アジャイルにやる、などとも使われることもあります。

アジャイルの考え方、取り組みは、もともとはソフトウェア開発で生まれたものです。近年はソフトウェア開発以外のＢＭＷやトヨタ（北米）などの自動車会社やＧＥやＩＢＭなど、ラジオ番組の企画や、新しい機械の開発、戦闘機の生産、ワインの生産など幅広い業界や部門で広く取り入れられています（Rigby, Sutherland, and Takeuchi, 2016）。

さらに、マーケティングや人事といった、「開発」以外の分野にもアジャイルは取り入れられ始めており、組織構造そのものをアジャイルに適応させようとする企業も現れ始めています。たとえば、音楽ストリーミングサービスのＳｐｏｔｉｆｙやオランダの銀行グループのＩＮＧなどは組織全体にアジャイルを導入しています。将来は不確実で予測しにくいのであれば、実験と失敗を繰り返し、漸進的に学びながら、実践的な技術や経験を身につけ、成功に結びつけていくことが有効となります。

アジャイルは、ソフトウェア開発の手法の一つとして生まれたものですが、小さく、速く、できるものから作っていく方法であり、海外のソフトウェア開発で主流となっており、日本企業でもＷｅｂ系企業を中心に取り入れられてきました。アジャイルは、ある程度動くソフトウェアを成長させながら作成する、反復、且つ漸進型であることが大きな特徴です。何をどうするか、どう作るかといった仕様について厳密な決定を行わず、開発を進めながら徐々に仕様をすり合わせていきます。仕様を厳密に決めると時間がかかるうえに、変更が生じる可能性もあります。そのため、すべての機能を一度に取り込むのではなく、幾つかの機能を選択して開発を行う、ある程度決まった部分だけを先に開発していきます。開発も1週間から1か月程度の非常に短い期間で反復して行います。それぞれの反復期間（Sprint、または

図表6－3　スクラムイベント

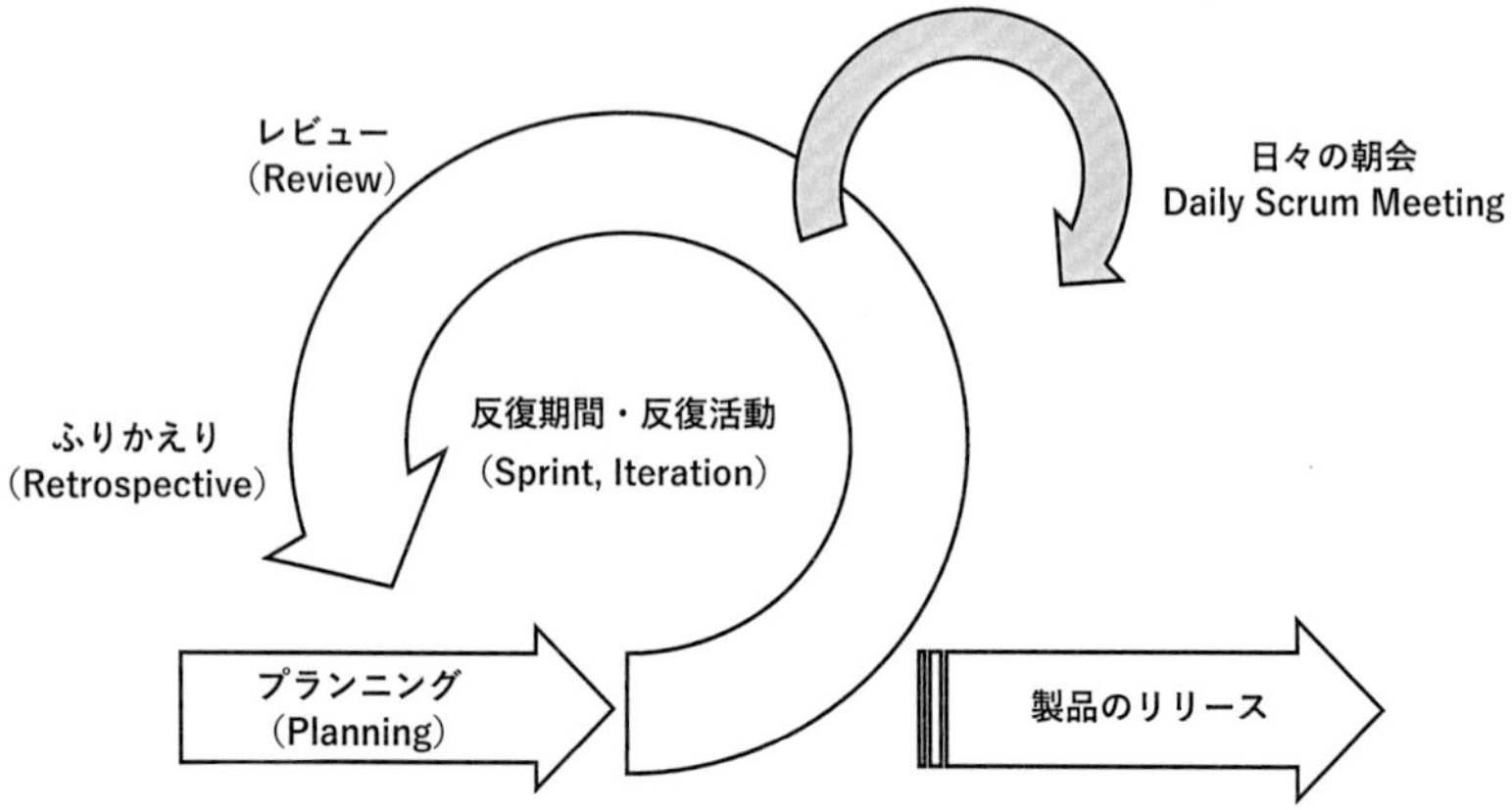

出所：Iqbal（2022）を元に筆者一部変更，加筆。

Iteration）の終了ごとにソフトウェアを本番稼働させていきます（図表6－3）。

アジャイルは、最初はシンプルに、素早く、小さく作って、変更を取り入れながら徐々に大きくしていくため、Webアプリケーション・サービスの開発などβ版を公開し、その後本公開を行い、機能を徐々に拡張、更新していくのに適したものです。ある程度の品質でスピーディに商品を出して、ユーザーの声を反映しながら「永遠のβ版」として進化させ続けていきます。機能を追加していくサブスクリプションのようなサービスにも向いています。いきなりベストなもの、完璧なものは作らず、常に改善を繰り返していきます。

やりたいことの中で優先度の高いものからできるだけ早く作成し、少しでもできあがったものをユーザーに確認してもらい、早期にフィードバックを得て、再び反復作業に戻ります。作りたいものをすべて作るのではなく、アジャイルは、このフィードバックといった顧客の参画の度合い、つまり顧客との「共創」が特に強く、人と人とのコミュニケーションやコラボレーションを重視していることが特徴です。開発者だけで、小さくPDCAを回すものではなく、顧客も巻き込んで回していきます。

一方で、アジャイルは、顧客の協力を得られなかったり、素早く、小さくできない、大きすぎて全部作らないとユーザーが利用できないようなものには向きません。そのため、小さく始めるWebサービスや細かく分割できるものに非常に向いています。さらに、いちいち承認に時間がかかるようでは市場の変化に対応するようにDXを進めることが難しくなってしまいます。そのため、アジャイルを行うチームに権限移譲ができないような組織には向いていません。つまり、アジャイルは単にやり方を導入するだけでは不十分であり、アジャイルに合わせた組織改革が必要となります。

また、当初立てた計画を厳格に順守するようなものにも対応できません。顧客からフィードバックをもらい、変更を受け入れられていく土壌が必要となります。そのほか、小さな失敗を繰り返しながらより良いものを作りますが、そうした細かな失敗すら許されないような状況や、フィードバックによる改善を前提とした不完全で完璧ではないような状況、たとえば金融系のシステムや生命に直接かかわるようなものにはあまり向いていません。そして、アジャイルは、小規模のチームを組んで行うため、技術力等の能力が無いと難しい面もあります。まだまだ日本のソフトウェア開発の分野でも組織が対応していない、慣習や文化が古い、顧客の理解がない、などの理由のため適応ができていません。

アジャイルにとって重要なことは、複雑な問題を解決する際の創造性と順応性を持ったチームワークです。失敗から学び、成長できるかであり、反復活動を小さく短く繰り返すことは、大きな失敗を避け、リスクを最小化するという観点もありますが、それ以上に小さな失敗を繰り返すことで、多くを学んでいくことが求められます。

心理的な安全のもと、チームメンバーが自由に発言し、共感をもって意見を聞きます。失敗が許され、その失敗を糧に同じような失敗を繰り返さないようにメンバーが成長していくことで、最終的に高いパフォーマンスや難易度を達成していくのです。新しいことを体験し、学び、それを繰り返す努力をしながらチームは成長していきます。

アジャイルの特徴が、次の図表6－4です。

「自己組織化」とは、学習により一人ひとりが成長することを重要視しており、状況に応じてミッションを実現するための選択を自分たちが決定し、行動できる能動的な組織を作ることです。「機能横断的（なチーム）」とは、外部に頼らず開発のために必要なあらゆるスキルを持つようなチームに成長していくことです。「顧客との共創」とは、単なる受発注関係ではなく、顧客も開発に関わり、その中でフィードバックをもらうことでより良いものを作ろうとする共

図表6－4　アジャイルの特徴

特徴	概要
Self-organizing Team（自己組織化）	開発チームが状況に応じてミッションを実現するための選択を自分たちが決定し，行動できる。
Cross Functional Team（機能横断的）	外部に頼らず開発をやり遂げるために必要なあらゆるスキルを持つチーム。メンバーが複数の役割を果たすことができる。
Co-Creation（顧客との共創）	フィードバックといった顧客の参画の度合いが強く，ゴールを共有しており，そのため，人と人とのコミュニケーションやコラボレーション，「共創」を重視する。単なる試行錯誤ではなく，失敗からいかに学び，成長できるか。「反復活動」を小さく短く繰り返すことで，小さな失敗を繰り返し，多くを学んでいく。
Retrospective（組織的な学びの仕組み・改善のためのふりかえり）	単なる試行錯誤ではなく，失敗からいかに学び，成長できるか。「反復活動」を小さく短く繰り返すことで，小さな失敗を繰り返し，多くを学んでいく。
Maximize Value in Use（使用価値の最大化）	顧客にとっての使用価値（使用と経験）が常に最大化されることを目的とする。

出所：Rigby et al.（2016），平井（2020, 2021），倉貫（2014）を元に筆者作成。

図表6－5　使用価値の最大化

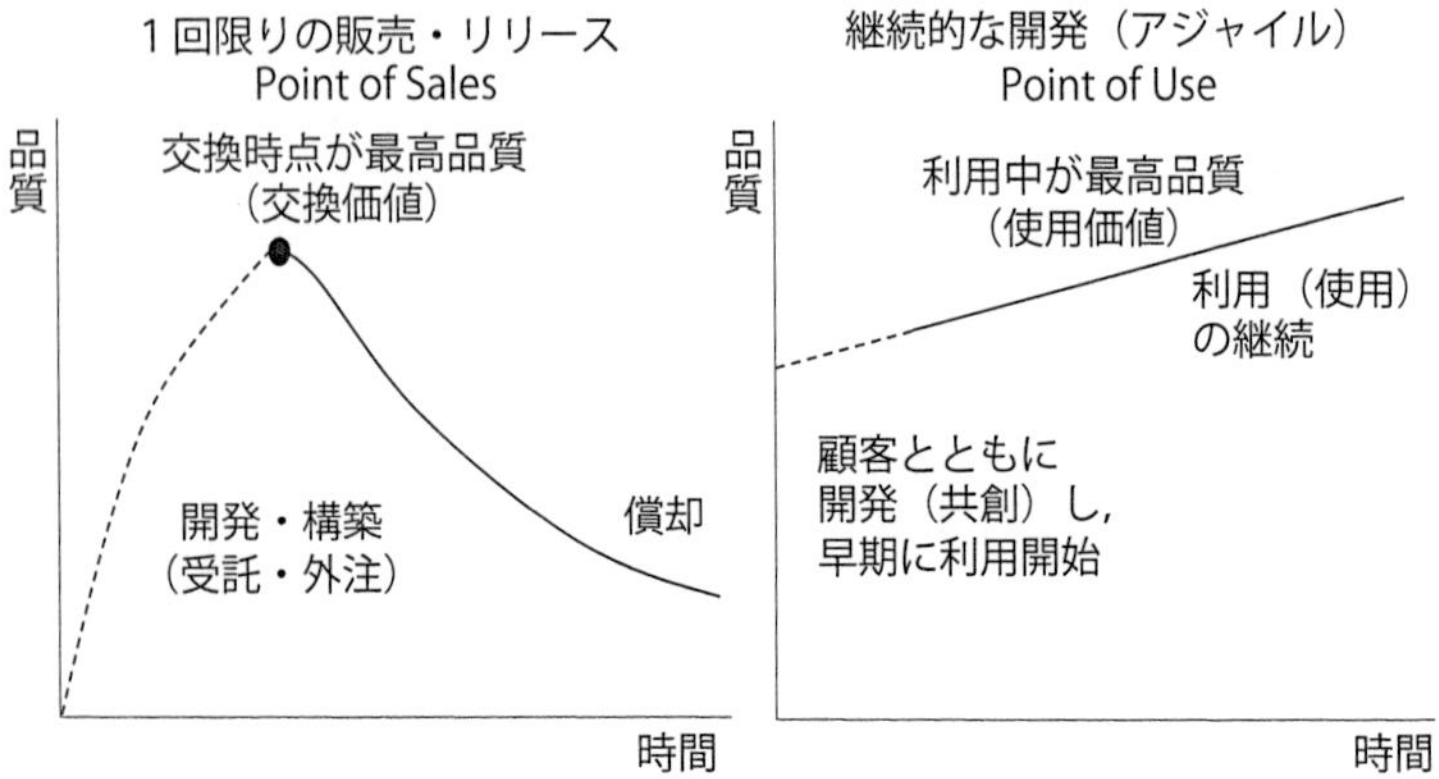

出所：倉貫（2014）p.151を元に，筆者加筆・修正。

創のことです。「組織的な学びの仕組み・改善のためのふりかえり」とは、毎回の開発期間・サイクルにおいて、何がうまくいったかだけでなく、どのような問題や課題があるのか、チーム内で共有し、学んでいくことです。そして、「使用価値の最大化」とは、完成品を売り切る、つまり1回限りの販売・リリースして終わる（＝交換時点が最高品質となる交換価値）のではなく、継続して開発を続けることで、顧客にとって常に最新の状態、最良の状態を提供しよう（＝使用価値）とすることです（図表6－5）。

新しいことを体験し、ふりかえりを行い、計画を練り直すような選択を重ねていくことで仮説検証型のプロセスを経て、組織は学習し、それを繰り返す努力をしながらチームは成長していくのであり、アジャイルは組織的な学びの仕組みがデザインされているのです。

4 アジャイルでDXを進めていくには

デジタルツールは、継続的かつ急速に変化し続け、それを使うのに必要な知識やスキルも同じように変化し続ける」ため、デジタル主導の世界において、その変革の行動に終わりはありません。組織構造も、新しいデータからの知見を活用するために調整し続けなければならず、リーダーは組織の変化に従業員が追いつけるようにする必要があります。

国際的な製薬・バイオテクノロジー企業のノバルティス（Isansiti & Nadella, 2022）や、パーソナルケア・ホームケアといった消費財メーカーのユニリーバ（Neeley & Leonardi, 2022）は、DXを進めるためにも、組織そのものをアジャイルに変えていっています。

変化を現在の状態から将来の状態への移行の間に起こることではなく、アジャイルのように継続的なプロセスととらえ直すことがDXの成功につながります。アジャイルは、プロセスや効率に焦点が当てられやすいですが、その本質は人、組織（チーム）、文化なのです。

デジタル技術は変化し続け、そしてそれは組織構造や職務、人々の能力、顧客ニーズに影響を及ぼす影響も同様です。リーダーの任務は、ただ単に変化に適応することではなく、適応できる力を持つことであり、DXは達成すべき目標ではありません。DXの実現のためのシナジー生み出す分野が次の図表6－6です。DXを実現するために、企業はこの3つの主要分野でシナジーを生み出す必要があります（Isansiti & Nadella, 2022）。

図表6－6　DX実現のためのシナジーを生み出す3つの主要分野

ケイパビリティ	テクノロジー	アーキテクチャー
・組織文化 ・研修と能力開発 ・コーディングの知識をほとんど、もしくはまったく必要としないツール類 ・アジャイルチーム ・組織のアーキテクチャー ・シチズンディベロッパー ・プロダクトマネジメント	・機械学習 ・深層学習 ・DevOps　・パイプライン ・データの暗号化 ・リアルタイム分析	・データプラットフォーム ・水平統合とノーマライゼーション ・データのドキュメンテーション ・API（アプリケーション・プログラミング・インターフェース）戦略 ・実験とリスク ・データガバナンス

出所：Isansiti & Nadella（2022）p.31をもとに筆者作成。

企業がデジタル技術を活用することと自体がＤＸなのではなく、デジタル技術を活用した独創的なデジタルビジネスを創造するとともに、それを手段として顧客価値を創出し、企業が競争優位性を確立することがＤＸの目的です。それを実現するためには、ＩＴ産業も含め、絶え間ない変化へと対応していく必要があります。学習し続けていくこと、変化に対応し続けていくことが求められており、そうしたデジタル組織になるための力の一つがアジャイルといえるでしょう。

【注】

（１）本稿はＪＳＰＳ科研費（若手研究）JP22K13483の助成を受けたものです

【参考文献】

Blank, Steven G.(2003) The four steps to the epiphany: successful strategies for products that win, Lulu Enterprises Incorporated.（渡邊哲・堤孝志訳（２００９）『アントレプレナーの教科書』翔泳社.）

Bloomberg, Jason（2018a）“Digitization, Digitalization, And Digital Transformation: Confuse Them At Your Peril”, Forbes, Apr 29, 2018,08:42am edit. https://www.forbes.com/sites/jasonbloomberg/2018/04/29/digitization-digitalization-and-digital-transformation-confuse-them-at-your-peril/?sh=2cdd6d912f2c

Bloomberg, Jason（2018b）“Digital Transformation Four Years On: Hype Or Reality?”, Forbes, Jul 15, 2018,09:41am edit. https://www.forbes.com/sites/jasonbloomberg/2018/07/15/digital-transformation-four-years-on-hype-or-reality/?sh=67cff50c7b2c

Brown, Tim. and Katz, Barry.（2011）“Change by Design,” Journal of Product Innovation Management, Volume28, Issue3, pp.381-383, Wiley.

Gupta, Mark Sen（2020）“What is Digitization, Digitalization, and Digital Transformation?”（https://www.arcweb.com/ja/node/96266）, 2021.12.20.

Iqbal, M.(2022) “The Order of Events in Scrum Matters,” March 21, 2022, Scrum.org. https://www.scrum.org/resources/blog/order-events-scrum-matters

Isansiti, Marco. & Nadella, Satya.(2022) “Democratizing Transformation,” Harvard Business Review, May-June 2022.（倉田幸信訳（２０２２）「デジタル・トランスフォーメーションを民主化せよ」『ハーバード・ビジネス・レビュー』２０２２年10月号.）

Neeley, Tsedal. & Leonardi, Paul.（2022）“Developing a Digital Mindset,” Harvard Business Review, May-June 2022.（東方雅美訳（２０２２）「デジタルマインドセットが組織変革を実現する」『ハーバード・ビジネス・レビュー』２０２２年10月号.）

Rigby, D. K., Sutherland, J., and Takeuchi, H.(2016) “Embracing Agile”, Harvard Business Review, MAY 2016

ISSUE, Harvard Business School Publishing.
Ries, Eric.(2011) The Lean Startup: How Today's Entrepreneurs Use Continuous Innovation to Create Radically Successful Businesses, Currency．（井口耕二訳（２０１２）『リーン・スタートアップ』日経ＢＰ．）
Savić, Dobrica (2019) "From Digitization, through Digitalization, to Digital Transformation", Online Searcher, Vol.43, No.1, Information Today Inc．
Stolterman, Erik and Fors, Anna Croon (2004) "Information technology and the good life", Umeo University.
Womack, James P. and Jones, Daniel T.(2003) Lean thinking : banish waste and create wealth in your corporation, Free Press．（稲垣公夫訳（２００８）『リーン・シンキング』日経ＢＰ社．）
経済産業省 デジタルトランスフォーメーションに向けた研究会（２０１８）「ＤＸレポート ～ＩＴシステム「２０２５年の崖」克服とＤＸの本格的な展開～」(https://www.meti.go.jp/shingikai/mono_info_service/digital_transformation/20180907_report.html)，平成30年９月７日．
経済産業省（２０１８）「デジタルトランスフォーメーションを推進するためのガイドライン（ＤＸ推進ガイドライン）」(https://www.meti.go.jp/press/2018/12/20181212004/20181212004-1.pdf)、平成30年12月、2021.12.21．
独立行政法人情報処理推進機構（ＩＰＡ）『ＤＸ白書２０２１』．
倉貫義人（２０１４）『「納品」をなくせばうまくいく』日本実業出版社．
平井直樹（２０２０）「顧客志向の反復型プロセス ―リーン・スタートアップとアジャイルの組織的仕組み―」『立教ＤＢＡジャーナル』(11)、45－58頁、立教大学大学院ビジネスデザイン研究科．
平井直樹（２０２１）「アジャイルにおける価値共創プロセス―「交換価値」から「使用価値」へ―」『立教ＤＢＡジャーナル』(12)、33－45頁、立教大学大学院ビジネスデザイン研究科．

第7章 データサイエンス―ビジネスでのデータサイエンスの活用―

1 データサイエンスとは何か

1・1 はじめに

「データサイエンス」ということばは、今やビジネスの世界では、知らないでは済まされないキーワードになっています。DXを実現するためには欠かせないものである、と。

本章では、データサイエンスがビジネスでどのように活用できるのかを理解していただくことを主眼とします。そのため、データサイエンスで用いられる手法を数式などを用いて詳細に解説するということはしません。そのような詳細な知識はビジネスパーソン全員に必要だとは思いませんし、数多くある詳しい専門書にお任せします。ビジネスを進める中で、データサイエンスを始める際に理解しておくべきことや、意識すべきことは何か、どのように進めていくのかを、実例も交えて解説します。データサイエンティストの育成や、データサイエンスを生業としている企業と会話する際の一助になればと思います。

1・2 データサイエンスとは

さて、データサイエンスとは何でしょうか。いろいろなところで解説を目にすることができますが、改めて定義すると、「数学や統計学、機械学習などを用いて、データの中から有益な知見を取り出す技術および学問」といえます。実は何十年も前から存在しているものです。ＩＴ技術の発展によりＩｏＴが実現され大量のデータが手に入るようになり、それを活用する技術としてここ10年ほどで非常に注目されるようになりました。

古くから数学や統計学は、データからの知見を得ることに活用されてきましたが、20年ほど前から、コンピュータハードウェアの発展を受け、より大規模なデータから知見を得ることを主眼とした「データマイニング」ということばが登場しました。そして、データマイニングの手法の1つであったニューラルネットワークの発展形としてのディープラーニング（深層学習）という手法が、２０１２年にトロント大学の研究員が驚異的な予測精度を実現したことで非常に有名になりました。そこから、データから学習することで予測モデルなどを構築する手法の総称である機械学習、そしてそれらの適用先であるＡＩが一気にキーワードとして有名になりました。これらの技術の総称として、データから知見を得ることばとして、「データサイエンス」が使われるようになったのです。

1・3　AIとデータサイエンスの違い

ＡＩは数十年前にエキスパートシステムとしてブームとなりましたが、現在は、前項で述べた通り、統計や機械学習の手法を活用することにより実現されるＡＩが主流です。では、ＡＩとデータサイエンスの違いは何でしょうか。「データサイエンス＝機械学習＝ＡＩ」という少々乱暴な説明も見かけますが、実際には、データサイエンス、機械学習はＡＩとイコールではなく、ＡＩの一部になるものと考えるのが妥当です。

また、機械学習はデータサイエンスの一部であり、データサイエンスには機械学習以外にも様々な技術があります。ただ、機械学習はデータサイエンスに完全に含まれますが、実は、データサイエンスがＡＩに完全に含まれるわけではありません。現在のＡＩ技術では、用途の明確なものがＡＩとして成立しており、汎用のＡＩは存在しません。しかし、データサイエンスは汎用の技術であり、ＡＩ以外にも活用される技術です。例えば、データの傾向を把握したり、データ間の違いを見つけたり、意味のある違いかどうかを検証したりすること（データ分析）で、多くの知見をデータから取り出すことができます。そしてデータ分析は、ＡＩを構築する前段階として必須のものです。例えば、データの傾向などを見ることでＡＩとして実現できるかどうかを評価し、その結果、実現の見込みがあれば、初めてＡＩの形に仕上げていくような場合です。

なお、データサイエンスはＡＩの重要な要素ではありますが、実はＡＩにはデータサイ

図表7－1　AIを構成する様々な技術要素

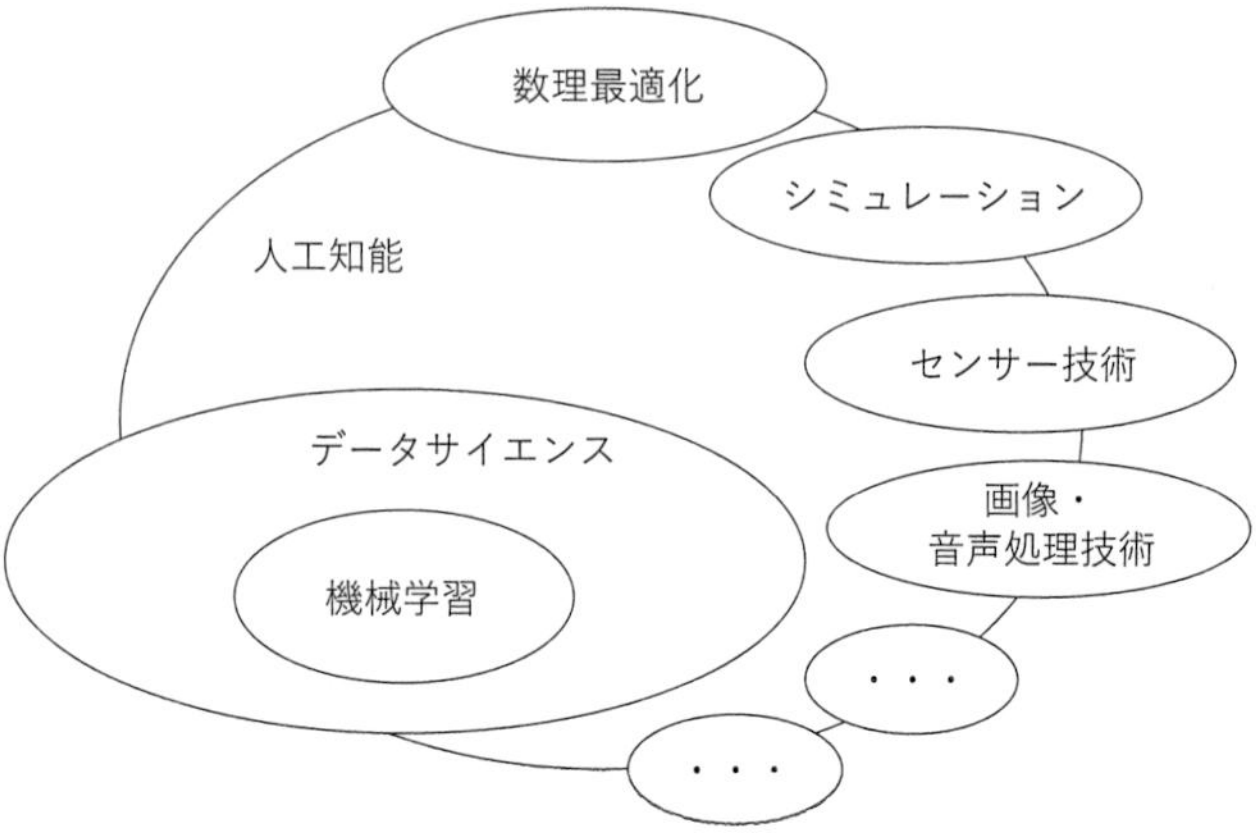

出所：筆者作成。

エンス以外の技術も多く使われます。数理最適化やシミュレーション、画像処理、音声処理といった数理科学技術です。また、センサー技術なども重要な技術要素です。質の良い、目的に合わせたＡＩを構築するには、多くの数理科学技術をフル稼働させる必要があります。

1・4　データサイエンスそのものが課題を解決してくれるわけではない

さて、世のデータサイエンスへの期待は大きく、活用すれば何か素晴らしい未来が開けるという印象をお持ちの方もいらっしゃるかと思います。しかし、何か手法を適用するだけで課題を解決してくれるものではない、という点には注意が必要です。データサイエンスによって得られた結果は、あくまで計算結果であり、それを課題に対する知見の形に昇華させ、解決の手段として実現していく行為は、人が取り組む必要があります。踏むべきステップや、周囲の理解、効率的な実現方法など、進める上で取り組むべき事項は意外と多く、そしてそれを確実に進めるためには、その課題に密接にかかわっている業務をよく理解している人物が中心になる必要があります。この点については、「5実務におけるデータサイエンスの実現」で詳しく述べます。

2　データサイエンスにおけるデータ

2・1　データとは何か

この章では、データサイエンスを実現するためにまず必要となる「データ」について解説します。

データサイエンスで扱う「データ」は、値の集まり（注1）であり、大きく分けて「定型データ」と「非定形データ」があります（図表7-2）。「定型データ」は、そのまま多くのソフトウェアで処理可能なコンピュータで扱いやすい形のデータで、いわゆる表形式のものと思っていただけるとわかりやすいでしょう。「非定形データ」は、そのままでは扱いづらく、定型データへの加工処理が必要なものです。代表的な例を列挙します。

現実社会では、非定形データを扱う場面が多く存在しますが、データサイエンスの多くの技術を適用するには、定型データ化が必要です。ただ、非定型→定型の処理技術自体もデー

図表7－2　データの種類

定型データ	非定形データ
● 数値データ 整数・浮動小数点数 ● 日時データ 年月日時分秒 ● カテゴリ（種類）データ 曜日・地域等	● テキスト（文章） 形態素解析技術等で単語（カテゴリ）化が必要。 ● 画像 座標と色情報などの数値化が必要。 ● 音 音周波数分解等を用いて，数値化が必要。音声の場合，音響モデルや言語モデルを用いてさらにテキスト化等も行う。音楽の場合，音階や長さ等の数値化等も行う。

出所：筆者作成。

タサイエンスの一部です。

2・2　データの入手

データを手に入れるには、既存データの活用と新たに収集する方法とがあります。

①　既存データの活用

すでに存在するデータを活用するのが一番手軽で確実な方法です。「データがないので始められない」という声をよく耳にしますが、まずは自社内で存在するデータを確認したり、外部公開されているデータを代用できないかを検討したりすることで、意外とデータは手に入ります。

図表７－３　外部から入手可能な既存データ例

公開されているデータ例	販売されているデータ例
➢ 官公庁提供 ・ データカタログサイト https://www.data.go.jp/ ・ 国土交通省　自動車局 自動車不具合情報 carinf/opn/index.html https://carinf.mlit.go.jp/jidosha/ ・ 気象庁　気象データ https://www.data.jma.go.jp/obd/ stats/etrn/ ・ 経済産業省　商業動態統計 https://www.meti.go.jp/statistics/ tyo/syoudou/result-2/index.html ➢ POS　データ無料公開 ・ KSP-POS食品スーパー売れ筋データ等 https://www.ksp-sp.com/open_data/ ➢ 学術用データ ・ 教育用標準データセット（SSDSE） https://www.nstac.go.jp/use/literacy/ ssdse/	➢ POS　データ販売 ・ 流通経済研究所 https://www.dei.or.jp/infor mation/dei-pos.php ・ 日経POSデータ https://nkpos.nikkei.co.jp/ ・ True Data https://www.truedata.co.jp/ ・ 日本食料新聞社 https://news.nissyoku.co.jp /pos ➢ 視聴データ販売 ・ ビデオリサーチ https://www.videor.co.jp/ ・ M Data　https://mdata.tv/ ➢ スポーツデータ販売 ・ データスタジアム https://www.datastadium.co. jp/service/data-offer.html

出所：筆者作成。

② 新たなデータの収集

既存データが、課題や目的に合致しない場合、新たに収集する必要があります。データの収集には（i）記録する、（ii）センサーを設置する、（iii）情報を集めるなどの方法があります。

（i）記録する

今まで特に記録せずに流れていってしまった情報を記録することでデータにする方法です。残念ながら周囲に嫌がられることが多い方法でもあります。記録する手間を極力減らすことが肝要です。

（ii）センサーを設置する

自動でデータを収集可能なため、比較的抵抗なく行われます。ただし、そのセンサーが個人に関わる情報（人の顔画像や行動等）を集める場合には、データの扱いに注意が必要です。特に社外の一般の人物に関する情報を集める場合（店舗にカメラを設置する等）にはその収集と利用に許可を得る必要があります。

（iii）情報を集める

アンケートを収集する、グループインタビューを行うなど引き出して情報化するもの、Ｗｅｂページの記載などのすでに存在するものも含めて、改めて情報を集めてデータの形にする方法です。自社で行う場合もありますが、リサーチ会社等、外部に依頼することも考えられます。外部への依頼は一番手間がかかりませんが、ターゲットや収集方法よって、依頼先が変わってくることに注意が必要です。

どの方法を用いるにせよ、新たにデータを収集するにはそれなりに大きなコストが掛かります。そのため、目的や効果などの目論見が必要になることは否めません。やはり最初はできる限り既存データを活用し、ある程度の分析を行ったうえで、新たに収集するステップに踏み出すほうが、周囲の理解も得られやすく、集めたデータも効果的に活用できます。

2・3　データの整理（前処理）

データを入手したらすぐに機械学習や統計手法の適用となればよいのですが、残念ながらそうはいかないのが実情です。データサイエンスの悩ましい所でもありますが、そういった手法の適用の前には、適用技術に合ったデータへの加工や変換を行う必要があります。データの量や質はもちろん、適用させる技術に足りるデータが存在しているか、またその手法で扱えるデータの形になっているか等を確認し、整理する必要があります。これには大きく4つの作業があります。

①　データの形を整える

手法に見合った形に加工します。非定型データを定型データに変換したり、データの並び

図表7－4　マトリックス形式からリスト形式への変換

マトリックス形式

支店	1月	2月	3月
A	100	120	150
B	100	110	160

リスト形式

支店	月	売上
A	1月	100
A	2月	120
A	3月	150
B	1月	100
B	2月	110
B	3月	160

出所：筆者作成。

（マトリックス形式とリスト形式、転置、ソート等）を変えたり、必要な量に調整したり（サンプリングやフィルタリング、データ分割、列選択等）します。

② データを加工して追加する

データが持つ値そのままだと扱いにくい場合（例：カテゴリデータの予測しかできない手法に数値データを適用させたい場合等）、データを加工して新たな値として追加します。ある列と列の演算を行ったり、ある列の値を条件によってフラグ付けしたりします（例：都道府県を地方区分に変換する等）。

③ データを合体させる

複数のデータを1つのデータにします。単純に合体させる場合（列結合や行結合：日々のデータをひと月分にまとめる等）もありますが、ある特定の値が同じものを、1つのデータとして参照できるように合体させる（キーによるマージ：ＩＤ－ＰＯＳデータでのお買い物データとお客様情報のマージ等）場合もあります。また、全く別に収集したデータ同士を、ある基準を用いることで、もともと１つのデータであったかのような合体をさせる（データフュージョン：顧客データと調査会社のアンケートデータを合体させる等）場合もあります。

④　データをきれいにする

クリーニングやクレンジングといわれます。必要な値が抜けている（欠損）もしくはあり得ない値が入っている（異常値）データに対して、それらしい値（データ全体での平均値や他の取得できている値からの推測値等）を挿入したり、そのデータ自体を取り除いたりします。

これら４つの処理は、一回やってしまえば終わり、というものではなく、利用の目的や適用する手法によって、適宜変更しながら行う必要があります。

2・4　データの可視化（グラフ化）

データを活用するために、データの可視化は重要なポイントです。数値だけではわからない状況もグラフ化することで、複雑な分析を行わずとも一発で分かることがあります。データの概観をとらえる場合には、統計量（平均や分散、合計、頻度等）を確認することも重要ですが、可視化することで周囲の理解も得やすくなります。

3　ビジネスでの活用されるデータサイエンス技術と特性

主にビジネスで利用されるデータサイエンスの目的別の技術を、その手法の解説と特性とともに紹介します。

3・1　予測する

データサイエンスの活用として筆頭にあげられるのが予測でしょう。予測には大きく「判別」と「外挿・内挿」の2種類があります（注2）。

「判別」は分類ともいわれ、2つ以上のカテゴリのどれに属するかを計算します。例えば、ある人がある商品を買うか買わないかを予測することや、ある人の病気の症状から病名を診断することも判別です。画像データから写っている動物が何かを見つけるのも判別です。

手法としては、決定木（Decision Tree）やその決定木をバギング（並列に学習させた複数の木の結果を合わせこむ）という方法で組み合わせたランダムフォレスト（Random Forest）、ディープラーニング、サポートベクターマシン（Support Vector Machine）などがこれに該当します。最近では、決定木をブースティング（複数の木を直列でつないで精度を上げていく）という方法で組み合わせたＧＢＤＴ（Gradient Boosting Decision Tree：勾

図表７－５　決定木イメージ

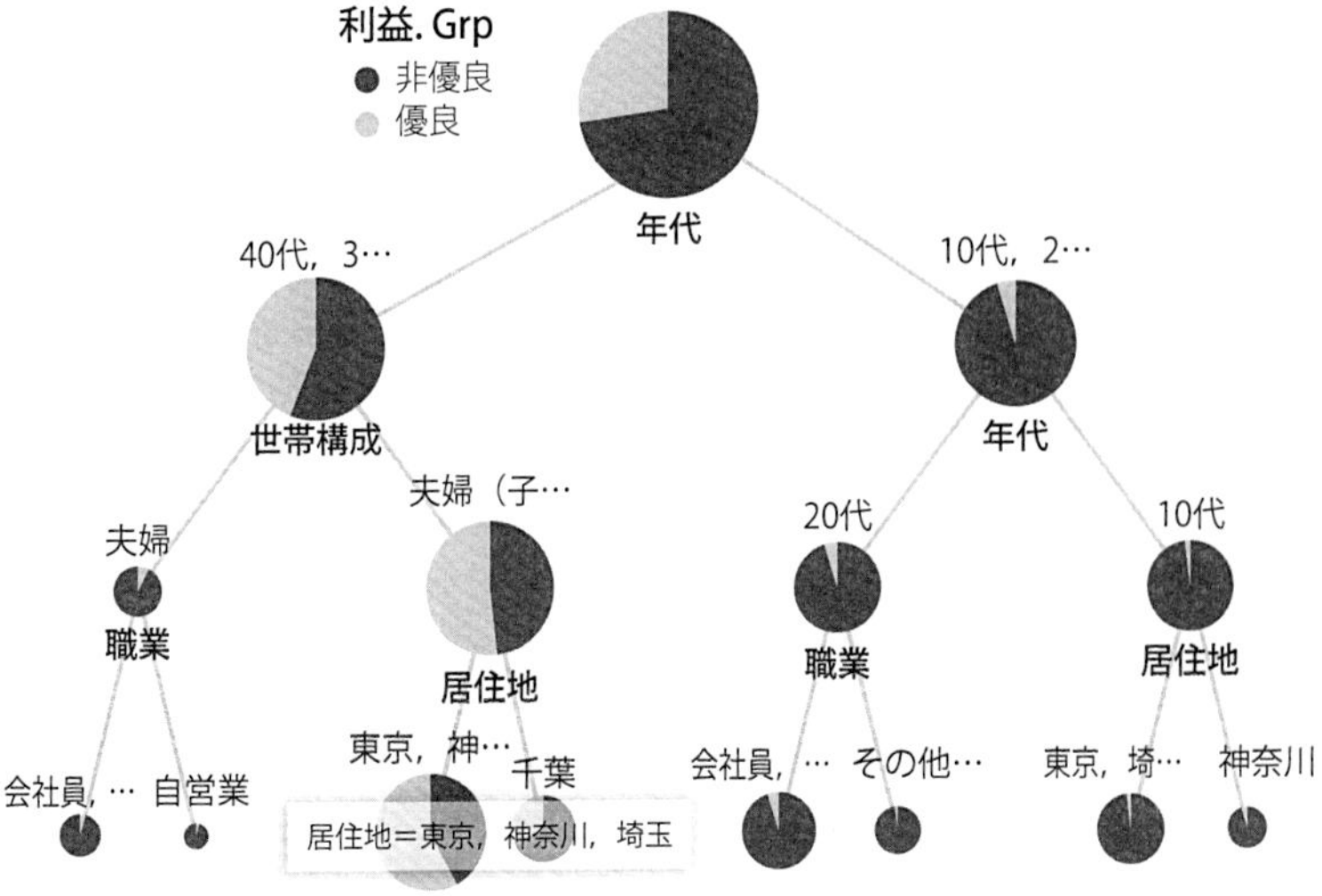

出所：筆者作成。

配ブースティング決定木）等が有名です。手法は、その処理方法（アルゴリズム）が複雑になることで精度が上がる傾向があります。しかし、何がその結果に影響しているのか（判別結果の理由が何か）を問われることも多く、精度よりも説明可能（Explainable）な手法として比較的わかりやすい決定木等が好まれるシーンも多々あります。昨今は複雑な手法であっても判別理由を求められる手法や、手法に依らずにその解釈性を定義できる方法（SHAP等）も徐々に増えつつあります。

これらの手法は、予測を行う際に、予測結果が分かっている大量のデータを予測結果を目的変数、それ以外のデータを説明変数として学習させ、予測モデルを生成し、その予測モデルに対して結果のわからないデータを与えることで予測（結果を出力）します。結果が分かっているデータで学習するこの方法は、教師あり学習と呼ばれます。判別分析では結果のわからないデータを与えて学習させる教師なし学習という方法もあり、主にクラスタリングの手法が使われます。クラスタリングは、似たような値を持つデータをグループ分けする手法で、K-Means法や二項ソフトクラスタリング（ＰＬＳＡ：確率的潜在意味解析の精度を向上させたもの）、階層型クラスタリングが有名です。学習時とは別のデータを与えた際、一番近いグループを判別結果として得ることによって予測します。

「外挿・内挿」は、隙間を埋める予測であると考えるとわかりやすいでしょう。数値を予測する場合に用いられます。存在するデータの外側の隙間を埋める場合を「外挿」、データとデータの間を埋める場合「内挿」といいます。当然のことながら、それなりのデータ量があれば内挿のほうが精度は上がりやすく、欠損を埋める場合などによく用いられます。外挿は、例えばセンサーの外側の値を予測する場合や、未来を予測する場合等に用いられますが、それは次に説明する時系列同様、同じ傾向がずっと続くという前提で行うため、何か突発的な事象が発生している場合には、大きく外れる可能性もあります。

図表７－６　時系列パターンのイメージ

同じ傾向が繰り返されているから
この先も同じかも？！
?

出所：筆者作成。

3・2　時系列を扱う

時刻や日時等で刻刻と変化する値を時系列データと呼び、そういったデータを扱うことを時系列分析といいます。わかりやすい例では、気温や湿度の時間ごとのデータ、為替や株価のデータ、センサーデータなどが該当します。時系列データの特徴としては、項目の値が傾向を持ちつつ延々と続き、ある程度の範囲の中で値が変化することが挙げられます。そのため、外挿（観測できた以降や以前）や内挿（観測の合間）といった予測に用いられる場合も多くあります。また、ある程度の範囲の中で値が変化することが多いため、動きをパターン化して分析したり、自己相関を見ることで繰り返しの状況を把握したりすることもあります。

手法としては、統計解析技術として古くから多くの手法が存在し、解釈の容易性やわかりやすさから回帰分析等が非常に多く利用されます。その他、自己回帰と移動平均とを組み合わせたＡＲＩＭＡモデルや、パターンマッチング法、ニューラルネットワークを利用したディープラーニングの一種であるＲＮＮ（Recurrent Neural Network）等があります。特にＲＮＮは直前の状態が次の状態に大きく影響する手法であり、自然言語処理などに用いられる例が多くあります。なお、通常のRNNではその構造から長い時系列データを扱うことが難しかったのですが、昨今それが解消されたRNNの一種であるLSTM（Long Short-Term Memory）という手法も存在します。

3・3　関係性を見つける

データサイエンスを適用していく中で、知見としてわかりやすい結果が得られる技術として、関係性の抽出があります。一般的な言葉として用いられることもある「相関」は、関係性を表す代表的な例です。ある値が変化したときに別の値も同じように変化する相関は、相関係数でその関係性を表現しますが、ある値から別の値が計算できる係数であり、もしそれ以外の要素が全て同条件であるという前提であれば、予測にも用いることができます。

相関などの値としての関係性の他にも、その事象が発生するかどうかといった関係性もあります。例えば、おむつを買う人はビールを買う確率が非常に高い（注3）、といった関係性です。これにはアソシエーション分析という手法（別名 バスケット分析：買い物かごの中に何と何が一緒に入るかを分析できることから）が用いられ、全体の組み合わせ数を鑑みた上で特徴的に多く発生する組み合わせを抽出することができます。

また、因果関係に近い関係を抽出する方法もあります。ある事象が要因で他の事象が発

図表７－７　ベイジアンネットワーク：化粧品の購入に関する因果関係の例

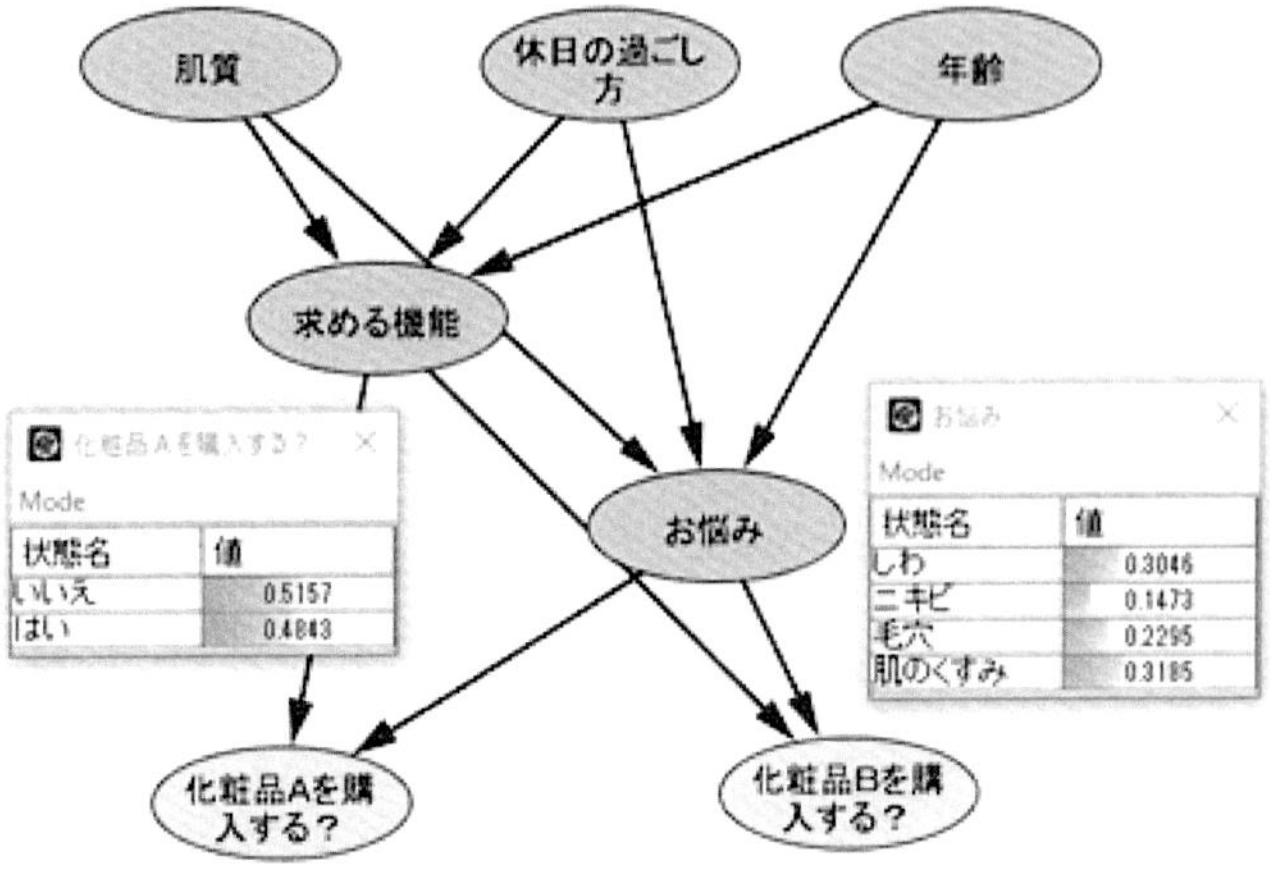

出所：（株）NTTデータ数理システム「BayoLinkS」
https://www.msi.co.jp/solution/bayolinks/top.html。

生することを因果関係と呼びますが、正確な因果は事象のデータのみからでは抽出不可能です。しかし、それに近い関係性が見つけられる手法が存在します。ベイジアンネットワークです。抽出されたネットワークに人の知見による因果を埋め込むことで因果関係を実現することができるのもベイジアンネットワークの特徴です。さらにベイジアンネットワークは、一般的に予測を行うときのように予測したい値（目的変数）を決めてから手法を適用するのではなく、適用した後に判明した値のみを用いて判明していない値を予測（推論）できます。これは、学習データを学習させたときに存在したデータ（説明変数）が全部揃わなくても利用できるということを意味し、デー

図表7－8　OneClass SVMとOPTICSの違い

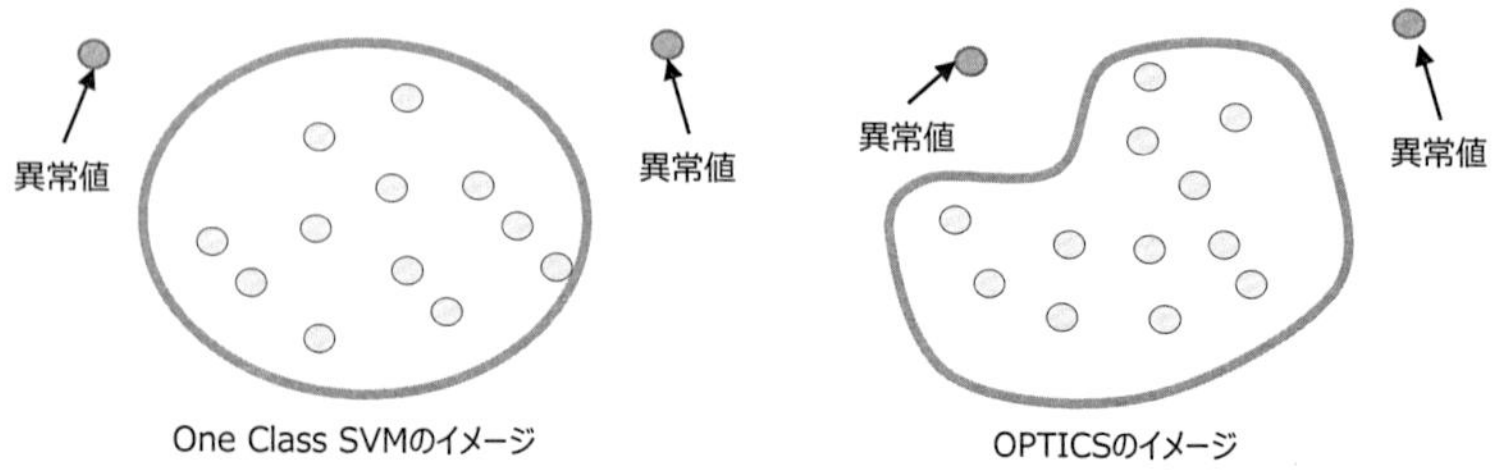

出所：筆者作成。

タ収集の状況が変化した場合等でも役立てられることから、注目を浴びています。

3・4　異常を検知する

異常検知とは、ことば通り、異常である状態を見つける技術です。異常か正常かを判別する技術ともいえます。そのため、予測における「判別」と同じ手法を適用することで実現できる場合もあります。しかし、異常を検知したい多くの場合は、異常である状態をデータとして大量に用意することは困難なため（大量にあるなら異常ではない）、判別の手法を適用しても、異常を見つけ出すことがなかなかできないという事情があります（1万回に1回しか発生しない事象は、通常の判別手法では異常を判別できない）。そこで利用されるのが、クラスタリングをアレンジした異常検知用の手法であるOneClass SVMや、OPTICSといった手法です。これらは、異常が存在しない大量のデータを学習して通常状態の範囲を作っておき、通常状態と大きく異なる値を持つデータが与えられた場合に異常と判別します。そのため、傾向が変化した場合には改めて学習のし直しが必要です。OneClass SVMはその通常範囲を多次元上の球で表しますがOPTICSは存在する範囲を特に球に限定せずデータの密度をもって定義するため、より精度よく検知可能と言われています。

その他、時系列の異常検知においては、時系列分析の手法を用いたものも多く存在します。例えば、回帰分析の結果によって一定期間後に異常とする閾値を超える場合は異常であるとみなす、これまでの時系列パターンと異なるパターンが頻出した場合は異常であるとみなす等です。これらは、何を異常として検知したいか、によってても変わってきます。

3・5 テキストマイニング（文章を解析する）

テキストマイニングは、テキスト（文章）に対してデータマイニングの手法を適用することで、そのテキストが持つ意味を定量的に表現する技術です。表現されたものを人が解釈するのみならず、予測に用いたり異常を見つけたり、といった通常の定型データと同様な用途にも活用されますが、現状は、解釈や知見の抽出に利用される場合が多いのが実情です。

テキストマイニングを行う際には、以下のステップを踏みます。①自然言語処理技術を用いて分かち書き（単語分けと品詞抽出）を行う。②類義語や不要語の処理を行う。③統計や機械学習の手法を活用した結果を得る。④結果から知見を読み取る。

図表７－９　自然言語処理のイメージ

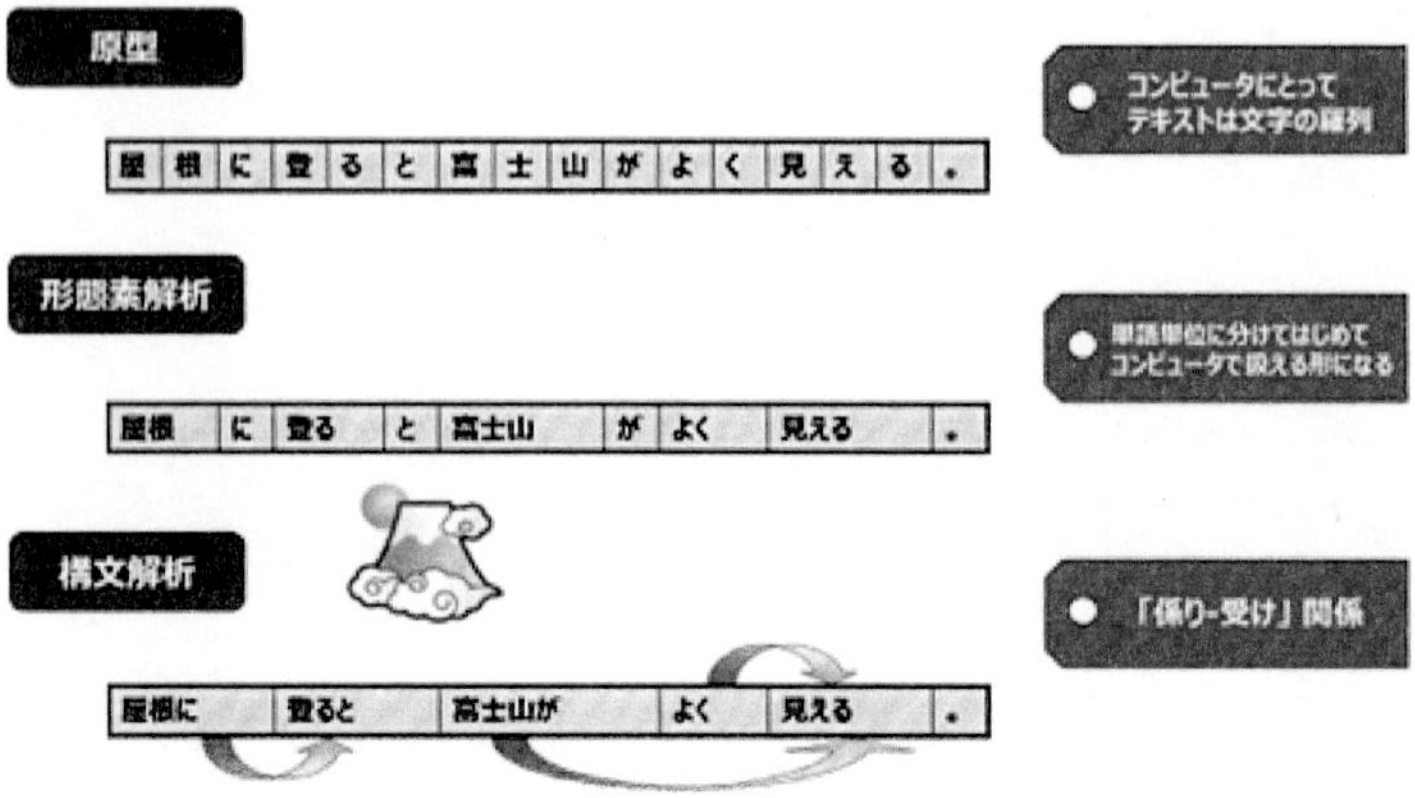

出所：(株) NTT データ数理システム　Text Mining Studio 紹介セミナー資料。

① 自然言語処理技術を用いて分かち書き（単語分けと品詞抽出）を行う

テキスト（文章）はそのままでは統計や機械学習の技術には適用できないため、単語の形に分解し、カテゴリデータへ変換する必要があります。それが自然言語処理技術です。単語分けを形態素解析、単語同士の関係性（係り受け）を抽出する構文解析が主な技術要素です。

② 類義語や不要語の処理を行う

自然言語処理を適用した直後は、言い換え語や表記ゆれなどで、同じ意味の単語でも複数の異なる種別のカテゴリとして表現されることがあります。また、接続詞や助詞といった意味の解釈には大きく影響しない単語も含まれていることがあります。意味的な分析を効率よく行うためには、おなじ意味の単語は同じカテゴリに集約し、不要な単語は削除していく処理が必要になります。商用のツールではこれらをある程度自動で行う機能が搭載されていますが、分析に意図に合わせてアレンジは必要です。

③　統計や機械学習の手法を活用した結果を得る

単語というカテゴリデータ化ができれば、統計や機械学習の手法を適用し様々な結果を得ることができます。例えば、同時に使われやすい単語を抽出することで、文章の意味的な塊を抽出することができます。

④　結果から知見を読み取る

テキストマイニングの親しみやすさの1つには、結果からの解釈の容易性が挙げられます。数値や純粋なカテゴリデータと異なり、単語にはそれが持つ意味を人が理解しやすいという特性があるため、手法の大枠が理解できれば結果からの知見の獲得にはさほどの時間はかかりません。結果自体が単語の羅列で表現されることで、知見に近い結果が得られるともいえます（3・5という数字が並ぶよりも、「大きい」という単語が並んでいると、知見に近い結果が得られるといえる）。そのため、テキストマイニングからデータサイエンスに慣れ親しみ、結果的に数値を扱うことにも抵抗がなくなっていく、という習得ステップも1つの道筋としてあり得ます。

4　ケーススタディ

この章では、どのような場面でデータサイエンスが活用されているのか、実例を紹介します。

4・1　事例1：株式会社明電舎「設備機器の好不調を管理し、故障の予兆検知を見える化」

株式会社明電舎（https://www.meidensha.co.jp/）では、発電・変電などの各種設備を提供しており、それらの稼働状況をカスターセンターで常時モニタリングしています。安全・安心・安定した運用のために、3つの見える化を実現しています。

「運用評価」として、運転のログと警報のログをその回数をバブルで表現したマップで表示することで、人目でどこに偏りが発生しているのか、すぐにわかるようになりました。

「故障の予兆検知」として、特定のデータの相関（例：正常運転時と警報発令直前）をプロット、設備の運転状況を見える化することで、故障の予兆がひと目で分かるようになりました。

「予兆検知の展開」として、特定の設備に限らず、他の設備機器にも相関をとる項目を変えることで、容易に適用可能となりました。

これらの取り組みについて、実証実験を行っているところですが、設備の挙動の見える化により、現場からも納得されることが多く、お客様の反応は好評です。このような手法を活用し、さらなる安全・安心・安定の運用への取り組みを強化しています。

4・2　事例2：株式会社村田製作所「MIへの適用を見据えたメイクの好みの推定」

株式会社村田製作所（https://www.murata.com/ja-jp）では、少子高齢化に向けた人材不足への対応、勘と経験による開発からの脱却に向けて、データサイエンティストの育成に取り組んでいます。その取り組みの中で、MI（Materials Informatics：マテリアルズインフォマティクス）へのベイズ最適化の適用を見据えて、「メイクの好みの推定」を実施しました。まず、12色のチークと38色のリップを組み合わせた456枚のメイク画像を被験者に見てもらい、好みかどうかを点数で評価してもらいました。その結果を用いて、その人が一番好む色の組み合わせと一番嫌いな色の組み合わせを、それぞれベイズ最適化で推定する、というものです。最終的には、その人が一番好むであろう色の組み合わせの推定は一部の被験者で成功し、その人が一番嫌いであろう色の組み合わせについては全ての被験者で推定できました。ベイズ最適化はこのような最適な組み合わせの推定に活用できるため、うまく推定できなかった点も含めてMIなどの実務に役立てることができます。

5　実務におけるデータサイエンスの実現

実務にデータサイエンスを活用するには、統計学や機械学習の知識は必須ではあるものの、残念ながらそれだけでは足りません。ここでは、実現に向けて必要なステップやノウハウ、留意点等を紹介します。

5・1　実現のステップ　～手法を適用すれば済むわけではない～

データサイエンスを実務で活用するためには、データサイエンスを活用するに至るまでの多くのステップと、その後に活用し続けるための多くのステップが存在します。また、ステップによってデータサイエンスはもちろんですが、それ以外の様々なスキルが必要になります。ステップを見ていきましょう。

データサイエンス活用のためのステップ

1. 現状を知って解決すべき問題点と原因を仮決めする
2. 問題点と改善点を確定させるためのデータを集める
3. 分析する
4. ＰｏＣを行う

5．業務導入する
6．メンテナンスする

まず、ステップの1．は、課題発見力、コミュニケーション能力、プロジェクトマネジメント能力等のビジネススキルが必要となります。ここの手を抜くと、問題点と改善点が現場の感覚からかけ離れてしまい、3．の分析を行ったとしても、4．のＰｏＣで現場の協力が得られなかったり、結果自体を全く活用できなかったりします。

そして、5．の業務導入を実行するためには、環境構築やセキュリティ等のＩＴ知識や各部署との調整能力も必要となり、データエンジニアリングスキルが必要になります。そして、それを継続的に実施していくには、構築した環境の維持や、手法を採用した際と比べたデータの変化による条件のズレなどもメンテナンス（適用手法によって構築したモデルの更新・リモデリング等も含む）する必要があり、データサイエンススキルも必要ですが、引き続きデータエンジニアリングスキルが必要です。

このステップをきちんと踏むことと、ステップに見合った必要なスキルを発揮することがデータサイエンスの活用には必須です。しかし、それぞれの専門家、つまり、ビジネススキルとデータサイエンススキルとエンジニアスキルと、それぞれが分かる3人を連れてくればこのステップというわけではありません。

1～6のステップを全体を見通しながら進める人材がいないと、うまく進めることはできません。その人材は、どのスキルがベースでもよいのですが、他のスキルの専門家と会話ができる程度には身に着けておく必要があります。一番のお勧めはやはり、ビジネススキル（業務知識）のある方が他のスキルを身につける努力をすることです。解決することを一番の目的として考えられる方が、中心となるのがベストです。よく、データサイエンススキルの高い方が、本来の目的を見失って、全く問題解決とは関係ない結果を導いてしまうシーンを見かけます。学術目的であればそれもよいかもしれませんが、ビジネスにおける実務での問題解決を行う際には、それはいただけません。やはり、一番中心になるべきは、現場が分かるビジネススキル（業務知識）のある人物なのです。

5・2　周囲を巻き込むために　～データ利活用の意識の醸成と企業サービスの活用～

意識の高いビジネススキル（業務知識）のある方が、企業の中でデータサイエンスの活用を進めようと孤軍奮闘されている場面をよく目にします。このような場合には、まずは社内のデータサイエンスに対する理解を浸透させ、周囲に仲間を作ることが肝要です。周囲の理解を得るためには、2つの手があります。①スモールサクセスにつながる結果を見せる。②データサイエンスの他社の事例を紹介しまくる。

①は、自社データや既存のデータを活用して、ちょっとした効果検証を行った結果を見せ

ることで、思ったより効果がありそうだな、と思わせることです。合わせて、②を特に近しい業界や成長している企業の例を用いて紹介することが周囲の理解を促します。

とはいえ、これらの取り組み自体も、孤軍奮闘だと厳しいと考える方も多いと思います。こういう時こそ、データサイエンスのサービスを提供している企業のイベントや、資料、セミナーや無料の相談会等を活用してください。ただし、1社に偏らず、複数から話を聞くことをお勧めします。業界も含めて自社にあうサービスは何か、どこかを見極めることも今後の実現に向けての一歩に大きく影響します。

5・3　効果的に実践するためのツールの活用

データサイエンスを行う場合には、プログラミングやソフトウェアの利用は必須となります。統計解析のプログラミングであるRは歴史があり統計的手法の数や信頼性は高いものの、昨今はＰｙｔｈｏｎを利用するケースが常に増えています。これらのオープンでフリーのツールを企業が利用する場合に忘れてはならないのは、無保証である、ということです。ある日突然動かなくなった場合でも、誰も保証もしてはくれませんし、助けてはくれません（注4）。また、どちらもプログラミング言語であるため、利用するためにはプログラミング技術を習得する必要があります。

そういった手間とコストを省くために、商用のツールを利用するという手もあります。デー

図表7－10　データ分析プラットフォーム　Alkano

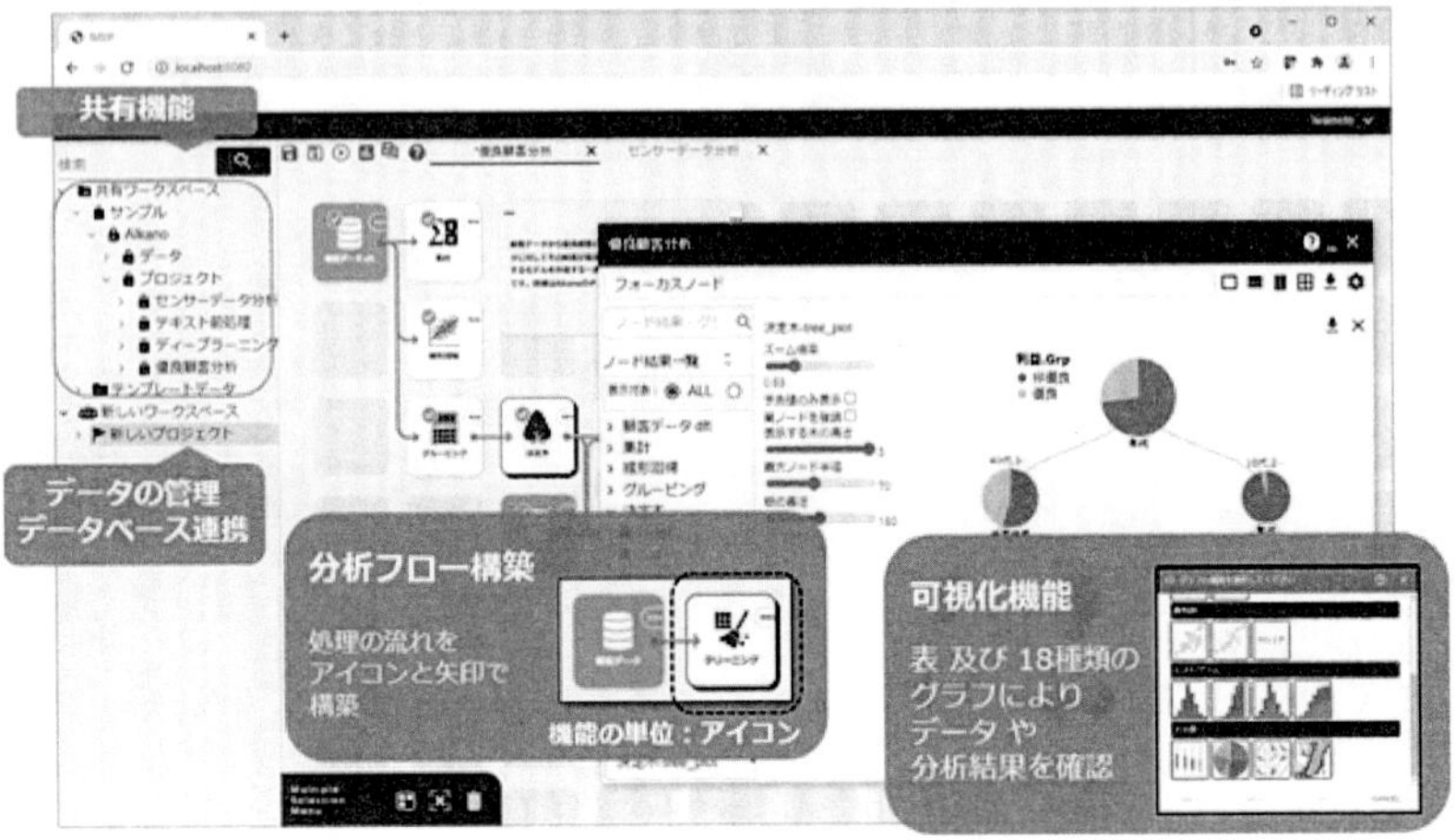

出所：筆者作成。

タサイエンスのための様々な商用ツールは存在しますので、展示会や検索エンジンなどで探し、セミナー等に参加してみるのも1つの手です。NTTデータ数理システムでも、テキストデータも扱えるデータ分析プラットフォームAlkanoや、おなじプラットフォーム上でベイジアンネットワークが実現できるBayoLinkSなどを提供しており、無料のハンズオンセミナーや、トライアル、個別相談なども実施しています。そういった商用ツールのセミナー等や無料の相談会は、導入するしないに関わらず、一度体験しておくと、活用のイメージを作り上げるにも有効です。

　データサイエンスに取り組むにはハードルが高いとお考えの皆さんは多いと思います。しかし、活用することで、今まででは実現できなかった課題の解決を実現することができるようになるのがデータサイエンスです。この章が、取り組みへのハードルを少しでも下げる一助になればと思います。

【注】

（1）「データ：data」は実は複数形であり、単数形（1つの値）だと「データム：datum」です。

（2）予測の別の区分けとして、これからの事象（未来）を予測する観点と、すでに存在はするが観測できない事象を予測する（推測する）観点とがありますが、ここでは、どちらも現時点において得ることができない値を求める行為としてまとめて扱います。

（3）米国の大手スーパーマーケットの分析結果として有名な例

（4）実際には、それぞれ大きなコミュニティが存在し、助けを求めれば助けてくれる人はたくさんいたりします。

【参考文献】

大坪直樹・中江俊博・深沢祐太・豊岡祥・坂元哲平・佐藤誠・五十嵐健太・市原大暉・堀内新吾（2021）『XAI（説明可能なAI）―そのとき人工知能はどう考えたのか？』リックテレコム．

河本薫（2017）『最強のデータ分析組織　なぜ大阪ガスは成功したのか』日経BP社．

森下光之助（2021）『機械学習を解釈する技術～予測力と説明力を両立する実践テクニック』技術評論社．

第8章　ソーシャルイノベーションデザイン
—モノ、コト、社会に拡がるデザインへの期待—

1　はじめに

最初に筆者の「デザイン」のキャリアについてご紹介します。学生時代にプロダクトデザインを学び、会社に入ってからはCD付きラジカセ、ビデオカメラなどのAV機器や、当時はまだ珍しかったオフィス情報機器などの製品デザインを担当しましたが、この分野は製品の主な機能を実現するデバイス技術や記憶装置、通信方式の規格などの競争が激しく、毎年、時には半年に一度のペースで次々に新しいコンセプトの商品形態が生まれては消えるような状況に置かれていました。当時は、その機能的価値と価格帯を望むお客さまの人物像に見合うような外観や使い勝手をデザインしてきましたが、その渦中においては、競合他社に対する機能の先取りや数値で競り勝つことが、ニーズの有無よりも優先された結果、企画に沿った都合の良い人物像を机上で組み立て、ついには、お客さま不在の商品を開発してしまうというケースを見かけるようになりました。

このような状況下、マーケティング主導の商品企画や先端技術開発に依存した受け身のデザイン活動から脱却し、お客さまの価値観を探索する調査とそれに基づくコンセプト創出に、デザイナーが主体性をもって取り組み、早期にアイデアを試作して開発の方向性を提起していくことの必要性に気づき、自らの活動やチームのスキルを徐々にイノベーション創生の方向に広げていきました。本稿では同業他社との比較、市場競争に向き合ってきたデザイン部門が、イノベーション創生を目指し、その対象を民生品の開発から社会のシステムに広げていく背景と活動の解説を通し、立教大学大学院における2022年度寄附講座「ソーシャルイノベーションデザイン」の要点をお伝えしたいと思います。講座の骨子に沿ってソーシャルイノベーションとデザインについて、詳しく説明します。

2 ソーシャルイノベーションデザインへの期待

本節では、ソーシャルイノベーションに関する二つのアプローチを述べた上で、そこへのデザインの関わりについて述べます。

一つ目のアプローチは、地域に生じた課題の直接的解決です。ソーシャルイノベーションの定義は、多くの場合、社会起業家（ソーシャルアントレプレナー）が起点となって、ビジネスの仕組みを使い社会課題の渦中に入り解決に取り組む事業活動を指すようです。これは一般の企業のように、得られた利益を素早く株主に還元することや、自社の事業規模を拡大することに主な目的を置くのではなく、利益を直接的かつ長期的に社会に還元し続けていくことを目的に据えています。近年は日本でも地方活性化などの地域課題を具体的に解決するベンチャー企業が数々生まれています。これらの取り組みが、無償の慈善事業やボランティア行為にとどまらず、ビジネスとして取り組める対象だという認識が、若い世代の起業家を中心に広まってきたといえるでしょう。筆者の友人、知人の中にもこの領域で、多彩な才能を発揮しながら、着実に、そして力強く、眼前の課題解決に取り組んでおり、その姿には心を動かされます。

その一方で、筆者自身が勤務する日立製作所においても、少し異なる表現ではありますが、社会のイノベーションを目指しており、その事業活動を「社会イノベーション事業」と定義しています。これは日立グループが、電力、通信、金融、交通、産業、自治体の情報システムや設備などに対して最新のＩＴ（情報技術）とＯＴ（機器の運転制御技術）とプロダクトを組み合わせたソリューション提供を通して社会課題を解決する、という方向性を指した事業のことです。これが二つ目のアプローチで、課題の根本原因を解消した次の社会システムを作ることです。

前者のソーシャルイノベーションと後者の社会イノベーション事業について比較すると、社会のイノベーションに対する構え方に、ずいぶんと違いがあるのでは？　と思った方も多いのではないでしょうか。確かに、前者は社会起業家が主体となって個々の課題解決に向き合う事業をするのに対し、後者は日立グループが裏方として、社会全体を動かすインフラシステムの仕組みを支える事業になるので、その立場や視野、解決策のスピード感が大きく異なります。

しかし、この両者は事業のアプローチこそ違っていても、価値を提供する対象が将来の社会に暮らす生活者であることに違いはありません。そこで、この生活者起点でイノベーションの発想を生む「デザイン」という方法論がいずれにおいても活用できると考えています。数々の社会課題に囲まれる将来の生活者の経験価値を思い描くこと、未だ存在しないものを関係者の目の前に在るかのように形にするスキルによって、次の事業を構想し実践する際の水先案内を担うことが、今日的なデザインの真骨頂です。デザインは、社会課題解決を目指す事業にとって、ますます重要な要素になっていくことでしょう。

『ソーシャルイノベーションデザイン―日立デザインの挑戦』の内容と以降の事業活動を通して筆者が得たソーシャルイノベーションに関する解釈に沿って、その価値とデザイン方法論について紐解いていきます。

3　イノベーションを実現するための行政施策の動向

経済産業省・特許庁による産業競争力とデザインを考える研究会が2018年5月に「デザイン経営宣言」という報告書を一般公開しました。報告書の冒頭では、次のように述べられています。

「デザインはイノベーションを実現する力になる。なぜか。デザインは、人々が気づかないニーズを掘り起こし、事業にしていく営みでもあるからだ。（中略）このようなデザインを活用した経営手法を「デザイン経営」と呼び、それを推進することが研究会からの提言である。」

「イノベーションの本来の意味は、発明そのものではなく、発明を実用化し、その結果として社会を変えることだとされている。革新的な技術を開発するだけでイノベーションが起きるのではなく、社会のニーズを利用者視点で見極め、新しい価値に結び付けること、すなわちデザインが介在してはじめてイノベーションが実現する。」

本章で示すソーシャルイノベーションデザインは、これからの企業経営の方向性にも合致した考え方だといえそうです。また、この提言では行政のデジタル・ガバメントの実践にデザイン思考を導入することや、デザインを活用する意欲を持つ企業の取り組みを後押しする施策にも言及しており、有望プロジェクトとして観光分野を取り上げています。想定する人物像がサービスを利用する経験（思考や感情、行動など）を時系列で捉える「カスタマージャーニー」を意識した戦略立案と、顧客目線に立った旅客サービスの施策が今後、重要になると指摘しています。

この「デザイン経営宣言」を前進させるために、経済産業省は高度デザイン人材育成研究会を立ち上げ、「高度デザイン人材育成ガイドライン」及び「高度デザイン人材育成の在り方に関する調査研究報告書」を一般公開しました。企業や教育機関にデザインを組織化し、継続的に人材を育成、活用するためのヒントとして、デザインによる課題発見力・可視化を強みにしたアイデア統合力やアートによる社会に代替的な価値観を見出す感性などの「創造性の素養」に加え、コラボレーションを重視する現代的なリーダーシップのマインドや行動様式など「ビジネスをリードする素養」が、これからのビジネスパーソンにとって必要だと述べています。これらの多くはリカレント教育を通して獲得が可能であると纏めており、報告書には、世界の名だたる教育機関の教育プログラムに関するベンチマーク分析の資料が添えられています。

4　デザインの役割の変化

デザインと産業の関係について歴史は、18世紀に始まる産業革命まで遡ります。19世紀の英国では、産業革命が産んだ大量生産の考え方によって粗悪品が世の中に流通したことへの反発で、手仕事の時代に存在したものを取り戻すために「美しさ」「装飾」を重視するアーツアンドクラフト運動が起こりました。その後、ドイツで芸術と技術との融合を目指すバウハウスというモノづくり教育の思想が広がり、機能主義という形で工業製品の品質を高めていきます。また、アメリカでは工芸にルーツを持つ欧州の考え方に影響を受けつつも併走するように、「口紅から機関車まで」で有名な工業デザインの父といわれるレイモンド・ローウィーによって、機械生産を背景に合理主義を追求したデザインが発展していきます。さらに米国を中心に計画的に需要を喚起するモデルチェンジという手法によって商業的成功との結びつきを強めながら、工業デザインが社会の中で存在感を高めていった、ということが基本的な流れになります。

このような背景の理解を基に、日本企業のデザイン部門の役割の変化に触れます。大手電機、家電メーカーは、アメリカがリードする市場経済に強い影響を受けながら1950年代に家電などの分野の競争力を向上するために、良いものを素早く提供できるように企業の中にデザイン部門を設置するようになりました。当時は主に、海外で最初に生み出された新しいコンセプトの商品像を受けて、日本人の暮らしのスタイルに合う形状と色、素材の仕上げを組み合わせ、美しさという「印象」を提供してきました。このような活動の主体を担うグラフィックデザイン、プロダクトデザインの職能は、現在の企業において、美しさを生み出すだけでなく他社の模倣を排除するための差別化技術としての意匠権や、製品の機能的特長を実現する知財活動において重要な役割を担い続けています。

1980年代後半になると、汎用コンピューターや産業機器などの専門家が使う機器においても、洗練した美しさが求められると同時に、製品を導入した際の操作性や業務の効率向上を目指す「ユーザビリティ」という新たな目的がデザインに求められるようになりました。このころから美術教育を源流にしてきたデザイン以外の専門性として人間工学、さらに

1990年代になると心理学やソフトウェア工学などの専門性を培ってきた人材がデザイン業務に関わるようになりました。また同時に社会の要請として、様々な障害を持った人々が製品の機能やサービスにアクセスできるような使い勝手を提供することで、健常者とともに可能な限りノーマルな生活を送る権利を持つことができるというノーマライゼーションの思想を実現するユニバーサルデザインの潮流が、民生品だけでなく公共製品に至るまで広く求められるようになり、専門的な知識が製品開発の実践の中に蓄積されるようになりました。このころから、ISOやJISの規格にユーザビリティやアクセシブルデザインが登場、製品開発の理念やプロセスの一部にもデザインの構成要素が関わるようになってきました。

やがて、モノづくり技術が新興国にまで広がり、さまざまな市場で製品の飽和状態が起こると、市場参入時に高付加価値を持っていた商品の価値が低下し一般的な商品になる"コモディティ化"という現象が散見されるようになり、企業はお客さまに心に響く、新しい体験を提供する事業の創生に取り組むようになります。言い換えるならば、商品と提供手段まで含めた総合的なサービスによって実現された「エクスペリエンス（経験価値）」を提供できる企業だけが市場の中で生き残る時代になったのです（図表8－1）。

このような背景の中、日立グループは2009年に「エクスペリエンス指向アプローチ（現NEXPERIENCE）」を発表し、企業の業務システム改革や働き方改革プロジェクトの顧客要件定義の段階にエクスペリエンスデザインを活用していく事業部組織を設立しました。シス

図表８－１　デザイン範囲の変化

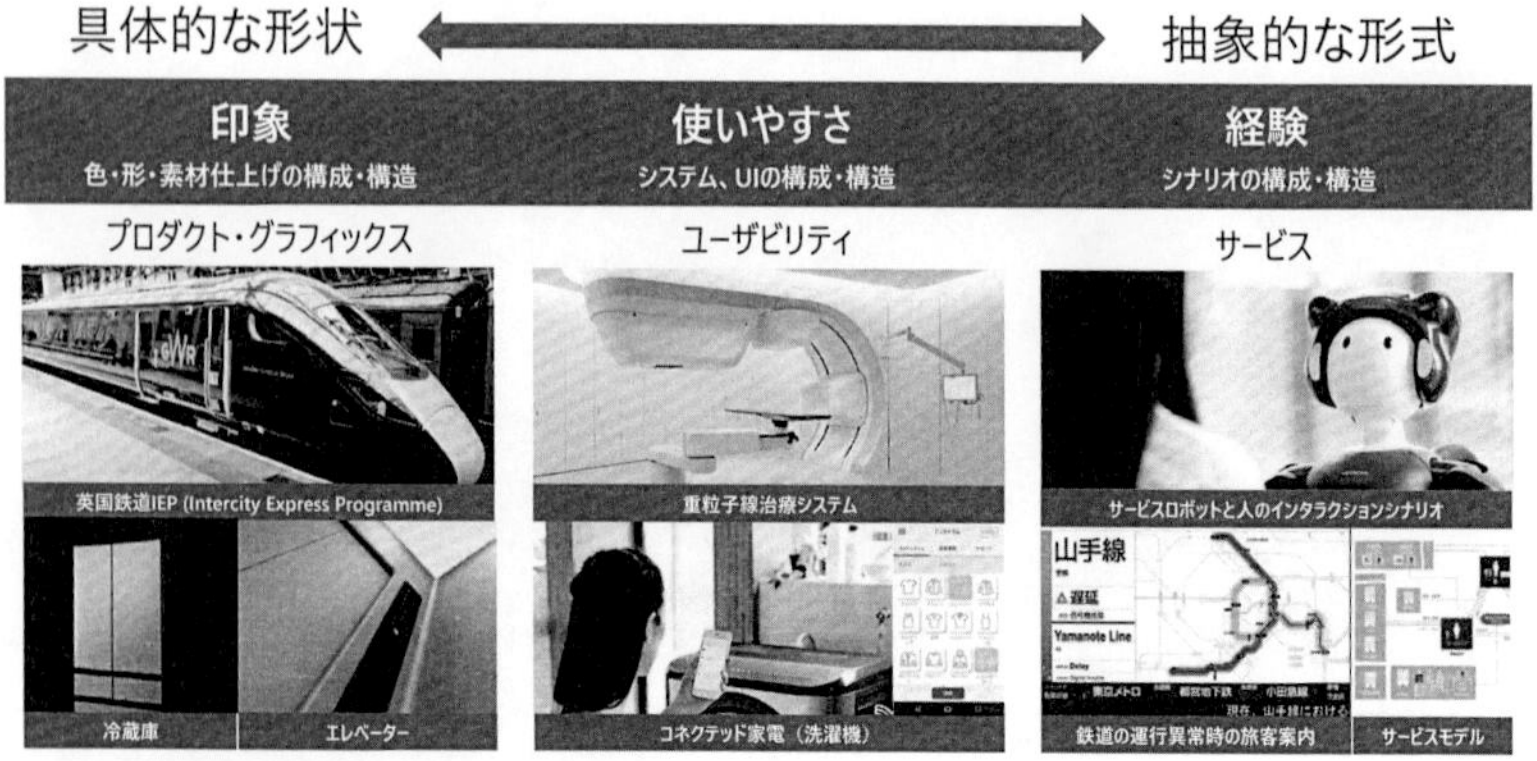

出所：日立製作所研究開発グループ「日立デザイン紹介資料」より。

テムエンジニア、コンサルタント、デザイナーが、システムの利用者である従業員とその最終顧客に関する現状の姿と望ましい姿を描き、その間にあるギャップを埋める施策を共に考えていくアプローチです。日立グループではその協創を推進するために、創造性の発揮と段階的な合意形成を促進する様々な手法・ノウハウを体系化しています。

　また日立グループは２００６年11月に新経営方針として「社会基盤、産業基盤、生活基盤、情報基盤からなる『社会イノベーション事業』を強化していく」と発表しました。当時、一民間企業が「社会」を冠した事業のステートメントに明示的に発信する例は稀であり、社内では各事業部が暗中模索で「社会イノベーション事業とは、自部門と顧客企業にとってどういう事業なのか」という事業の再定義に着手するよう

図表８－２　生活者の価値観変化の潮流を分析する手法"きざし"

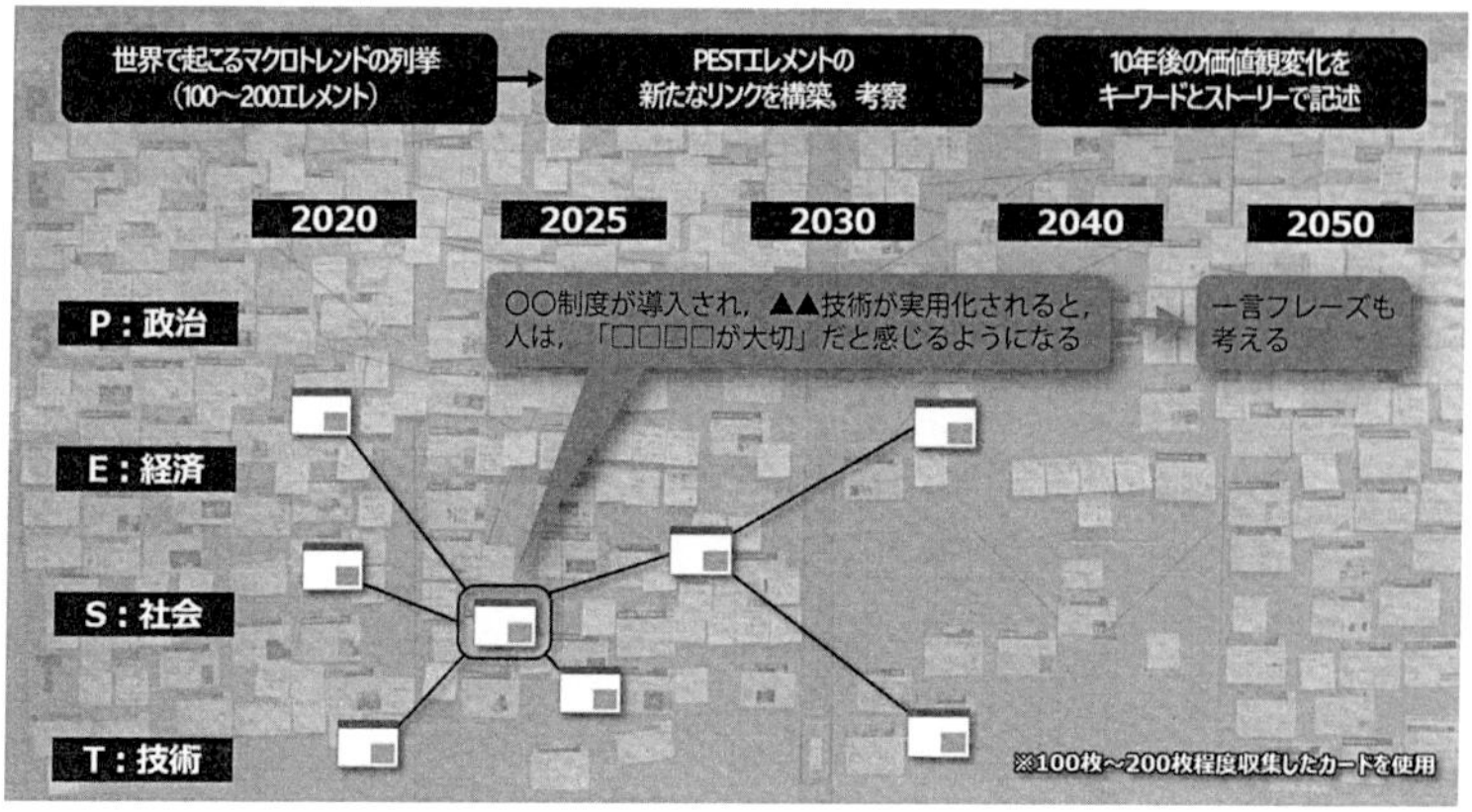

出所：日立製作所研究開発グループ「日立デザイン紹介資料」より。

になりました。

私たち企業デザイナーも、デザインの価値を見つめ直し、当該事業に貢献するために新たなスキルを身につけることが急務となりました。そこで２０１０年に、各事業部門が社会イノベーション事業に着手する際に、共通で必要となる"将来の社会の望ましい姿"を生活者の視点で描き、解決策の議論を可能にすることを目的にビジョンデザインというデザイン方法論の研究に着手しました。

この方法論ではまず、社会の変化を政治、経済、社会、技術などの観点で環境分析を行い、それを背景に将来にわたる生活者の価値観変化の潮流「きざし」（図表８－２）を分析します。次に対象となる社会インフラの事業に対して、前記の価値観変化の潮流を踏まえた、将来の社会の望ましい姿とそれを実現

図表8－3　人の視点で将来像を描き，事業をバックキャスティングで構想するビジョンデザイン

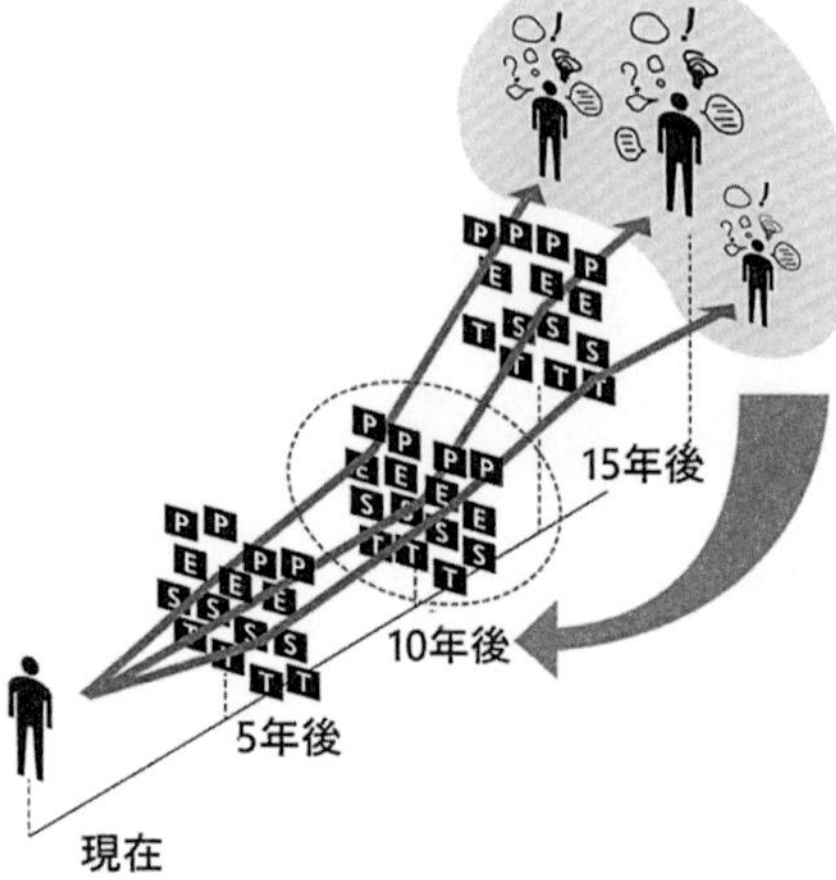

出所：日立製作所研究開発グループ「日立デザイン紹介資料」より。

するための代表的なソリューションのユースケース群をビジョンとして描き、バックキャスティングによって具体的な事業や社会の仕組みを構想します。その上で、ステークホルダーとの協創によってビジョンに向かうための複数の道程を検討し、実現に向けた事業活動を探索的に進めます（図表8－3）。

日立グループでは、この方法論をパートナー企業との協創による事業開発や、自社事業の商品マスタープラン策定に活用しています。また、日立製作所ウェブサイト内の「きざしを捉える」に研究開発グループのデザイナーが過去に策定した「きざし」の事例を掲載しています。

このビジョンデザインは、無形のコトづくりに始まり、事業に踏み込み、社会実装にまでつなげる広範な活動です。ウォーターフォール型のプロダクト開発とは異なり、変動性が高く、不確実で複雑、さらに曖昧さを含んだ社会情勢に事業環境がさらされる中、社外のパートナーを巻き込みながら価値実現までの道をリードしていくことが求められます。まさに、前述で取り上げた「高度デザイン人材」が必要になっているのです。

5 寄附講座「ソーシャルイノベーションデザイン」概要

これまでデザインに関する行政の動向や日立グループの取り組みを通して、デザインが、企業における日々の活動や事業の方向性に影響を与える要素だということを説明してきました。それを実践に移すために、デザイン経営を理解するビジネスパーソンを育成する目的で立教大学大学院ビジネスデザイン研究科において寄附講座「ソーシャルイノベーションデザイン」を開講いたしました。ここからは2022年度に実施した内容について解説します。

私たちのビジネスの現場でも、ダイバーシティや社会的包摂の重要性について語る機会が増えてきたように思いますが、その問題の本質に近づくには、多様な状況に置かれた人々の価値観を深く理解するための視点と技術が必要になります。このカリキュラムでは、ユニバーサルデザインの考え方と、生活者の課題を抽出するためのインタビューや利用状況調査、そしてエスノグラフィー調査などのデザインリサーチ手法の理解を通して、他者を深く知ることの重要さを学んでいきます。

課題を捉えた後、課題が解決された未来の暮らしに想いを巡らせ、ソリューションのアイデアを生み出してきます。しかし、現在の社会通念や価値観に思考が引き寄せられ、既にどこかで見かけたようなアイデア発想に陥り、イノベーション創生への出口が閉塞することがあります。既存の社会の仕組みに身を置き生活する私たちが、その枠を超えた発想をすることは容易ではないのですが、実はその手がかりは、目の前の世界をよく観ることにあります。本講座では、モノの見かたを学ぶ写生や、コンセプトを組み立てる演習、その上でサービスの利用者と提供者の関係を広く捉え、三方よし（売り手よし、買い手よし、世間よし）を実現するサービスモデルをプロトタイピングしていくワークショップ演習に取り組んでいます。

5・1　ユニバーサルデザイン

ユニバーサルデザインとは、全ての人たちを対象に、限りなく最大限に製品やサービスを提供していく考え方で、１９８０年代前半にアメリカのノースカロライナ州立大学のロナルド・メイス教授によって提唱されました。これは、バリア（障壁）をなくすという設計アプローチではなく、最初から商品や環境をユニバーサルに作ることを当たり前にするという設計思想です。近年の社会変化を含めて言葉を補うと、社会環境や人種や身体的事由などを包み込むような社会を実現するために、製品の企画立案段階で意図せずとも排除されていた人たちとデザイナー、設計者などの作り手が、すべての年齢や能力の人を視野にいれて、その生活の課題に共感し、共に製品や建築、まちづくりなどの環境を、可能な限り最大限に使いやすいように考えていくための設計思想といってよいかと思います。

5・2 デザインリサーチ

デザインリサーチという概念は、開発工程における一部のプロセス名称を指す場合もありますが、ここでは、人に焦点をあてて、価値観や潜在意識などの定性的な非言語情報や、コミュニティの文化を背景にした行動などを分析し、その結果を製品やソリューションのコンセプト開発に応用していく調査方法論の総称として説明します。

マーケティングリサーチは、既存市場がある商品やソリューションに対して、その人数規模やアンケートなどのデータを収集し、統計的分析の結果を用いてターゲットを定め、確度の高い価値提供の戦略を導くことに使います。一方のデザインリサーチは、お客様の潜在的な問題や期待、未来にお客様に起こるであろううろう価値観変化の分析など、人文社会科学的な視点による課題構造分析などを用いて新たな課題やアイデアの提案機会領域を抽出し、独創的なイノベーションの戦略を導く時に使います。

デザインリサーチは、人が暮らしの中で無意識に受け入れてしまっている当たり前の出来事の裏に潜む本質的な課題や価値のメカニズムに気づかせてくれる、とてもパワフルな方法論であり、既存市場の枠にとらわれないイノベーション創生に適していると考えてよいでしょう。

5・3 デザインコンセプトの立案

社会課題に囲まれた現在の私たちの社会を、限りある地球環境との良い関係を保ちながら幸せに暮らせる社会に移行していかねばなりません。しかし、このまま現在の社会の仕組みの改善をただ積み重ねていくだけでは到底辿り着くことができません。この難題に向き合うためには社会を根本から覆す力が必要です。経済成長と利便性を追求してきた従来の価値観から決別しても良いと思わせるほどに人を魅了する「美しい社会」を描くことが、その力のレバレッジになると考えています。

美しい社会を描くには、人文社会科学や芸術の観点から得られる美意識によって、人や社会、自然環境との新たな関係のコンセプトを生み出し、それを様々な人との対話の中で合意形成し、進むべき方向性の判断を、工学的な知見も融合してシステミックに導く、総合的なデザイン能力を備えなければなりません。

その大きなジャンプへの最初の一歩が、目の前にあるものをよく観ることです。これが簡単なようでとても難しいことです。授業の中でも、ステーショナリーのような身近なモノを用意し、受講生に紙に鉛筆を使って写生してもらうのですが、必ずといってよいほど、昔から絵が下手だったなどという理由を誰か一人が持ち出し、その後も皆が照れ臭そうに渋々と着手します。子供の頃のように素直に好奇心を持って眺めたり、目の前の実体をありのままに写しとることをせず「これは四角いプラスティックケースだから」というような先入観をもって素早く効率的に、洗練したものを描き上げようとします。パーツの分割線や質感の違い、使い込まれたことで生まれた凹みなどは省略され、実体を無視した思い込みの塊が略画イラストのようにできあがります。

この略画イラストこそが、目の前の事象に正体せず、なぜそうなっているのか？　という深い洞察を避けて、既成概念の眼鏡を通して手早く効率的に答えに到達しようとするビジネスパーソンの思考の癖が現れた結果なのです。この演習は私たちが暮らしの中で見落としているかもしれない、小さくとも大事なことや、無意識に受け入れていた社会の仕組みや慣習などをよく観ることの意味を教えてくれるのではないかと思います。その裏にある潜在的な希求を想い、それを起点にコンセプトを組み立てていけば、きっと私たちにも「美しい社会」の入り口が見えてくると信じています。

5・4　考えを可視化して共有する（グラフィックレコーディング）

イノベーション創生の現場では、いつもと異なる関係者を巻き込んだ活発な議論が求められるのですが、経験を積んできた業界や専門性、年齢などが異なる人の会議では、自由闊達

図表８－４　グラフィックレコーディングの学びかた例

出所：久保田麻美『伝わる図解！　超入門』をもとに著者作成。

に言葉が飛び交うというのは幻想で、互いの話が理解でずに議論は停滞してしまいがちです。このような状況において、絵を描くことが効果を発揮します。ここで誤解がないように前置きをすると、なにより大切なのは、議論の結果を絵にしてもらうことではなく、自分たちが絵を描きながら議論することです。つまりビジュアルを活用して、チームで創造力を発揮するために、対話の中で生まれた考えを、即座に伝わるように表現し、理解と経緯の振り返りを促す、一連のミーティングファシリテーションを支える可視化がグラフィックレコーディングなのです。それが新しいコンセプトを関係者が共に具現化していくための一歩になるのです。

ところがこのグラフィックレコーディ

ングは、企画やデザインの実務の中から自然発生的に生まれた手癖のような技術です。手法というには未だ属人的で体系化が不十分なので、いざ導入してみても目的や使い方を誤ると思ったような効果が出せません。その定義や起源を問うこと自体に大きな意義はないので割愛しますが、筆者はこの技術を会議の場で使う前に、今日の議論は異なる意見が飛び出し、対立や上下などの「議論の構造」をダイアグラムで明瞭に理解する支援をしたほうが良いか、会議の盛り上がりや会話に登場するシーン、参加者のリアルな発言を吹き出し台詞など「議論の雰囲気や世界観」を漫画的なイラスト表現を使って膨らませる方が良いか、記述方針を定めてから活用しています。

また、そのいずれの実施においても速記的に記述し構成していく技の習得は欠かせないと考えており、本講座においては、①「単語」をアイコンなどの略図に置き換える、②「関係性」を線と面に置き換える、③「話の全体構造」に合わせて①②の要素を配置する、という流れを通して体感的にグラフィックレコーディングを身につけていきます（図表8－4）。

5・5　サービスのプロトタイピング（Business Origami®）

サービスの具体的な企画を開始する際に、前述のデザインリサーチなどを実施し、対象とする人の経験を様々な視点で理解した後、次はその結果を活用して、どのようにして実現可能なサービス案を構築するかを検討する段階に入ります。ところが、いざ具体的な検討を始

図表8－5　Business Origami®

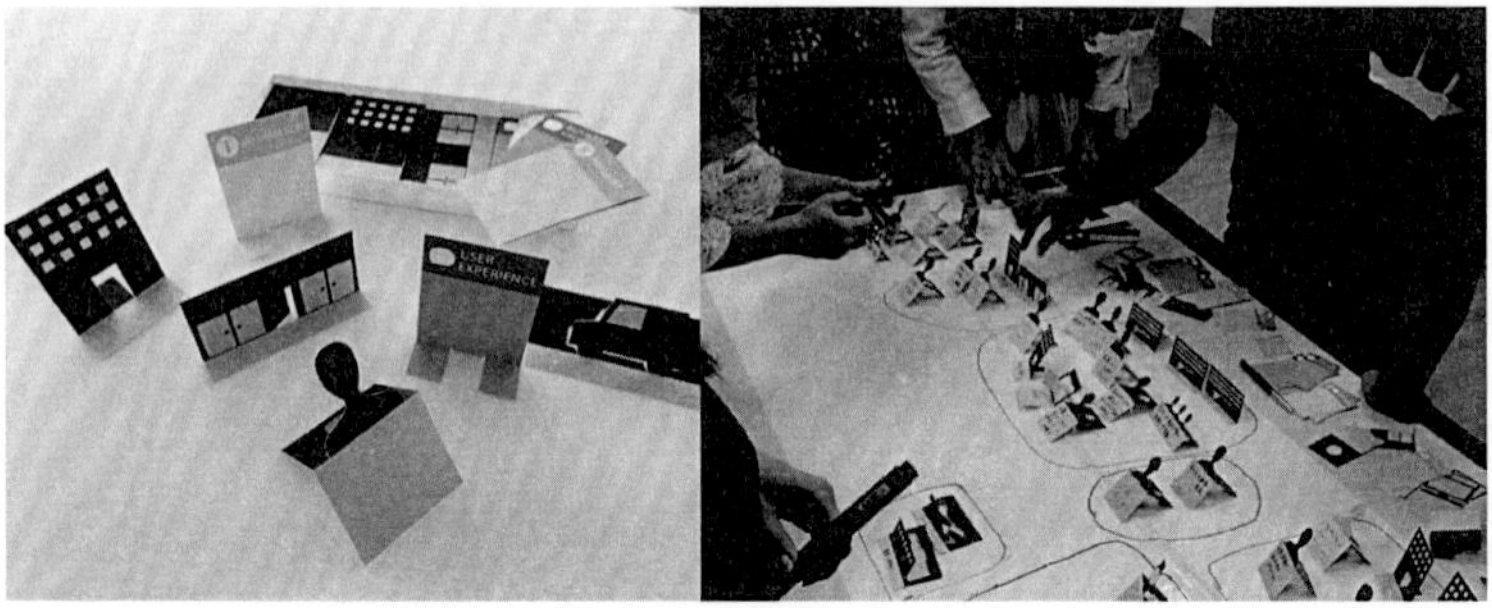

出所：日立製作所研究開発グループ「日立デザイン紹介資料」より。

めると自社の「儲け話」や「モノづくり」に偏った売り手、作り手中心の議論ばかりが盛り上がり、調査から得られた顧客価値から縁遠い案になってしまったということがあります。

そこで人の視点にたって新サービスの全体像を構築するために開発したプロトタイピング手法がBusiness Origami®（ビジネスオリガミ）です。Business Origami®は、異なる意見を持つメンバーが一つの卓を囲み、創造的なディスカッションを行うためのカード型のツールであり、それを使って、メンバー自身が思い描いたアイデアの種に対して、サービスの実現に必要な検討要素を吹き込んでいくことができます（図表8－5）。

通常、新しいサービスの議論を進める際には、最初にターゲット顧客を明確化してビジネス検討を進めるのが定石だと思います。この従来アプローチでは、顧客＝利用者という先入観に陥り、ビジネスの原資

図表8－6　Business Origami(R) の利用例

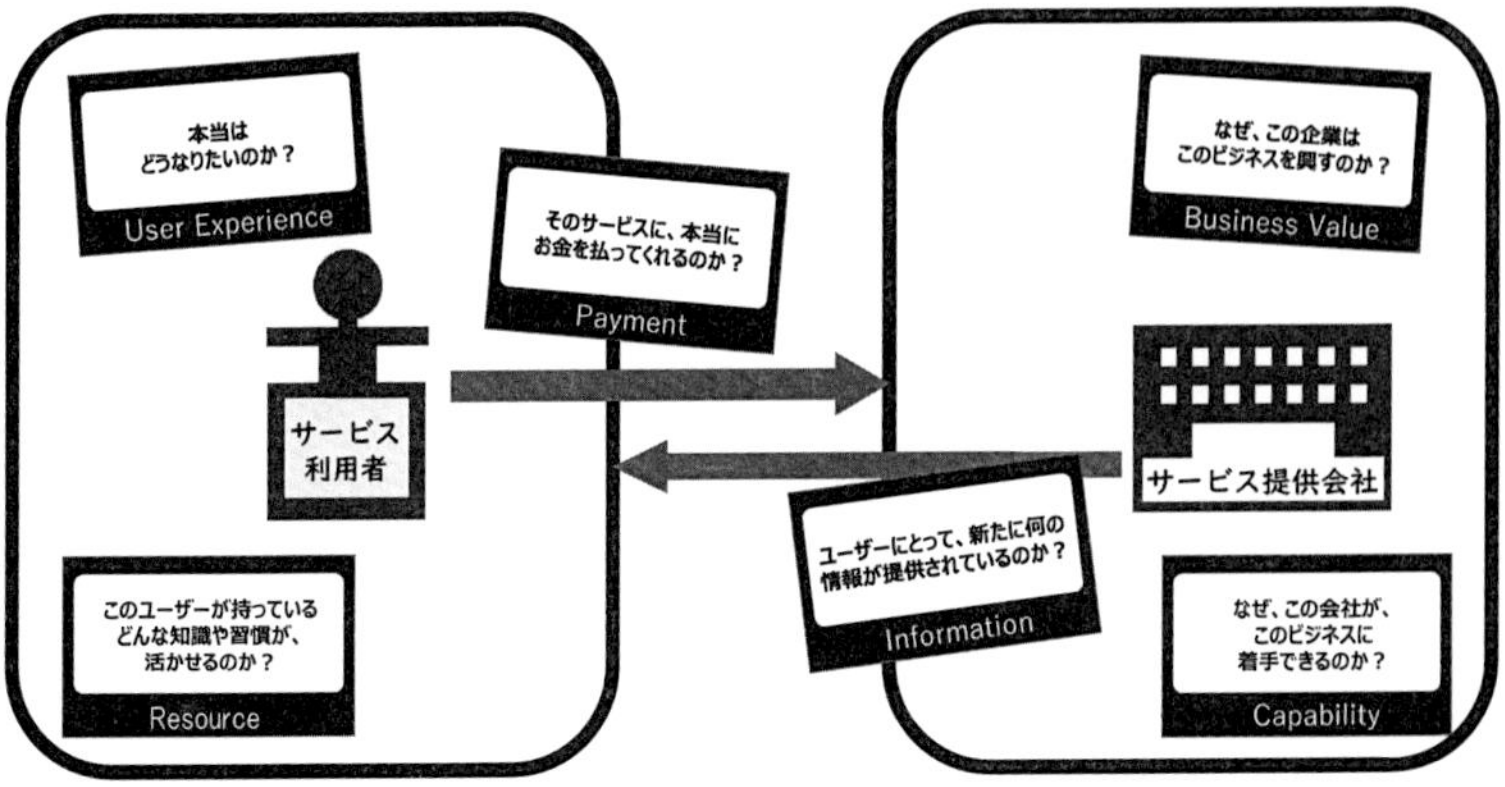
本当は
どうなりたいのか？
User Experience
そのサービスに、本当に
お金を払ってくれるのか？
Payment
なぜ、この企業は
このビジネスを興すのか？
Business Value
サービス
利用者
サービス提供会社
ユーザーにとって、新たに何の
情報が提供されているのか？
Information
このユーザーが持っている
どんな知識や習慣が、
活かせるのか？
Resource
なぜ、この会社が、
このビジネスに
着手できるのか？
Capability

出所：日立製作所研究開発グループ「日立デザイン紹介資料」より。

を顧客の利用料金だけに求めてしまいがちで、成立性に乏しいアイデアに収束してしまうことが多々あります。Business Origami(R)は、初期の段階ではターゲット顧客とそれ以外の関係者も登場人物として等価に扱い、それぞれのサービスへの参画動機や、知識や道具などの資源をチェックします。その後、卓上に広がるサービスの景観を俯瞰しながら顧客と提供者の関係をエコシステムとして捉え直すことを通して、最終的に社会としての三方よし（売り手よし、買い手よし、世間良し）を実現する案を纏めることができます（図表8－6）。

　このようにビジネスの検討プロセスに、サービスのプロトタイピング手法を導入することは、イノベーション検討チームに対して、トライアンドエラーを許容する文化、多様性に基づくコラボレーションの成果をもたらし、複雑・難解で大きなソーシャルイノベーションというテーマに立ち向かう勇気を与えてくれることでしょう。

【参考文献】

紺野登（２００７）『ソーシャルイノベーションデザイン―日立デザインの挑戦』日本経済新聞出版．
経済産業省・特許庁　産業競争力とデザインを考える研究会（２０１８）「デザイン経営宣言」２０１８年５月23日　https://www.meti.go.jp/report/whitepaper/data/pdf/20180523001_01.pdf
経済産業省高度デザイン人材育成研究会（２０１９ａ）「高度デザイン人材育成ガイドライン」２０１９年３月29日　https://www.meti.go.jp/shingikai/economy/kodo_design/20190329_report.html
経済産業省高度デザイン人材育成研究会（２０１９ｂ）「高度デザイン人材育成の在り方に関する調査研究報告書」２０１９年３月29日　https://www.meti.go.jp/shingikai/economy/kodo_design/20190329_report.html
ＢＪ・パインⅡ　ａｎｄ　Ｊ・Ｈ・ギルモア，岡本慶一訳・小高尚子訳『経験経済』ダイヤモンド社．
丸山幸伸・星野剛史・石川忠明・赤司卓也（２０１１）「将来のエクスペリエンスを描くための方法論研究」『日立評論』Ｖｏｌ．93、№11、55－60頁．
丸山幸伸・庄司敬一・井口匠（２０１９）「ビジョン駆動型ソリューション開発戦略」『日立評論』Ｖｏｌ．１０１、№５、１０２－１０５頁．
日立製作所「きざしを捉える」　https://www.hitachi.co.jp/rd/research/design/vision_design/kizashi/index.html
久保田麻美（２０２１）『伝わる図解！超入門』宝島社．
山岡俊樹編著、前川正実・磯野誠・安井鯨太・緒方啓史・若林稔・丸山幸伸・坂口和敏・今井秀之（２０２２）『サービスデザインの発想法アイデアをうみだす17のメソッド』オーム社．

第9章　サービスデザインとDXの先にあるもの――サービスデザインとDXの先にあるもの――

1　サービスデザインとDXの関係性

本章では、サービスデザインと近年よく聞くDXとの関係性、その先の取り組みや推進していく上でのデザインの役割についてお話ししていきたいと思います。本書の読者で「サービスデザイン」という言葉を聞いたことがある方はどのくらいいるでしょうか？「デザイン思考」は聞いてことがあるけど、サービスデザイン？となる方が多いのではないでしょうか。サービスデザインはそれくらいまだ概念としても、浸透していない言葉だと思います。

本章のテーマである「サービスデザイン」とは何か。経済産業省は2019年に公開した「高度デザイン人材育成ガイドライン」のサービスデザイナーで、以下のように記しています。

「製品やサービスを含む顧客体験を、潜在的な課題や感性を捉えつつエコシステムとの関係性を踏まえ俯瞰的かつ統合的にデザインする」

つまり、サービスデザインの主体的実施者、サービスデザイナーは顧客体験上の課題や感性を捉えて、どのようにサービスとして成り立たせることができるのかをデザインします。さらに、顧客体験のデザインだけでなく、サービスを成り立たせる上での企業、顧客、そしてステークホルダーの三者を含めた俯瞰的かつ統合的なデザインも必要です。

この俯瞰的かつ統合的なデザインは、三者間での価値提供のバリューチェーンが継続して繰り返されるエコシステムを設計していきます。

このように、サービスデザイナーは単にいいサービス、プロダクトの企画構想だけにとどまらず、どうしたらそれがエコシステムとして機能するかというところまでを検討するデザイナーになります。

このサービスデザイナーが実施するサービスデザインは、先に述べたＤＸに大きく寄与する概念になってきます。ここでＤＸについて振り返ってみましょう。ＤＸの定義は諸説ありますが、ここでは日本の経済産業省が出している「デジタルガバナンスコード２・０」を参考に取り上げてみました。

「企業がビジネス環境の激しい変化に対応し、データとデジタル技術を活用して、顧客や社会のニーズを基に、製品やサービス、ビジネスモデルを変革するとともに、業務そのものや、組織、プロセス、企業文化・風土を変革し、競争上の優位性を確立すること」

デザインというキーワードはありませんが、顧客、社会ニーズから製品サービス、ビジネスモデルを変革し、また価値提供するための業務、組織、プロセス、企業文化・風土を変革するという意味では、顧客、企業、そしてステークホルダーの三者間での俯瞰的かつ統合的なエコシステムをデザインするサービスデザインが果たす役割が大きいのではないかと想像できます。

ただし、あくまでここで挙げたのは言葉の定義の話であり、本当にサービスデザイナーが果たす役割が大きいのか実例をまじえてみていきましょう。

代表的なＤＸの事例として、大型スーパーマーケットの顧客タッチポイントのＤＸ化があります。新型コロナウィルスの蔓延もあり、大型スーパーマーケットでは、デジタルタッチポイントの活用が急務になりました。そこでオフラインでのストア購入のみだったモデルから、オンラインショッピングサイトとショッピングアプリを企画、リリースしました。最初は日用品や食品が購入でき、配送してくれる単純なオンラインショッピングサービスでした。しかしそこから、顧客行動の変化やニーズを定点的に理解していき、新たな価値提供するための様々な機能やサービスの改善がなされていきます。例えばオーダーしたものを同日にストアでピックアップできる機能やモバイルオーダー機能、ＢＮＰＬ（Buy Now Pay Later：後払い）機能などを段階的に追加していき、デジタルタッチポイントでの大きなビジネスの変革を起こしました。

このような新たな変革を起こすには、定量的なデータや定性的なリサーチから顧客ニーズや課題を探り、カスタマージャーニーとして整理することで、デジタルでのアプリタッチポイント、ストアでのオペレーション、倉庫在庫管理、決済、デリバリーなどを担う多様な部門が一堂に会し、より良いカスタマージャーニーを実現するため、顧客へ新たな価値を提供するという目標に向けて、改善に勤めていかなくてはなりません。

新たなデジタルタッチポイントとしてのウェブやアプリは、顧客に新たな価値を提供し、そこで新たなビジネスモデルが構築されることで、部門を超えた企業内の業務、組織、プロセスにも大きなインパクトを与えていきます。

この大型スーパーマーケットのDX化の事例から分かるとおり、サービスデザイナーは顧客の行動からニーズや課題を理解していき、カスタマージャーニーを描き、多様な部門を巻き込みながら新しい顧客価値を提言していき、新たなビジネスモデルのきっかけを作っていきます。サービスデザインはDXに大きく貢献でき、かつ重要な役割を担います。

では、もう少し詳細にサービスデザインの役割についてご紹介したいと思います。

まずサービスデザインでの重要な要素として顧客のニーズや潜在的な課題、感性を捉えていくというものがあります。これを実施してく上では、手法としては様々ありますが、一般的には既存のデータを分析し、定量的な仮設を作り、インタビューやフィールドワークなど定性的な情報理解を実施していく手法が一般的です。ここで重要なのは、定量的な指標はあ

図表９－１　定性調査の手法例

主な手法	特徴	主なメリット
インタビュー	顧客に聞きたいことを直接尋ねることで調査する。	✓ 顧客の動機や思考を個人の価値観や体験と紐づけながら深く、包括的に把握することが出来る。
エスノグラフィー/行動観察	実際の行動を現場で観察することで、言語や記憶では気づき得ない事実を把握する。	✓ 顧客が言葉にできない深層心理や無意識的行動を補うことが出来る。
ソーシャルリスニング分析	ソーシャルメディア上で顧客の声を傾聴することで顧客の感情を分析する。	✓ 不特定多数にアプローチができる。 ✓ 顧客が調査を意識していないため、リアルな声を把握することが出来る。

出所：筆者作成。

くまでニーズや課題の仮設設定にしか留まらず、定性的な調査を実施していくことで、潜在的な課題理解、ビジネスとして解決すべき領域、または提供すべき価値を定義していくことのヒントを得ることができます。

次に定量的、定性的な調査の結果からよく作られるのが、カスタマージャーニーマップです。カスタマージャーニーマップは、サービスデザインという言葉よりも昔から色々なところでキーワードとして出てくるので、聞いたことがある方が多いかもしれません。カスタマージャーニーマップは、サービス・プロダクトを顧客がどんなアクションを起こしながら利用し、価値を享受していくのかを時系列にならべ、そのアクションと紐づいた困りごと、期待していること、考えていること、感じていることなどがプロットされたものです。こうすると顧客が一連のサービス・プロダクトを利用する際に、どんなポイントで困っていて、何を改善しなければならないのか、全体の優先順位はどうなるのかなどをホリスティックに眺めることができ、組織内での共通認識を作りやすいツールとなります。顧客体験の設計という範囲であれば、このカスタマージャーニーマップの理解と改善というのが重要ですが、サービスデザインはそこにとどまりません。

先のスーパーマーケットのDX化のように、顧客に価値を提供するまでに必要な各種ステークホルダーには、店舗の店員、配送スタッフ、オーダー受付、在庫管理スタッフなどのアクションから、カスタマージャーニーマップがどのように実現されているかを可視化していったものをサービスブループリントと呼びます。

カスタマージャーニーマップは、顧客体験における改善をしなければいけないポイントやニーズとして汲み取れていないエリアなどの体験全体を俯瞰して理解し、サービスブループリントは、顧客価値を提供する上でのバリューチェーンを可視化することで、製品やサービス、ビジネスモデルの変革をするためのパワフルなツールになります。これらのツールが、より良い顧客体験の実現だけでなく、企業における業務そのものや、組織やプロセスをDX化していくことにも大きく寄与していきます。

例えば航空会社のカスタマージャーニーを想像してみましょう。飛行機を使って旅行する人が最初にすることはなんでしょうか。時系列に考えていくと、以下のような一例が考えられます。

図表９－２　カスタマージャーニーマップ

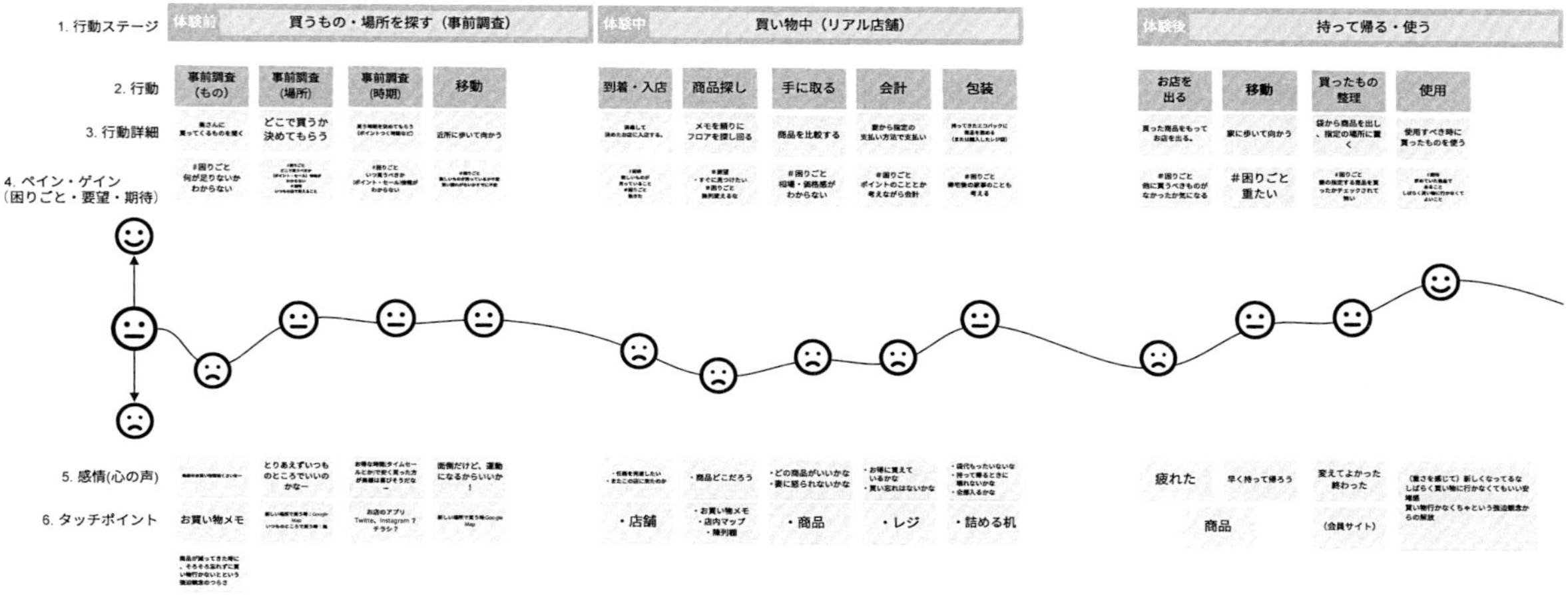

出所：筆者作成。

図表９－３　サービスブループリント

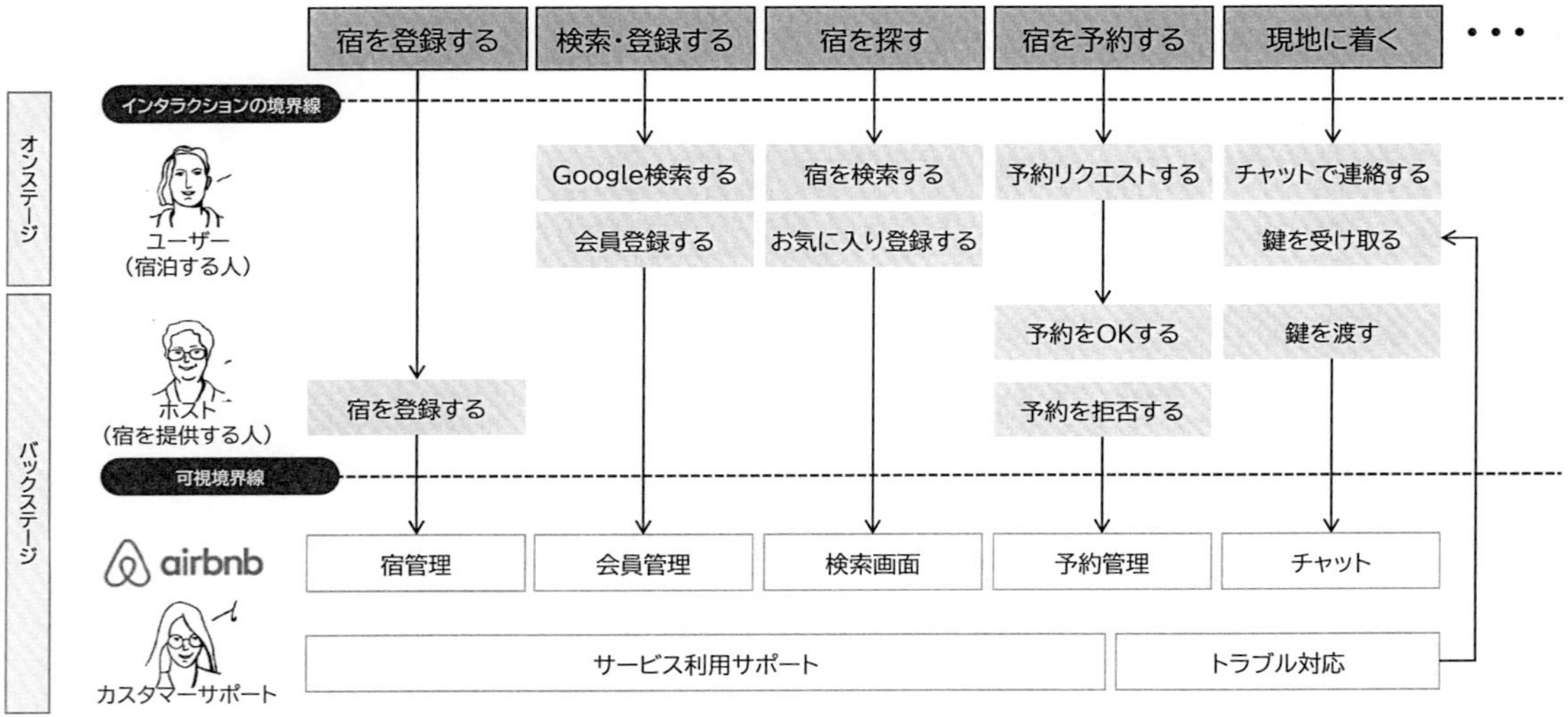
宿を登録する
検索・登録する
宿を探す
宿を予約する
現地に着く
・・・
インタラクションの境界線
オンステージ
ユーザー
（宿泊する人）
Google検索する
会員登録する
宿を検索する
お気に入り登録する
予約リクエストする
チャットで連絡する
鍵を受け取る
予約をOKする
鍵を渡す
ホスト
（宿を提供する人）
宿を登録する
予約を拒否する
可視境界線
バックステージ
airbnb
宿管理
会員管理
検索画面
予約管理
チャット
カスタマーサポート
サービス利用サポート
トラブル対応

出所：筆者作成。

1. 旅行プランを検討する
2. 宿泊施設の検索、予約をする
3. 航空券を検索、購入する
4. 旅行の準備をする
5. 空港に到着
6. 搭乗－機内－降機
7. 宿泊施設到着
8. 旅行プランでの周遊
9. 空港に到着
10. 遅延などのトラブル
11. 搭乗－機内－降機
12. 帰宅

人によって行動に違いはありますが、こういうカスタマージャーニーを辿る人を考えてみることができます。これをベースに定量的なデータなどで仮説を作り、インタビューやフィールドワークなどの定性的な調査から気づきを得ていきます。

例えば顧客インタビューをしてみると、旅行プランの検討をしながら、同時に航空券の価格をチェックしているなど、仮説で考えていた行動ですら、順序が違うことがあります。このような新しい気づきを得た上で、体験全体から改善点を理解し、社内でカスタマージャーニーの改善の推進をしようとすると、大きな企業ほど組織の壁にぶつかることがあります。それは、カスタマージャーニーはあくまで顧客体験を時系列で描いていますが、企業の組織はそのように別れているわけではありません。企業内の組織は往々にして事業内容でサイロ化されていることが多いため、何か改善しようと思っても、お互いの組織ミッションや達成目標などが違い、顧客の全体体験を理解し、改善推進していくことが困難です。ここからがカスタマージャーニーマップの真価が問われるポイントになります。上記の12行動のカスタマージャーニーを可視化し、全体を俯瞰できる形にすると、顧客の体験は組織を超えて地続きということが理解できます。また、その俯瞰できる顧客体験全体を向上、改善するという羅針盤を得ることで、他組織、他部門が一つの共通目標を立てることもできます。これらを通じて、新たな顧客価値を提供するため組織を超えた共創、既存プロセスへの改善が行われていきます。

このカスタマージャーニーマップの例のようにサービスデザイン、またはデザインが顧客への価値提供という軸から少しずつ組織、プロセスに変化を起こし、それが企業文化・風土の変革につながっていくことで、より企業のＤＸが近づいていきます。

2　DXを支援するチェンジエージェントとサービスデザイン

サービスデザインとDXは密接な関係性があり、実行していく上では大切な要素というところまではお話ししてきましたが、それだけでDXの「変革」は起こせるでしょうか？

俯瞰した顧客体験を可視化し、組織間をつなぐ羅針盤としてのカスタマージャーニーマップなど、ツールやアウトプットは製品やサービス、ビジネスモデルの変革のベースはできますが、価値提供するための業務や組織、プロセス、企業文化、風土の変革となると、スタートポイントを設定したに過ぎません。

では、これらの変革を実行に移していくのに足りていない要素はなんでしょうか？　サイロ化され、なかなか既存のビジネスから離れられないマインドセットを持った組織を変えていく、「変革を促し、支援する人」です。P．F．ドラッカーの著書『ネクスト・ソサエティ』の言葉を借りれば、「チェンジエージェント」という存在がDXを実行していく上で不可欠な存在となってきます。チェンジエージェントは、DXを進めていく上で、価値提供するための業務や組織、プロセス、文化など様々な要素の「変革を支援する存在」であり、「推進、リードする存在」とは少し違います。変革の推進、リードは現場のビジネス部門や経営層が実施していきますが、変革の方向性検討や推進サポートなど、変革の代理人として上下のレイヤー、左右のサイロをつなぎ、組織全体として変革に取り組める環境、マインドセットを作っていきます。

このチェンジエージェントですが、外部の組織開発コンサルタントや人事コンサルタントが務めることもあります。ただし実際には長期的なコミットメント、社内文化理解、社内人脈が必要になってくることが多く、社内人材の活用とその育成が求められてきます。

では、チェンジエージェントは社内のどこにいるのでしょうか？　上下関係をうまくまとめていき、左右のサイロをつなぎながら、顧客体験を俯瞰して理解し、変革を推進する人の黒子となり、支援していく。これだけ見るとすごくスーパーマンにみえますが、みなさんの社内にも「あの人かも」と思う人は一人、二人思いつくのではないでしょうか？　ただし、チェンジエージェントはこの役割を担うために単にみんなと話しながら、なんとなくうまくまとめるというだけでなく、しっかりとした市場とカスタマーニーズ、変革推進していく方向性の深い理解、ステークホルダーを一つの方向性に導く手法、組織としての変革実行できる環境の整備など、いくつかの特別なスキルや経験が必要になってきます。サービスデザイナーが用いるコミュニケーションとファシリテーションはそのスキルと経験を補完してくれることでしょう。

コミュニケーションは、サービスデザインのプロセスを実施する際に、上記の例でも出た通り、ステークホルダーや顧客のインタビューなどをしながら、ビジネスのニーズ、顧客のニーズの理解をしていくことで変革の方向性を明確にしていく営みです。これを通じて組織としての意思統一に必要な情報を取得し、顧客へ提供すべき価値から企業、顧客の変革の共通目標を理解していきます。

またファシリテーションが担うのは、推進組織とサイロ化された必要組織が一つの目標に向けて一緒に取り組んでいく「共創」の関係を構築していくことです。共創に必要なものは多様性を受け入れるマインドセットとその環境です。サービスデザインでは、ワークショップや様々なセッションを通じて、多様な人の意見が活き、活躍できる場の提供をしていきます。そうすることにより組織対組織の関係性を超えた、ワンチームとして新しい価値を共に創る集団のマインドセットへ少しずつ変えていき、新たな関係性を構築していきます。

このようなスキルや経験を有するサービスデザイナーと伴走しながら、チェンジエージェントは、DXにおけるサービス、ビジネスモデルの変革実行にとどまらず、新たな価値提供するための業務や組織、プロセス、企業文化、風土の変革に影響を与えていきます。

では、それはどのように組織に影響を与えているのでしょうか？　既存業務、組織、プロセスと企業文化、風土で少しわけて考えてみます。例えば、顧客へ新たな価値を提供するプロジェクトをサービスデザイナーが推進している中で、チェンジエージェントは、組織を超えたワンチームのマインドセットを作っていきます。今まで縦割りでミッションを割り当てられていた組織が「顧客の体験を向上させる」という組織内とは違う目線での共通目標を設定することで、視野が広がり、みるべき世界が変わってきます。また今まで一緒のアクティビティを実践する機会がなかった横の組織との共創を通じて、お互いの既存業務や組織、プロセスへの想いを理解し、それが自身の組織内に新たな気づきを与えることもあります。

このようにチェンジエージェントとサービスデザイナーの密接な関係はプロジェクトを通じて、業務や組織、その中で営まれているプロセスにおいて、目線を合わせ、気づきを与え、変革への第一歩を作っていきます。いつもと違うその第一歩に対し、いい意味で組織に違和感を創り、それが変革のきっかけになっていきます。ただ、忘れてはいけないのは、この営みを継続しなければ、変革は起こり得ないということです。先に述べたＤＸにおける顧客体験改善を目標にしたプロセスで、ある程度のサービス、ビジネスモデルの変革の手応えがあるような成果が出てしまうこともありますが、既存業務や組織、プロセスの変革はそうはいきません。一つのプロジェクトでいくつかの気づきがあるかもしれませんが、それが一つのプロジェクトとして終わってしまうと、気づきからのいい意味での違和感の連続性が生まれず、既存業務や組織、プロセスの変革に結びつけていくのが困難です。そのくらい時間を有すテーマになってきます。

企業文化、風土も同じです。特にサービスデザイナーが入ったプロジェクトで顧客のニーズを理解し、真の課題に対して向き合い、今までサイロ化された関係部門との共創により、少しずつ培われていきます。そこから企業文化、風土をフラットにすると、顧客ニーズに迅速な対応をするマインドセットが浸透し、他の組織との共創から変化を受け入れ、柔軟に対応していくことを推進組織のサービスデザイナー、ＤＸを実装するビジネス組織、そして支援するチェンジエージェントが一つのプロジェクトとしては引っ張っていきます。

図表９－４　DX実行組織とサービスデザイナー，チェンジエージェントの関係

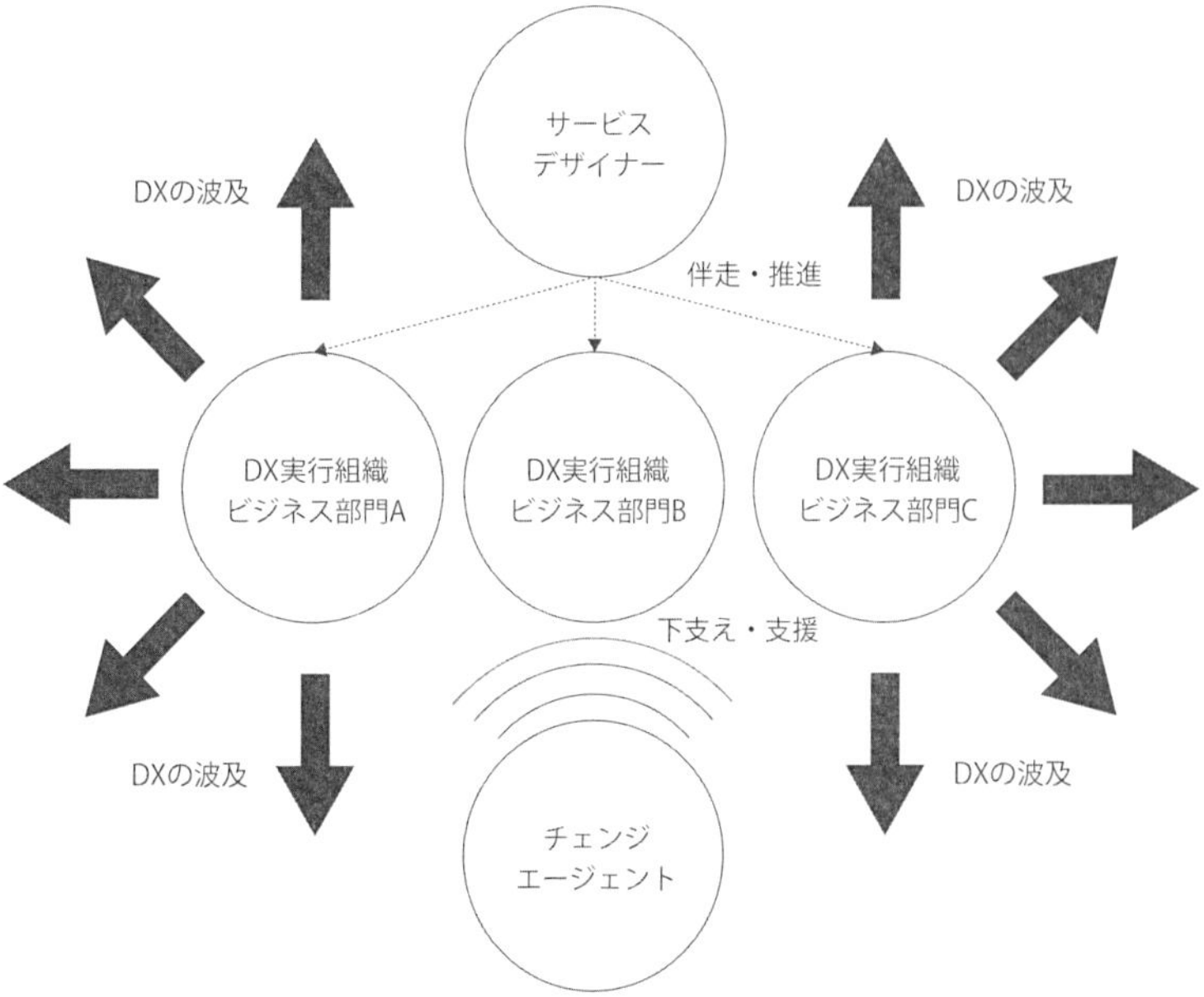

出所：筆者作成。

　ただ、企業文化、風土の変革において、大事になってくるものがもう一つあります。それは経営層の思い、変革への情熱、一貫した内容を説き続ける執念です。企業の中で、文化や風土を局所的に変化させるのは、やりやすい傾向にありますが、全社的にあまりいい効果を生まないこともあります。局所的な変化は、社内ステークホルダー同士で文化の違いや風土の違いを容認することになってしまうからです。そこで時間がかかっても、一貫して全社的に統一的な企業文化と風土の変革を説

き続けることで、トップダウンでの企業文化、風土変革がなし得ていきます。このようにサービスデザイナーやチェンジエージェントなどのDXの取り組みを実践する役割が横断的にかつ継続的に企業文化、風土の変革に多くの気づきを与え続けていき、それをトップダウンで支え、カルチャーリセットを実施していく。これは一見するとビジネス効果をすぐに生むプロセスに見えないかもしれませんが、それ以上に長期的視点での全体構造の改革＝真のリストラクチャリングにつながっていきます。

3 サステナビリティ・トランスフォーメーションとサービスデザイン

ここまでで、サービスデザインとDXの関係性、そして組織、文化を踏まえたDXを実践するためのサービスデザイナーとチェンジエージェントの関わりを紹介してきました。では、このDXの実践の営みの先には何があるのか。この実践をしながら次に見えてくるのは、企業体として稼ぐ力をつけ、持続可能な組織体を形成しつつ、気候変動や人権などに対応し、持続的な社会への貢献を投資家に伝えていくサステナビリティ・トランスフォーメーション（以下SX）です。

2022年8月の経済産業省の「伊藤レポート3・0（SX版伊藤レポート）」（以下伊藤レポート）では、「社会のサステナビリティと企業のサステナビリティの同期化させていくこと」をSXとしています。DXの推進はSXにおける企業サステナビリティの一部であり、社会と企業のサステナビリティ全体を見ていくことがＳＸにつながっていきます。ＤＸとＳＸだとスケール感や見ている方向性が違うように見えますが、地続きです。では、このスケールの大きいＳＸでサービスデザインの価値は、どのあたりで発揮できるのでしょうか？　サービスデザイナーは、このＳＸの取り組みのいくつかのポイントで大事な役割を担うことができます。

３・１　社会と企業の関係性の中での「目指す姿」の明確化

企業活動の営みの中で、中長期の市場環境や自社のポジショニングを検討することはよくあります。ただＳＸ観点だと実現していく上で検討すべきことは、社会課題などへ対応するための長期的に価値提供すべき領域と企業の持続的な事業活動実現に向けて、解決すべき課題領域の重なっている部分になります。この重なっている部分がＳＸにおける「目指すべき姿」です。

この部分を検討するのに有用な手法として、伊藤レポートでは「バックキャスティング」と「フォアキャスティング」を組み合わせることを紹介しています。バックキャスティングには、いくつかデザイン的な手法があり、フォアキャスティングにもデザイン思考をはじめとした体型だったデザインのメソドロジーがあるため、サービスデザイナーとの親和性の高い領域と言えます。自社の経営層のＷｉｌｌをしっかり取り込みながら、社会環境の変化

図表9－5　SXにおける目指すべき姿

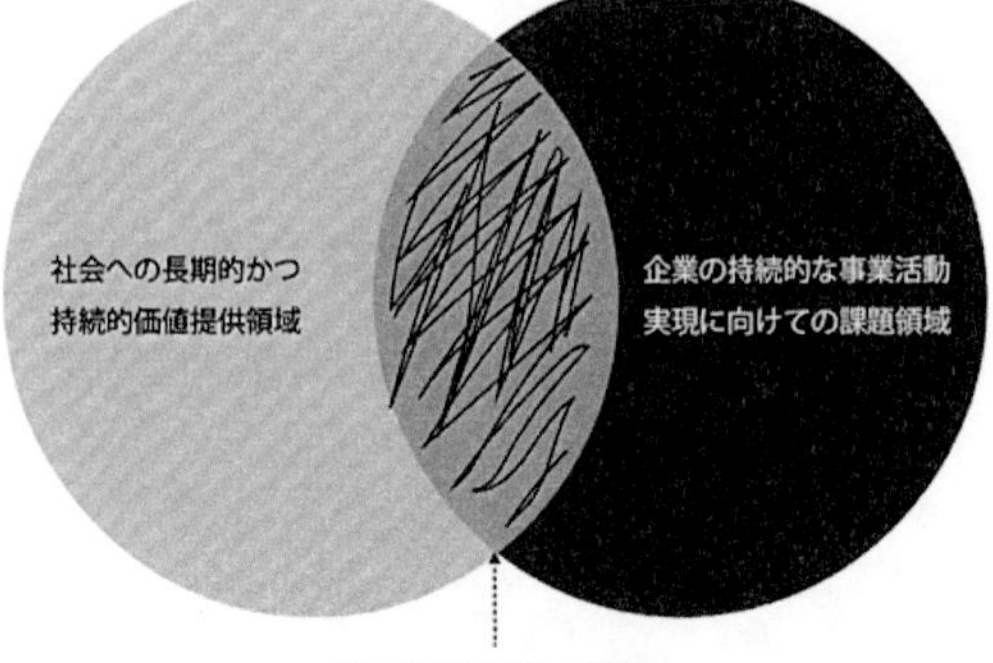

（注）「社会への長期的かつ持続的価値提供領域」と「企業の持続的な事業活動実現に向けての課題領域」の重なった部分が，「SXにおける目指すべき姿」。
出所：筆者作成。

や市場の変化から、自社が長期的に将来取るべきポジションを検討（バックキャスティング）していき、また現状の企業体としての資産や強みと脅威や弱みを理解し、持続可能な事業活動を検討（フォアキャスティング）する手法では、不確実な未来を描きつつ、現状理解を部門を超えて実施していくことが肝要です。

サービスデザイナーは製品、サービスの俯瞰的、統合的にデザインするスキルを活用しながら、これらの不確実な未来をステークホルダーと一緒に紐解き、また部門を超えた企業体としての課題理解し、そこからの事業活動の創造を検討できます。もちろん業界知見を持つサブジェクトマターエキスパートやビジネスアナリスト、企業の経営幹部が一緒になって検討していきますが、この活動をリードしていく一人として、サービスデザイナーがいます。

3・2 バリューチェーン全体での持続可能な事業活動の向上とサービスデザイン

企業活動を持続可能なものにしていくには、事業活動におけるバリューチェーン全体を持続可能な価値創造できるモノに仕立てておく必要があります。事業活動に必要なさまざまな社内関連部門、外部サプライヤーやパートナー企業を踏まえて、伊藤レポートでもいくつかの観点でバリューチェーン全体の構築、変革していく必要があると紹介しています。コスト利益配分の適正化やリスク管理の体制の構築などがその観点に該当しますが、ここでは、バリューチェーンの変革からの生産性向上という観点から持続可能な価値創造活動をつくるためのデザインを見ていきたいと思います。

まずバリューチェーン全体の可視化をし、様々なステークホルダーの全体像また、各ステークホルダーが実施するバリューチェーンの中での役割をみていく際に有用なのが、前段でも紹介したサービスブループリントです。サービスブループリントは企業の営みの中でのサービス、プロダクトの価値提供する際の各ステークホルダーと一連のアクションの流れが可視化されたものになります。そのため顧客と自社の営みだけでなく、関連会社や外部パートナーなど含めた全体像の詳細な把握が可能になります。サービスデザイナーは、企業が提供する価値の連鎖をエコシステムとして捉え、サービスブループリントとして可視化し、各ステークホルダーのアクションにおけるペイン（困りごと）を理解し、解決していきます。小さな積み上げの営みにはなりますが、実効性が高く、バリューチェーンの変革に寄与していきます。

また、伊藤レポートでも言及している「オープンイノベーション」がもう一つの鍵になります。中小企業、スタートアップと大企業がＤＸの実装やデジタル人材交流などから互いのバリューチェーンにおけるメリットを享受することができます。では、具体的にどうすれば推進することができるのでしょうか？　それは、先に述べたチェンジエージェントがＤＸ推進のサポートをしながら、各企業のステークホルダーをつないでいく役割も果たしますし、互いのミッションや目標感を理解していくコミュニケーションとそれらを一つの方向へまとめていくファシリテーションの側面から多様な企業との共創する環境を作っていくことができます。「オープンイノベーション」は実装していくのに困難を伴うことが多いですが、チェンジエージェント、サービスデザイナーがこれらを推進していくことができます。

4　サービスデザイン視点でのＤＸとＳＸ

ここまで駆け足でしたが、サービスデザインの役割とその視点からのＤＸ、その先にあるＳＸについてご紹介してきました。こうしてみるとサービスデザイナーやサービスデザイン自体が魔法の杖のように見えてしまうことがありますが、決してそうではありません。

DXにおいてもチェンジエージェントがしっかりサポートしてくれる上で、サービスデザイナーが推進していくことができますし、SXにおいても、社会と企業の持続可能性にコミットする視座を持つ経営層や投資家がいることで、初めて足元の活動が実行できます。DX・SXの推進が求められる昨今において、推進主体は、それぞれのビジネスを率いる方々になりますが、ビジネスや社会トレンドだけでなく、顧客、ユーザーの視点で全体を俯瞰し、伴走してくれる存在がサービスデザイナーです。各ステークホルダーと共創、伴走し、一歩引いたコンサルタントの立場ではなく、しっかり各ビジネスに向き合い、コミットしていくサービスデザイナーになっていくことで、ビジネスとサービスデザイナーはより良い関係性を築くことができ、DX・SXの推進にインパクトを与えることができると思います。

【参考文献】

経済産業省「高度デザイン人材育成の在り方に関する調査研究報告書　概要版」2019年3月29日.
経済産業省「デジタルガバナンス・コード2・0」2022年9月13日改定.
経済産業省「伊藤レポート3・0（SX版伊藤レポート）」2022年8月30日.

第10章　ブランドデザイン——BX・ブランドデザインの新しい概念——

1　これからのブランドモデル—BXの6領域—

①　ブランドにこそ事業変革のカギがある

本章では、基本的なブランドデザインの考え方とともに、生活者発想で事業を変革するブランドデザインの新しいモデル「ブランド・トランスフォーメーション（BX）」について解説していきます。

私たち博報堂ブランド・イノベーションデザインでは、長らく多岐にわたる業種・業態の企業をブランディングの観点で支援してきました。商品やサービス、事業、企業（コーポレート）のブランディングまで、レイヤーも様々です。

近年、生活者の価値観や環境変化に伴い、「ブランド」の役割も変容してきています。ブランド名の認知を高め、イメージや付加価値の向上を図るだけでは、生活者に支持されるのは難しくなっています。デジタルですべてがつながる今、ブランドは企業が構築して発信するものではなく、企業と生活者、そして社会との共創によって形成される側面が色濃くなっているのです。

私たちはブランドにこそ今後の事業変革や事業成長のカギがあると考え、ブランドを軸に事業を変革していくことを「ブランド・トランスフォーメーション（ＢＸ）」と定義しました。このモデルは、ブランドの実務を行う中で、私たちが整理したブランド経営のためのオリジナルの考え方です。

ＢＸでは、具体的に６つの領域を変革していくことで、ビジネス全体を再設計していきます。後段でそれぞれ解説しますが、はじめにブランドやブランドデザインという言葉の定義について、意識合わせをしておきたいと思います。

② ブランドとは、固有性である

世の中にあるほとんどのものやことが、ブランドの対象になります。日本の老舗企業や、グローバルのテック企業。ラグジュアリーブランド、最先端のデジタルデバイス、自動車の車種。単価が安い駄菓子だってブランドです。コシヒカリや松坂牛といった品種や、芦屋、軽井沢などの地域もブランドです。

では、ブランドはどういうときに成り立つのでしょうか。ブランドにとってもっとも重要なことを挙げると、「他にない」こと、つまり固有性だと考えられます。そもそもブランドの発端は、イギリスの酪農家が「自分の牛だ」と識別するため、牛に焼き印をつけた（＝burned）ことだといわれています。他とは違うユニークさ、〝らしさ〟があることがブランドの語源なのですその前提に立つと、ブランドデザインとは「生活者にとって魅力的な固有性を、様々な手段を駆使して設計すること」と定義できます。もちろん、他と違えばどんな要因でもいいわけではありません。その固有性が生活者や顧客から見て魅力的であることも、要件になります。

そして固有性を設計して具現化するには、ブランドを中心に、商品やサービスの戦略、コミュニケーション戦略、人材戦略や経営戦略などのあらゆる企業活動を統合して実行していくことが必要です。ブランドとはすべての企業活動に関係する、ある意味で経営の根幹に据えるべきものだととらえています。

ブランドをつくると、どのようなメリットがあるでしょうか。たとえば他の商品と比べて固有性が際立っていると、ロイヤルティが上がり、差別化されて売りやすくなります。少し高くても選ばれる可能性もあります。消費者にニーズがあれば、小売業や卸売業もそのブランドの取り扱いを望むので、メーカー側は商談や流通対策を優位に進められます。また、自分が勤める企業が周囲から「良いブランド」だと思われていることは、従業員のモチベーション向上につながります。さらに、最近よく聞くようになったパーパスに関連しますが、ブランドを通して企業や事業の方向性が明確になることもあります。

③　よいブランドが内包する有機的な連携

このように、ブランドの確立は企業活動の効果と効率を高め、中長期的な利益の原動力になります。ここで強調しておきたいのは「ブランドをつくることは、表面的なイメージアップの活動ではない」ことです。これはＤＸにおける誤解に似ています。ＤＸは本来、デジタル化という手段によるビジネス変革を指していますが、それをはき違えて表面的なデジタル化が目的になり、自社ならではのトランスフォーメーションを実現できないケースがよく見られます。

コロナ禍の混沌とした状況下でも、ブランドを経営の根幹に据え、重要な複数領域と連携して推進できれば、ブランドはビジネス変革を起こす手段として働きます。そして、利益を生み出す原動力になります。この考えを、冒頭で紹介したように、新しいブランドモデル・ＢＸとして提唱しています。

ＢＸは、中心に生活者にとっての価値（＝ブランド）を置き、その周囲にブランドにとって重要な６つの領域を配置したモデルです。ＢＸが円滑に推進されている状態とは、この６つが連関し、常に改善・向上している状態です。

たとえば、パーパスに基づいてビジネスプロセスを構築すると、それに伴って商品・サービスが変わり、適切なコミュニケーションも変わります。現代ではＳＮＳを筆頭に双方向が基本なので、顧客も社内も含んだ〝仲間〟としてのコミュニティが生まれ、そのコミュニ

図表10－1　これからのブランドモデル（BXの6領域）

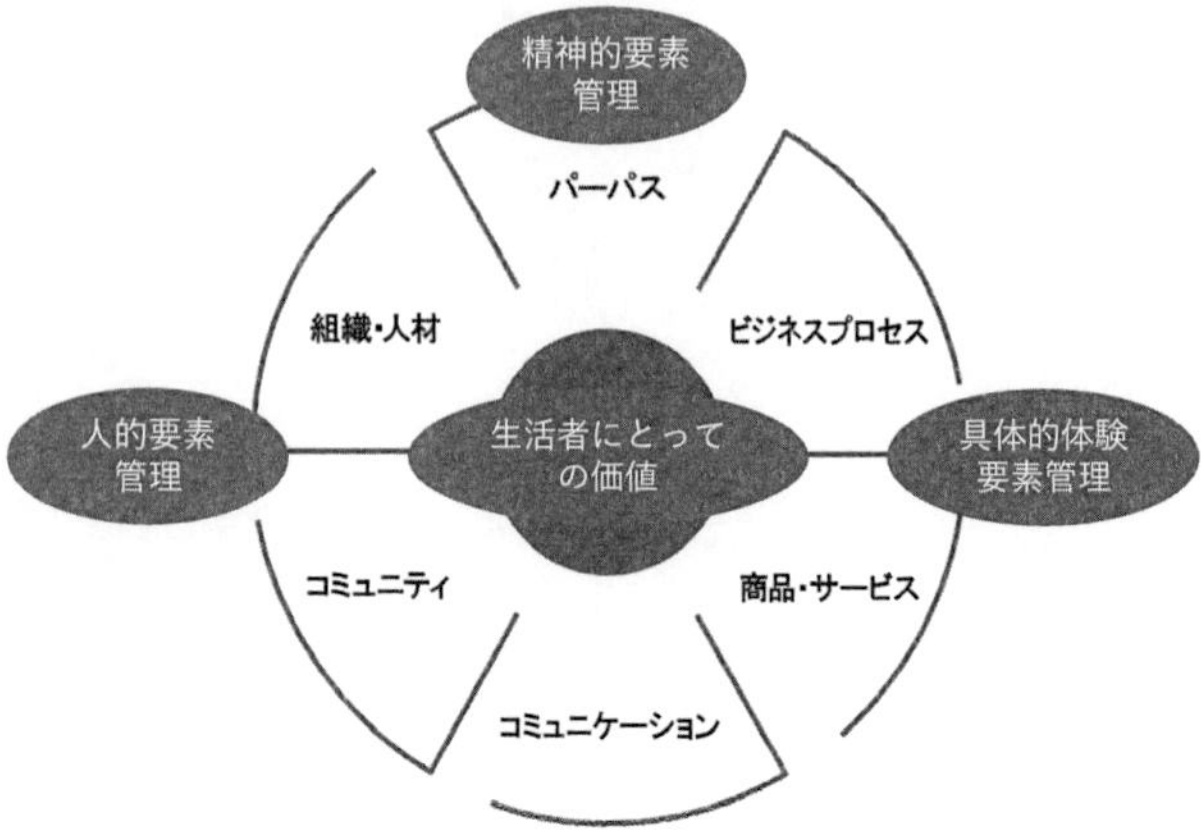

出所：博報堂。

ティと呼応する形で社内の組織・人材がアップデートされていく、といった感じです。よいブランドとは、それぞれの領域が単独で機能しているのではなく、有機的に連携していることが重要なのです。

　ブランドとは、こうした要素全体が社会や顧客の活動と連携し、生態系（エコシステム）のように活動していくものととらえてみるとよいでしょう。

　このようなモデルを考案した背景には、ブランドのつくり方が大きく変わってきたことが挙げられます。具体的には、ブランドの論点が「Perceptionの競争」から、「Participationの共創」へとシフトしています。

　コミュニケーションが一方向だった時代、ブランドとはイメージづくりを指すことが中

図表10－2　ブランドの価値軸の変化

これまで：Perceptionの競争

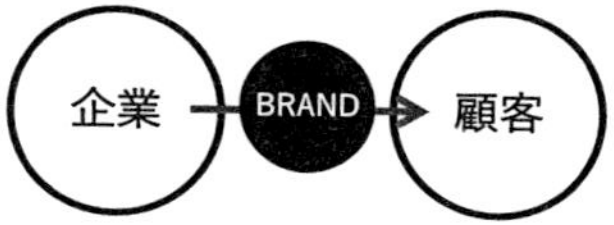

これから：Participationの共創

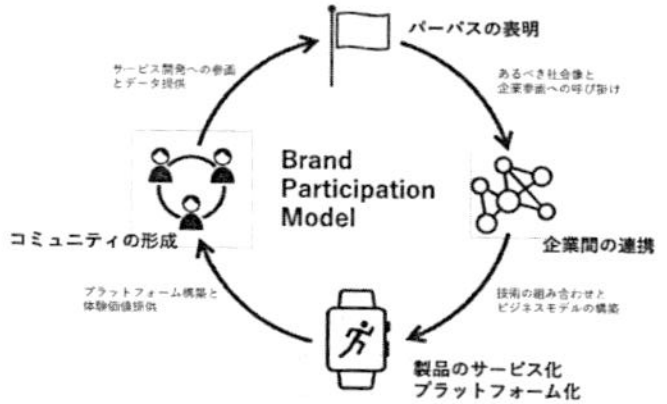

	これまで	これから
ブランドの主語	企業や商品が主語（主語＝I）	社会が主語（主語＝We）
ブランドの力点	モノ起点/広告による発信	サービス起点/事業自体による発信
プロセス	ウォーターフォール/一方向型	アジャイル型
生活者との関係	コントロール/一方向型	共創/双方向型
生活者の行動	購入	参加
重視点	支払い金額に見合う品質があるか	共に過ごす時間が豊かになるか
成果	ビジネス成果中心	ビジネス成果と社会成果の両立

出所：博報堂。

心でした。そのため、企業はマス広告を中心に、イメージ（パーセプション）の形成で差別化をはかろうとしていました。それが今は、単なるイメージ形成ではなく「ブランドに共感する人をいかに集めるか」という仲間集めが行為の主軸になりつつあります。つまり、社会の中での存在意義を明確にし、そこに共感する仲間（参加者）を集めながら、共創型でブランドを築き上げていく、という方法です。それにデジタル化の流れが合わさって、ブランドの価値軸も、図に挙げた様々な観点での変化が起きているのです。

2 パーパスX：主語が「自社」から「社会」にシフトしている

では、各領域のトランスフォーメーションを解説していきます。これからのブランドモデル「BX」では、次の6つを重要な領域として定義しました。

・パーパス
・ビジネスプロセス
・商品・サービス
・コミュニケーション
・コミュニティ
・組織・人材

それぞれの領域では、先の図のように連関が生まれるよう、それぞれがトランスフォーム

（X：変革）していくことが大事です。たとえばパーパスの変革なら「パーパスX」と表しています。

では、近年よく聞かれるようになったパーパスとは、そもそも何なのかという点からひも解いてみます。パーパスとは、自分たちは何のために存在するのか（WHY?）という組織・企業・ブランドの「社会的存在意義」を表します。

そこでは、大きく2つの要素が表明されています。一つは、事業を通じて創り出したい未来の社会の姿。もうひとつは、その社会におけるブランドの役割です。博報堂ではこの2つを行き来しながら、パーパス策定を支援しています。

これまで企業やブランドでは、事業を推進する上での「ミッション（使命）」や「ビジョン（実現したい姿）」が語られてきました。パーパスはこれらと対立はしませんが、主語が「自分たち（自社）」から「社会」にシフトしているのが大きなポイントです。自社からの一方向的な主張ではなく、様々なステークホルダーを擁する大きな船のような社会を前提に、自社の意義を考えます。

なぜ、そうした考え方が生まれたのでしょうか。背景には大きく、社会的な要請と、インナー（社員・従業員）や顧客の意識の変化があります。

前者ではたとえば気候変動のような、1社だけでは太刀打ちできない課題が顕在化し、自社の利益偏重から社会全体の利益にも意識がむいてきていることが挙げられます。ミレニアル世代やZ世代がマジョリティになる中で、従業員が自社の役割や存在意義をより重視するようになり、顧客も企業の行動の正しさや情報の透明性を意識するようになっています。社会における自社の役割を規定せずには、もはや企業は求心力を持ち得なくなっているのです。そのため、パーパスが重視されるようになりました。

企業やブランドは今、社会を前提に自社の役割を表明する必要に迫られているのです。2020年には、世界経済フォーラム年次総会・ダボス会議において「株主資本主義」から「ステークホルダー資本主義」に変わっていくべき、といった宣言も出されました。この中でも、企業のパーパスは、すべてのステークホルダーを持続的な共通価値づくりに巻き込むためのものだと提示されています。

そのようなパーパスをブランドに反映していくためには、経済価値だけでなく、社会価値にも目を向けることが大事になります。経済価値は、いわゆる売上や利益の向上を指しますが、社会価値とは社会や環境への〝アウトカム〟を指しています。ここでアウトカムとは、何らかの活動の結果であるアウトプットに対して、どのような成果が得られたかを意味します。たとえば就労支援プログラムを実施した際、その回数や参加人数がアウトプット、実際に就労意欲が向上し就労が実現したかどうかがアウトカムになります。

パーパスを策定し、それに基づいてアクションをした際に、経済価値だけでなく社会に好影響をもたらす社会的なアウトカムももたらせることが、BXにおけるよいパーパスX（パーパス・トランスフォーメーション）です。創り出したい未来の社会の姿と、そこにおけるブランドの役割を行き来して考えながら、パーパスを策定していきます。

3　ビジネスプロセスX：パーパスを具現化・収益化するビジネスを考える

次は、ビジネスプロセスです。パーパスを決して〝絵に描いた餅〟にせず、しっかりと実現するためには、どのような事業活動でパーパスを具現化すればいいのかを検討し、ビジネスのプロセスを変更するのがこの領域です。

重要なのは、手前のパーパスにおいて、社会価値を考えておくことです。そして、その事業やブランドの社会的な存在意義を、どのようにビジネスとして収益性があり持続可能な形にするかを考えていく必要があります。

これは、自社の利益と成長を第一義とする旧来のビジネスとは異なります。以前は、自社ができることと、見込みの市場規模や利益率を踏まえ、勝ち目があればビジネス化するプロセスが一般的でした。つまり、あくまでも自社が主語でした。

それに対し、社会的存在意義であるパーパスを踏まえたビジネスプロセスでは、パーパスが立脚点です。ただ、パーパスを単に言葉で提示するだけでは形骸化するので、収益活動として持続させる手段としてビジネス化を検討します。この転換が、ＢＸにおけるビジネスプロセス・トランスフォーメーションです。

では、パーパスをビジネスプロセスでどう具現化していくかを考えてみます。たとえば、「心を動かし、人と人をつなげるブランド」というパーパスを掲げる、ある音楽配信ブランドAのビジネスを整理してみると、次のようになります。

Aは、（＝ブランド）
音楽を創作・発信する人と楽しむ人を増やすことを通じて、（＝ＫＰＩ）
心を動かし、人と人をつなげるブランド。（＝パーパス）
「創造し表現する人を増やす」という信念を大切にし、（＝行動指針）
ミュージシャン支援や気軽に音楽を楽しめる配信ビジネス・カルチャー創生等の事業を行い、（＝ビジネス）
事業を通じて音楽の作り手・受け手双方にインスピレーションを提供する。（＝顧客価値）

こうして列挙すると、パーパスの具現化のために、ビジネスが位置付けられていることがわかります。

目指すパーパスがあり、それを実現するために利益を生み出し続ける活動が、ビジネスです。企業側と顧客側、両方が交わるところを掘り下げて、顧客の「ほしい」に応えてブランドが「できる」ことを拠出し価値を提供するほど、ビジネスが成長するのです。

また、パーパスの実現という大きなゴールの手前に、どのような指標を追うとゴールに近づくのかというＫＰＩがあります。ＫＰＩに適切な指標を設定することも、ビジネスプロセスの大事な要件です。

ＫＰＩは、その達成が企業側の押しつけになっていないかを、よく精査しなければなりません。顧客の視点で、「お金を払ってでもほしい」と思うような事業活動が実現できているかを測れる指標を据えます。事業として持続してパーパスに到達するためのＫＰＩ、つまり事業視点の指標と、それが生活者にどれだけ価値をもたらし、お金を払ってでもほしいと思っていただけるかという生活者視点を常に行き来しながら、ビジネスプロセスを考えていく必要があります。

パーパスを「社会的存在意義」と表しましたが、ビジネスプロセスをひとことで言うなら、「顧客がお金を払う価値のある活動」になるでしょう。

4 商品・サービスＸ：魅力ある固有の価値を、生活者の体験として具現化する

パーパスに基づき、顧客の視点を加味して持続的に収益化するビジネスプロセスによって具現化するのが、新しいブランドモデル・ＢＸだと述べました。次の商品・サービスは、ビジネスプロセスと表裏一体の関係にあります。

ビジネスプロセスは、企業の側が「顧客がお金を払ってもいいと思う価値」をどうつくるかということで、いわばブランド運営の裏方、バックエンドです。対して、商品・サービス

は「生活者がそれを『し続けたい』と思う一連の体験」を指しており、ブランド運営の目に見える部分、フロントエンドの活動です。

商品・サービスは、生活者が実際に体験するものです。それ自体に価値を見いだせなかったり、入手や使用にストレスが多く使用を続けられなかったりする場合、ビジネスが成り立たず、パーパスの実現も期待できません。商品・サービスのトランスフォーメーションとは、商品・サービスをビジネスプロセスやパーパスと連携する形へと転換しながら、生活者にとって魅力的な固有の価値（=らしさ）を、生活者の体験として具現化していくことです。

そもそも商品・サービスは近年、大きく変容してきました。かつては企業視点で、自社に技術があり市場性も見込めるものを開発していましたが、市場が飽和するにつれて、顧客のニーズを起点に商品・サービスを設計していく方向へとシフトしてきました。

さらに最近では、生活者が物質的な価値より、それらを使うことでもたらされる体験価値を求めるようになってきています。デジタル化によって常時接続が実現したことなどから、SaaS（Software as a Service）など「XX as a Service」と呼ばれるサービスも広がっています。

それらを受けて、商品・サービスを買って終わりではなく、ブランドや企業との関係が続いていく、継続的な〝体験〟が重視されるようになっているのが現状です。今、生活者の側からは「使い続けるに値する商品・サービスか」という点が非常に厳しく問われているのです。

このように、商品・サービスが生活者にとって「買って終わりではなく継続を前提とするもの」となり、体験が大事になると、生活者にはどのような変化が生じるでしょうか。

もっとも大きいのは、商品・サービスの使用が習慣化し、ブランドに愛着を持つようになることでしょう。その体験が続くとブランドとの関係が深まり、商品・サービスが自分の実現したいことに寄与しているか、自分がブランドのパーパスに共感するか、といった観点が生まれてきます。また、そのブランドを同じように愛する仲間を求めたり、積極的につながっていったりもします。

一方ブランドは、こうした継続的で中長期的な体験をどう設計すべきでしょうか。たとえば「デザイン思考」と「UXデザイン」の考え方を掛け合わせたアプローチなどが有効です。ここでは詳細は割愛しますが、具体的な手法には、分析アプローチやデザインリサーチアプローチ、ペルソナ、あるいは複数の観点で顧客の心理や体験を掘り下げるカスタマージャーニーなどがあります。

これらを通して、生活者が何を実現したいのかを探り（機会発見）、その実現を支援する手段を提供して、一連のブランド体験を構築します。同時に、表裏一体と前述したように、ビジネスプロセスXとしてビジネスが持続的に成立する仕組みと連携させ、ブランド体験とビジネスの収益確保を両立するのです。

5　コミュニケーションX：ブランドと生活者の関係が〝常時接続〟に

続いて、コミュニケーションの領域に注目します。商品・サービスが変わると、おのずとコミュニケーションも変わりますが、ひと昔前のようにブランドから生活者へ一方向的に情報を提供するだけの時代はもはや終焉を迎えています。ブランドと生活者との双方向のやり取り、また生活者同士でのやり取りも、ネットを介して日々活発になされています。

そうしたコミュニケーション環境の変化や生活者の意識・行動の変化を踏まえて、ブランドのコミュニケーションはどのようにトランスフォームしていくべきでしょうか。

まず、現在までのおよそ20年間の変化を考えてみると、いくつかの観点が様変わりしていることがわかります。

たとえば生活者が情報を摂取する媒体、生活者のインターフェースとして、２００３年ごろまではマスメディアが中心でした。そこからの20年はデジタルメディアが徐々に広がり、２０２３年現在、私たちは特定のメディアというより生活全体がデジタル化しインターフェースとなった「デジタルライフ」を送っているといえます。その要因はインターネットが常時接続になったことですが、これにより、ブランドと生活者の関係も〝常時接続〟になりました。

また、コミュニケーションの目的も変遷しています。マスメディアの時代は伝達が主目的

図表10－3　コミュニケーションXとは

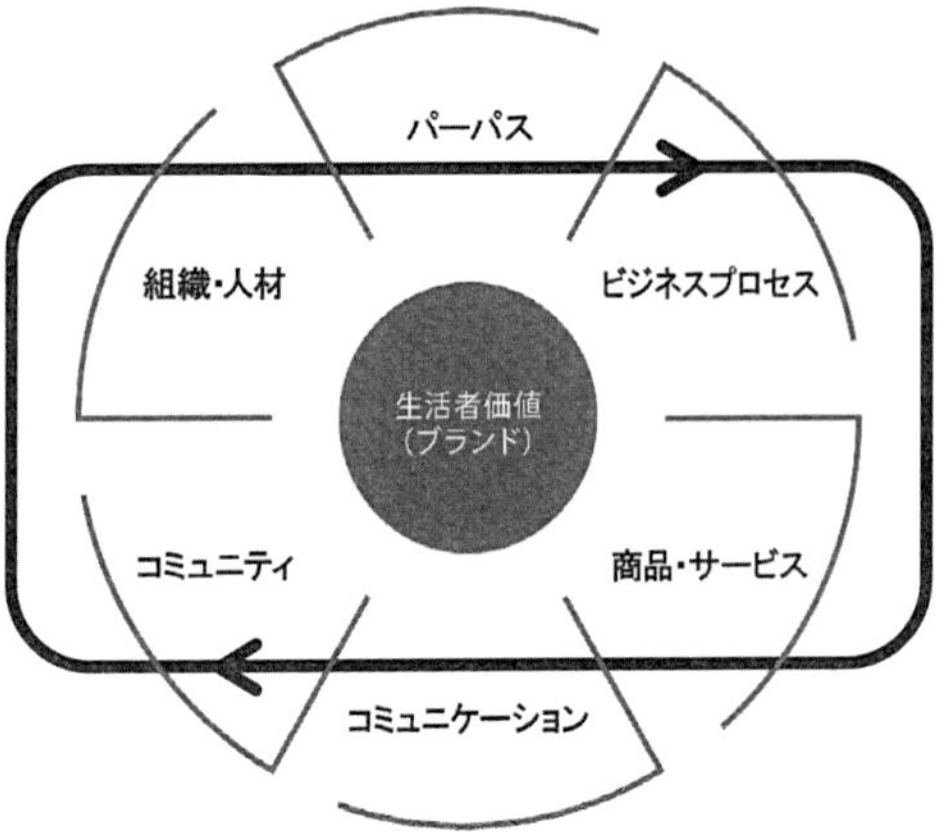

ブランドというエコシステムを動かす血流

出所：博報堂。

でしたが、デジタルメディアの時代はブランドと生活者との関係構築の意図が徐々に強まっていきました。そして今、価値の共創や、ブランドの活動に生活者が参加するなど、一歩踏み込んだ関与が生まれています。

そんな常時接続時代のコミュニケーションは、ブランドというエコシステムを動かす〝血流〟のようなものであるといえます。新しいブランドモデル・BXに立ち返ると、ブランドを中心に、周囲を囲む6領域が有機的に連関して、ブランドを運営するエコシステムが成り立っています。そこでは、コミュニケーションが活発になるほど生活者とのつながりが深くなり、システムが生き生きと動くようになります。血液のような役割を果たすコミュニケーションが、日々のブランドのエコシステムを動かしている原動力ともとらえられます。

常時接続時代のコミュニケーションのポイントをいくつか挙げると、まず直線ではなくループで考えることがあります。商品・サービスの項目で述べましたが、今や商品・サービスは買って終わりではありません。買った後にも口コミなどのコミュニケーションが発生し、それが周囲に伝播して購買を後押ししたり、逆にそうした評判に触れてリピートが発生したりします。また、デジタル化によって、リピートやファン化の状況もデータで取得できるようになりました。そうした構造を踏まえ、買ってもらった後も含めてコミュニケーションをループでとらえて、全体を最適化していくことが重要になっています。

ほかにも、生活者の声を聴くための回路をつくることや、世の中の課題を把握してその解決に取り組むことも、コミュニケーションXにおいて重要です。

6　コミュニティX：顧客や生活者から仲間を集め、ともにパーパスを実現する

コミュニケーションに隣接しているのが、コミュニティです。

ブランドと生活者とのコミュニケーションが深まったり、ブランドへの共感が高まったりすると、両者の間に連帯感が生まれ、社内外を超えたコミュニティが生まれます。また、商

品・サービスの項目で述べましたが、ブランドに愛着を持つようになると、同じくブランドを愛する人たちとつながりたい気持ちが生まれ、ユーザー同士のコミュニティができることもめずらしくありません。

コミュニティは、ブランドの要素の中では比較的新しい領域で、まだビジネス領域として確立しているわけではありませんが、今注目を集めつつあります。端的にいうと、ブランド運営においては、購入後の〝仲間集め〟が大きなテーマになっているからです。それを実現するように転換していくのが、コミュニティのトランスフォーメーション、コミュニティXです。

先に「コミュニティ」の言葉が意味することを少し整理しておきます。このシフトも、まさに今起きていることです。

今までマーケティング領域におけるコミュニティというと、一般的にファンを囲い込んでロイヤルティを高めていくことが有効とされ、実践されてきました。一方、BXの実践においては重視しているコミュニティは、そのような閉じた形態とは少し異なります。商品・サービスのファンやユーザーを囲い込んだ集団ではなく、パーパスに共感しその実現へ協力し合う、ブランドと生活者のある集団を「コミュニティ」としてとらえ直しています。

実際、パーパスの主語が「社会」である以上、ブランドと一定の閉じたファンの間だけでの集団でパーパスを実現するのは難しいでしょう。顧客や見込み顧客（ブランドに興味を持つ人）を中心に、活動を推進する他の参加者も加わりながら、ブランドと顧客が一体となっ

図表10－4　ブランドデザインにおいて重要なコミュニティの捉え方

共通の目的（パーパス）に向けて協力し合う（参加）
ブランドと生活者（≠ファン）の集団

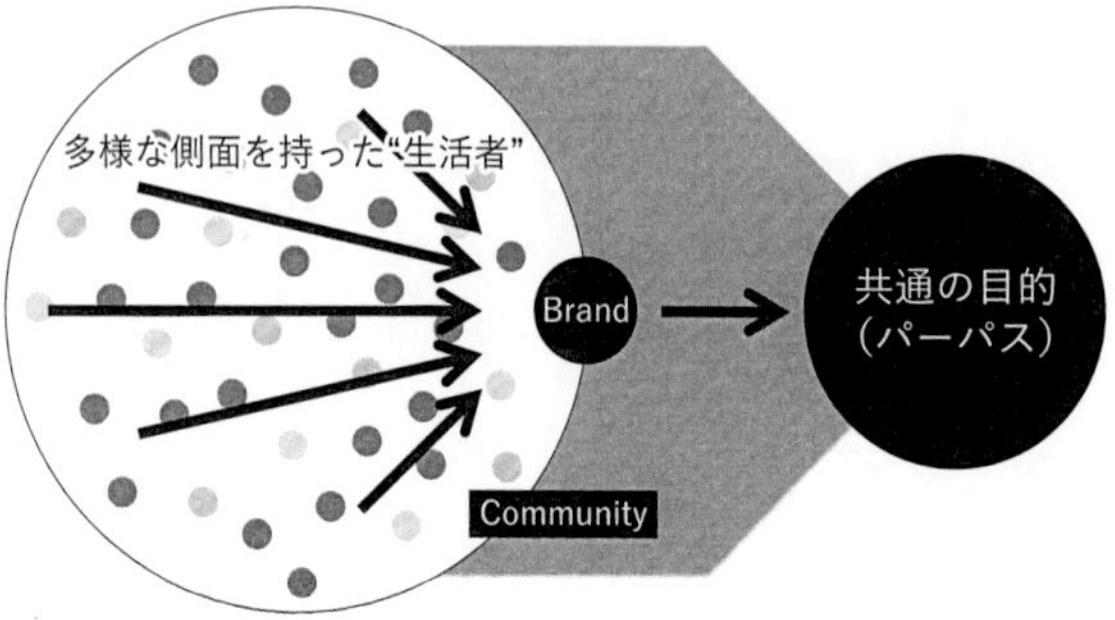

出所：博報堂。

てパーパスの実現を目指すのが、ＢＸにおけるコミュニティのあり方です。

なぜ今コミュニティが重視され、〝仲間集め〟の動きが活性化しているのでしょうか。ここには主に2つの背景があります。

商品過多・情報過多の中で、売り場という接点だけでブランドの価値を届けるのが難しくなっていること。そして、ブランドと生活者が常時接続するというデジタルシフトが進んでいることです。これらの変化から、ブランドと生活者との新しい関係構築が求められているのです。実際、たとえば顧客との対話を続けて進化するＤ２Ｃブランドや、かつては一方向的な商品提供をしていた大手企業によるサブスクリプションビジネスなどが目立っています。

こうした状況は、ブランド運営の戦略

が「競争戦略」から「共創戦略」へとシフトしていると読み解けます。以前はＳＴＰ型(Segmentation, Targeting, Positioning)のマーケティングにのっとった、競合にいかに打ち勝つかを重視した競争がビジネスの基本でした。一方、現在は競合ではなく顧客や生活者に向き合い、よりよい社会の実現、あるいは社会においてブランドが目指すこと(パーパス)の実現のために、どのように仲間を集めるのかという思考がベースになりつつあります。共に創る「共創」によってブランドを運営する、コミュニティ視点のブランドデザインが広がりつつあるのです。

私たちは、こうしたコミュニティ型のブランドデザインを「ＰＩＰ型のブランディング」と名付けました。Purpose, Interaction, Participant の頭文字を取っています。これらは、コミュニティを構成する上で大事な3つの要素です。

パーパスは、ブランド側だけでなく、コミュニティを構成する皆で取り組む共通の目的になります。顧客や見込み顧客とともに、共通の目的を達成するためのコアな活動をインタラクティブに進めていくことが、ＰＩＰ型のブランディングであり、コミュニティ視点のブランドデザインの実践です。

7 組織・人材X：パーパスに基づきブランドを推進する組織と人材

最後に、組織・人材の領域のトランスフォームを解説します。

図表10－5　ブランドデザインを牽引する組織の在り方

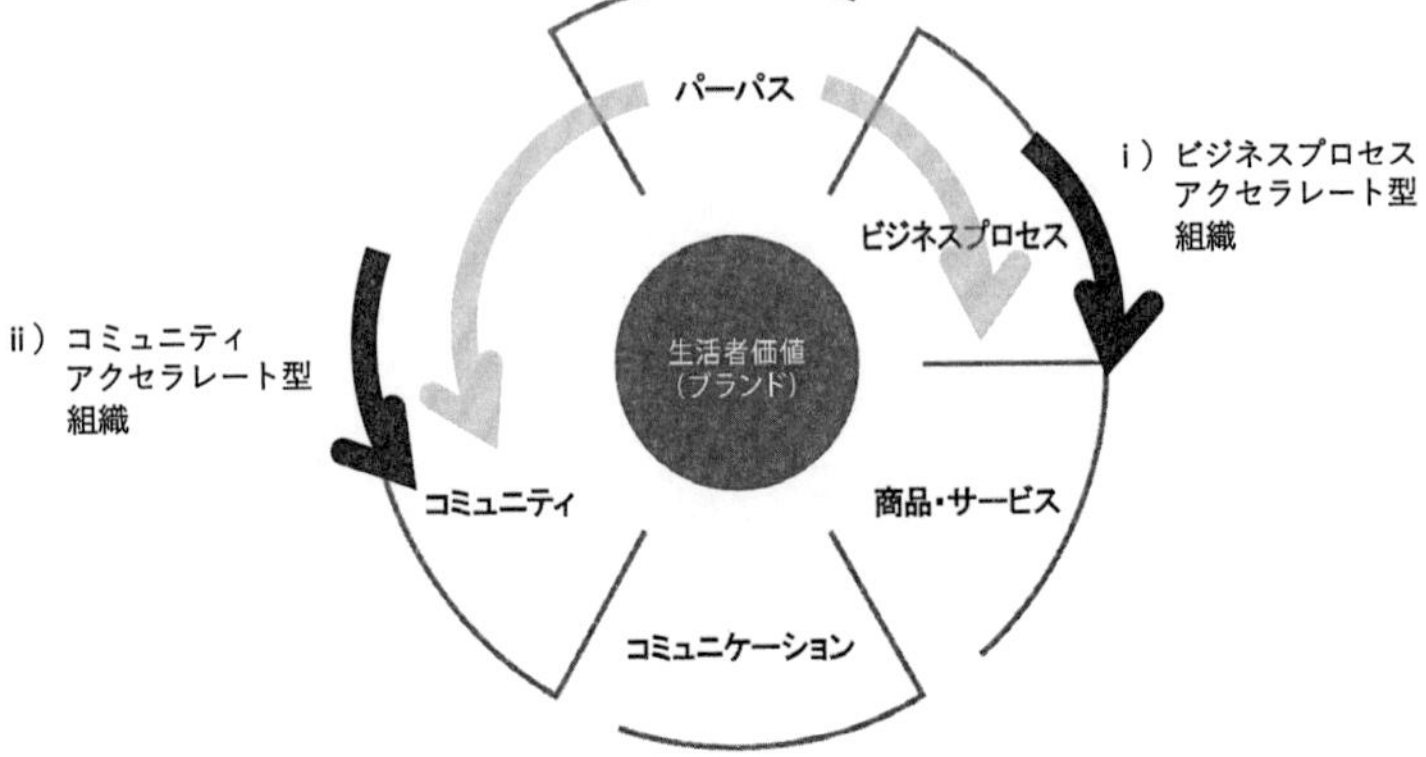

出所：博報堂。

この本では、BXにおいて重要な6つの領域のうち、便宜上パーパスから右回りに解説してきましたが、左回りでもかまいません。

右回りの連携を、ビジネスプロセスと商品・サービスという具体的な要素から、コミュニティや組織・人材の人的要素へとつながる「ものの周り」の連携、左回りの連携を逆に人的要素から具体的な要素へとつながる「人周り」の連携と呼んでいます。これらを組織の観点からとらえると、前者を「ビジネスプロセスアクセラレート型組織」、後者を「コミュニティアクセラレート型組織」と表すことができます。

それぞれの組織の好例を紹介してみます。

まずビジネスプロセスアクセラレート型組織でいうと、ある外資系ECサイトでは、顧客体験の最大化を目指してそのニーズに応え、品ぞろえを広げていきました。やがて商品購入以外のサービス的なニーズにも応え始め、自社商品やサービスの開発にまで手を広げましたが、この間で組織のあり方を改めています。企業理念や行動指針を再定義し、従業員が同じ価値観の下でそれぞれ異なる事業に向き合えるようにしたのです。たとえば、短期的利益だけを追わない報酬体系にしたりして、自分や自分の部門だけの利益を見ないようにしています。

また、ある国内BtoB企業では、ビジネスモデルの改変に伴って事業横断組織や新組織を立ち上げました。同じタイミングでパーパスを策定し、企業文化の改革にも着手しています。

複数のビジネスプロセスアクセラレート型組織の事例から、そのポイントをまとめると、次の3つが挙げられます。

・新しいビジネスプロセスにフィットする組織や体系やシステムを、大胆に構築する（足りないスキルは外部調達も視野に）。

・カルチャーコードやルール、コアバリューなどを通じて、新しいビジネスプロセスに社員の意識や行動をフィットさせていく。

・何を目指す新しいビジネスプロセスなのか（WHY）を社員と共有する。

一方、コミュニティアクセラレート型組織の例を挙げると、ある世界的な玩具メーカーは、子ども向けの娯楽が増えたことなどで90年代から苦戦を強いられていました。00年代、事業

図表10－6　ブランドデザインを牽引する人材のあり方

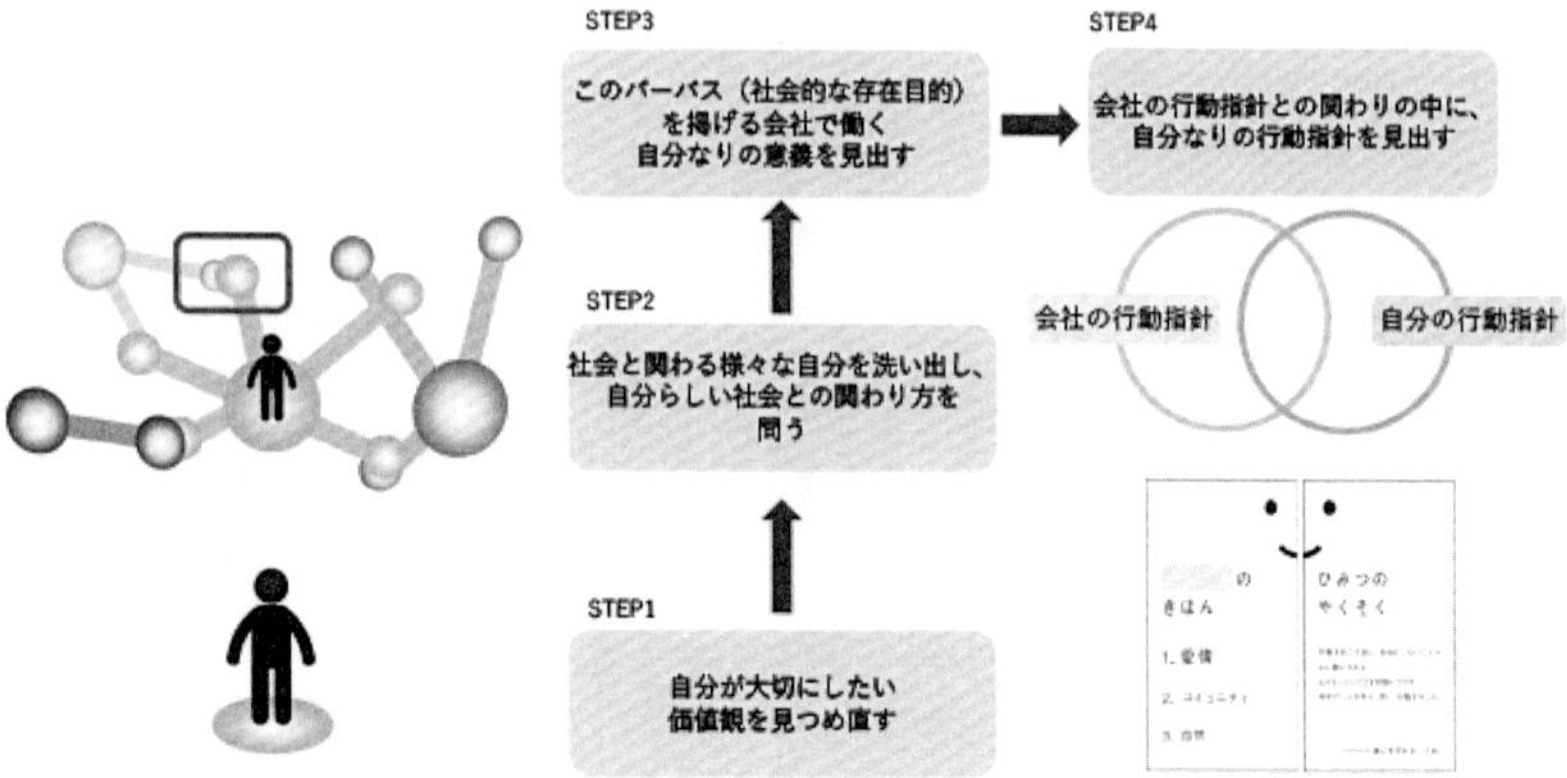
STEP3
このパーパス（社会的な存在目的）を掲げる会社で働く
自分なりの意義を見出す
STEP4
会社の行動指針との関わりの中に、
自分なりの行動指針を見出す
会社の行動指針
自分の行動指針
STEP2
社会と関わる様々な自分を洗い出し、
自分らしい社会との関わり方を
問う
STEP1
自分が大切にしたい
価値観を見つめ直す
のきほん
ひみつの
やくそく

出所：博報堂。

の多角化を模索したもののうまくいかず、本業に立ち返り、根強いファンを味方にファンコミュニティを形成しました。商品開発のヒントを得たことを機にプロダクトを見直し、V字回復に漕ぎ着け、最終的にはミッションの再定義に至りました。

コミュニティアクセラレート型組織のポイントは、次の3つです。

・集う目的（パーパス）を明確にする
・コミュニティメンバーから直接フィードバックアイデアをもらえる回路を持つ
・働く社員こそをブランドのユーザーでありファンにする

では、ブランドデザインを牽引する人材のあり方を考えてみます。組織（会社）とは、個人が集まった有機体でもあります。すると組織と個人それぞれの価値観や行動指針がうまく掛け

図表10－7　BXフレームワークと各要素の位置づけ

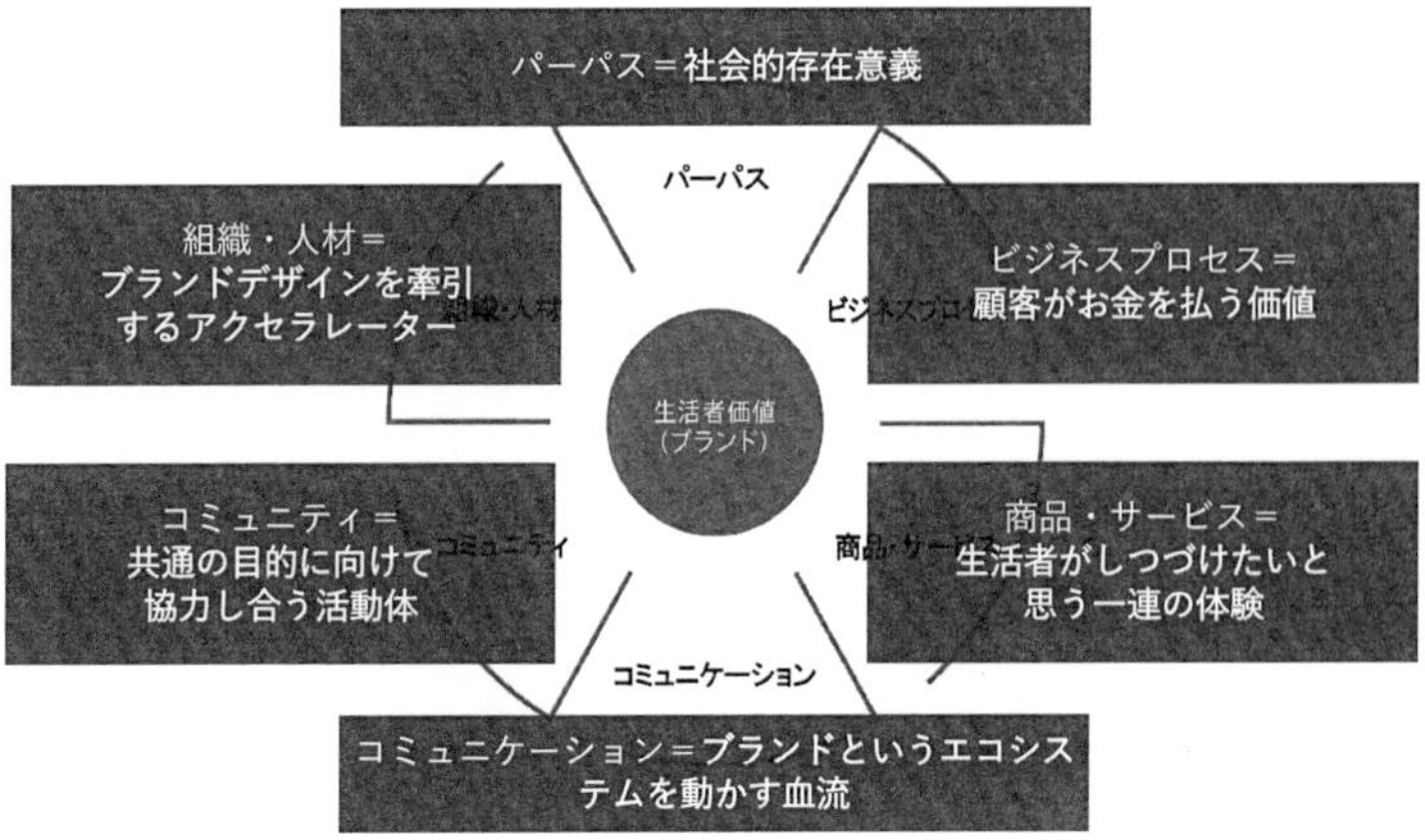

出所：博報堂。

合わさることが、パーパスの実現に寄与する組織の要件になります。

実際、以前から組織の価値観と個人のビジョンの重なりは重視されてきましたが、組織の価値観ありきだとすり合わせが難しいことが多いのが課題でした。そこでＢＸでは個人の価値観を起点に、自分らしい社会とのかかわり方を見いだしてから、組織のパーパスと照らし合わせて自分なりの行動指針を見いだす、というステップを実践しています。

ＢＸのモデルにおける組織・人材とは、ひとことでいうと「ブランドデザインを牽引するアクセラレーター」です。

以上、ブランドを中心に据え、すべての戦略を構築・実行して事業を推進していく新しいブランドモデル・ＢＸについて解説してきました。6つの領域のポイントを表したものが、次の図です。現状では、6つの領域が有機的に連携し、顧客や生活者と継続的にかかわり合う形でブランド運営が推進される例はまだ多くないかもしれません。しかし、社会環境やビジネス環境が大きく変化する中で、経営もまた大きな変化を求められています。従来のような一方通行的な企業視点だけでは、早晩、事業は立ち行かなくなるでしょう。今一度、生活者価値に立ち戻り、社会や生活者にとって本当に意味のあるブランドを提供できているのかを見直す大きな転換期を迎えているともいえます。

改めて、ブランドを単なるイメージ醸成ではなく、事業変革の肝ととらえることで、未来に向けてビジネスを大きく前進することができるのではないでしょうか。その際には、本書で掲げたブランド・トランスフォーメーション（ＢＸ）の考え方を参考にしていただけたら幸いです。

【注】

本章の作成に当たり多大な協力をいただきました博報堂ブランド・イノベーションデザイン局の小林舞氏、山形健氏、川口真輝氏、山田聰氏、上地浩之氏、福原大介氏、及び高島知子氏には改めて感謝申し上げます。

【参考文献】

青木幸弘（２０１１）『価値共創時代のブランド戦略―脱コモディティ化への挑戦』ミネルヴァ書房．

安藤元博（２０２２）『広告ビジネスは、変われるか？ テクノロジー・マーケティング・メディアのこれから』宣伝会議．

岩嵜博論（２０１６）『機会発見―生活者起点で市場をつくる』英治出版．

武邑光裕（２０１８）『さよなら、インターネット――ＧＤＰＲはネットとデータをどう変えるのか』ダイヤモンド社．

パイン２世 B．ジョセフ&ジェームズ H．ギルモア、岡本慶一・小高尚子訳（２００５）『経験経済』ダイヤモンド社．

ピーター・ディアマンディス&スティーブン・コトラー（２０２０）『２０３０年：すべてが「加速」する世界に備えよ』ＮｅｗｓＰｉｃｋｓパブリッシング．

フィリップ・コトラー、ヴァルデマール・ファルチ、&ウーヴェ・シュポンホルツ、鳥山正博監訳・石丸由紀・大阪裕子訳（２０２１）『コトラーのＨ２Ｈマーケティング「人間中心マーケティング」の理論と実践』ＫＡＤＯＫＡＷＡ．

ランス A．ベッテンコート．、パイン２世 B．ジョセフ．、&ジェームズ H．ギルモア、デイビッド W．ノートン、『体験価値のその先へ、顧客とともに顧客の「なりたい自分」を実現する』、DIAMOND Harvard Business Review ２０２２年７月号．

博報堂ＤＹメディアパートナーズ メディア環境研究所「メディア定点調査２０２２」 https://mekanken.com/mediasurveys/

第11章　マーケティングデザイン
―サービス成長を見据えたデータとデザイン人材のコラボレーション―

1　サービス＆デザイン＆データの時代

興味深いチャートを紹介します。Google Books Ngram Viewer という１５００年代から直近までの書籍をデジタル化し、その中に出てくる単語の出現頻度を可視化するツールで、本章で触れたい分野である「data science」「design thinking」「service design」を検索しました。「service design」が１９６０年代から徐々に増えている一方で（正式には１９８０年代に Lynn Shostack により提唱された）、「data science」「design thinking」は２０１０年代以降に急増していることが見て取れます。サービスデザインという概念は古くから存在していたものの、実践するための方法論の一つであるデザイン思考が注目されだしたのは10年ほど前。また、サービスデザインの推進に重要な位置付けとなったビッグデータを用いたデータサイエンスもちょうど10年前から注目の領域となっています。

この２つの領域は、新たな職種も生みました。例えば、デザイン思考の初期段階で発生す

図表11－1　書籍におけるdata science, design thinkingの出現頻度

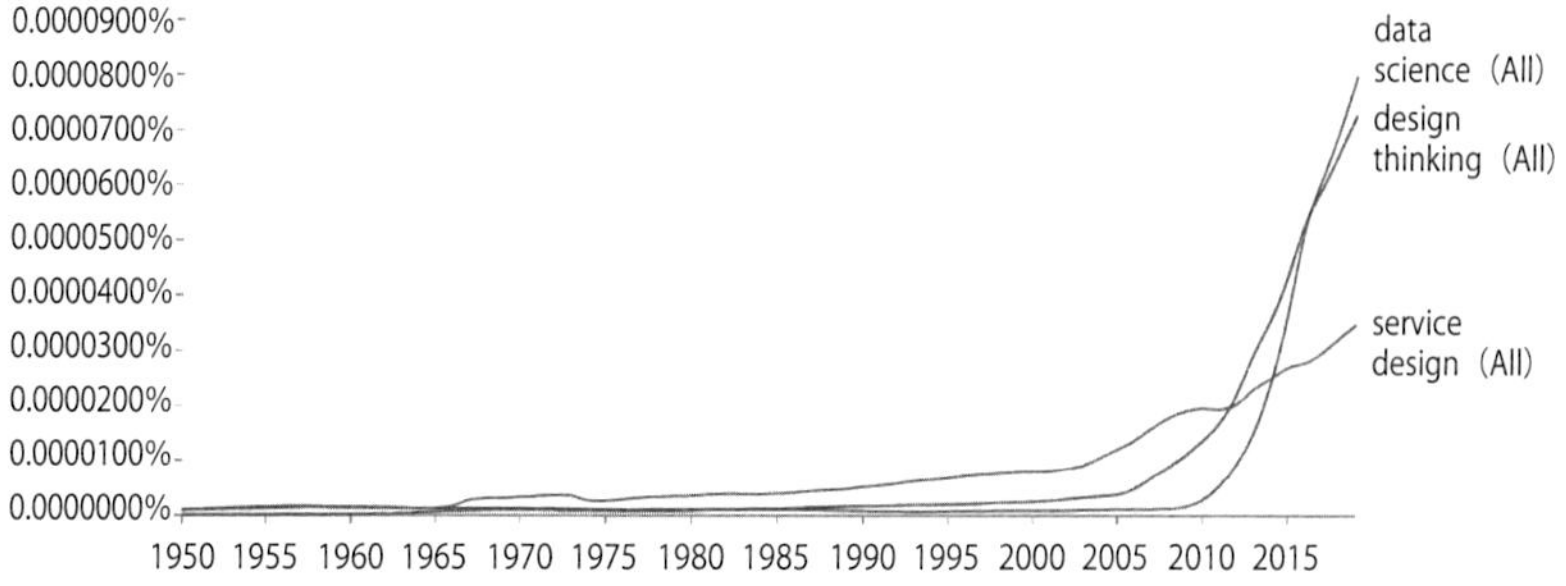

出所：Google Books Ngram Viewerでの検索結果キャプチャー。

るリサーチに特化した「デザインリサーチ」を実践するUXリサーチャーやデータサイエンスを実践するデータサイエンティスト、機械学習エンジニア、アナリティクスエンジニアなど。新たな領域の登場は、新たな職種を誕生させました。サービスデザインには様々な定義がありますが、本章では「顧客にとって価値のあるサービスを提供し続けるための、設計と仕組みづくり」とします。デザイン思考やデータサイエンスを実践する職種が登場したということは、企業が「サービスデザイン」を推進するために必要な専門スキル人材はもう世の中に存在していると言えるのではないでしょうか。

しかしスキルがあっても、企業側の人材活用が不十分な現状もあります。データサイエンティスト協会がデータ関連職種に従事する会員に対して実施した調査によると、「所属する企業・組織内で、ご自分を含め、データ分析・解析に関わる人材のスキルが活かせてい

ると感じていますか」という設問に対し、「十分活かせている」はここ5年間で下降傾向にあり、2020年は4%となっています。また2022年に米国でUXリサーチャーに対して行われた調査では、柔軟性に欠ける組織構造やツール・予算不足への不満が挙げられています。

本章ではスキルと組織がミスマッチを起こしている背景には何があるのか、ミスマッチはどうしたら解消していけるのかを、主にデータサイエンス領域中心に取り上げ、最後にデザイン思考人材とのコラボレーションの可能性についても触れたいと思います。

2 サービス提供価値の設計とデータ利活用設計

サービスデザインのツールの一つにサービスブループリントがあります。サービスがユーザーに提供されるプロセスを時系列で配置し可視化したものです。

「フロントステージ：ユーザーから見える全てのタッチポイント、ユーザー体験全て」「バックステージ：ユーザーからは見えない裏側全て（システムの動きや関連スタッフによるオペレーション等）」の2つの観点で整理し、ユーザーにサービスの価値を提供する仕組みができているかを確認します。

多くのプロダクトが何らかのソフトウェアを搭載して提供されるようになった今日では、フロントステージとバックステージ両面からユーザー体験に関するデータを収集し活用する

図表11－2　家電購入プロセスの例

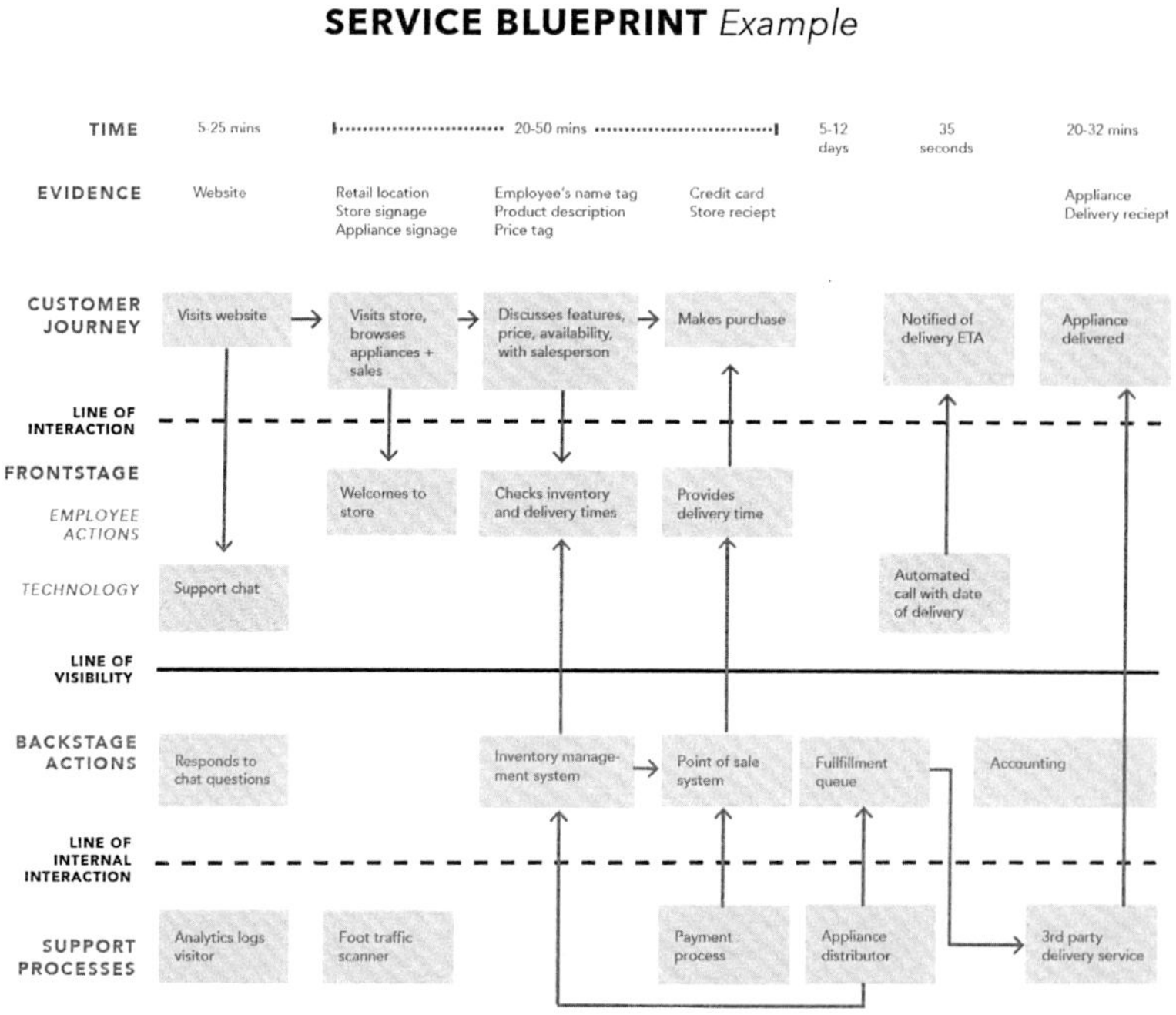

出所：Nielsen Norman Groupより引用。

ことが可能です。例えば、プロダクトに不具合や不明点があった時、ユーザーがヘルプボタンを押したことを検知し、チャットボットを出して適切なQ&A対応を行うなど、ユーザー体験を損なわないような施策が可能になっています。またユーザーがアクティブに使わなくなった＝離反予兆と判定し、呼び戻すためのプッシュ通知を送ることや、そもそも使わなくなった要因の分析もできるでしょう。このようにユーザーのサービスに対するフィードバックがデータとして蓄積され、より良いユーザー体験を提供するための改善施策に活用できるようになっています。

しかしこのデータ活用を実行するためには、誰の、どのようなデータを蓄積し、どう活用するのかを最初に設計しておく必要があります。サービスから日々生み出されるデータは膨大でそのままデータベースに溜め続けるわけにはいかないからです。また、ただ溜めただけでは有益な「情報」として見ることはできません。ノイズを除去し意思決定に使える状態に整備することも必要です。そしてその設計は一度行えば終わりではなく、サービスが成長し進化するスピードに合わせて見直し続ける必要があります。図表11－3に示すように、サービスの成長段階に応じてデータ活用テーマも変容していくのです。

サービスリリースの前後では、初期ユーザーにまず使ってもらいポジティブ・ネガティブ両面のフィードバックをもらいます。そのため、この段階でのデータ活用テーマは「現状把握と課題解決の意思決定をスピーディに行うこと」に重きが置かれます。利用者数や主要機能の利用率、離脱率など事業としてモニタリングするべきKPIを定義して、意思決定者がすぐに見られる状態にしておくことが求められます。

サービスが初期ユーザーに受け入れられ、急拡大していく時期になると追随サービスも登場します。競合優位な部分を磨き込み、競合劣位となっている部分を解消するために、KPIモニタリングに加え、サービスの利用状況を深く分析することが増えます。

図表11－3　サービスの成長段階と段階ごとの主なデータ利活用テーマ

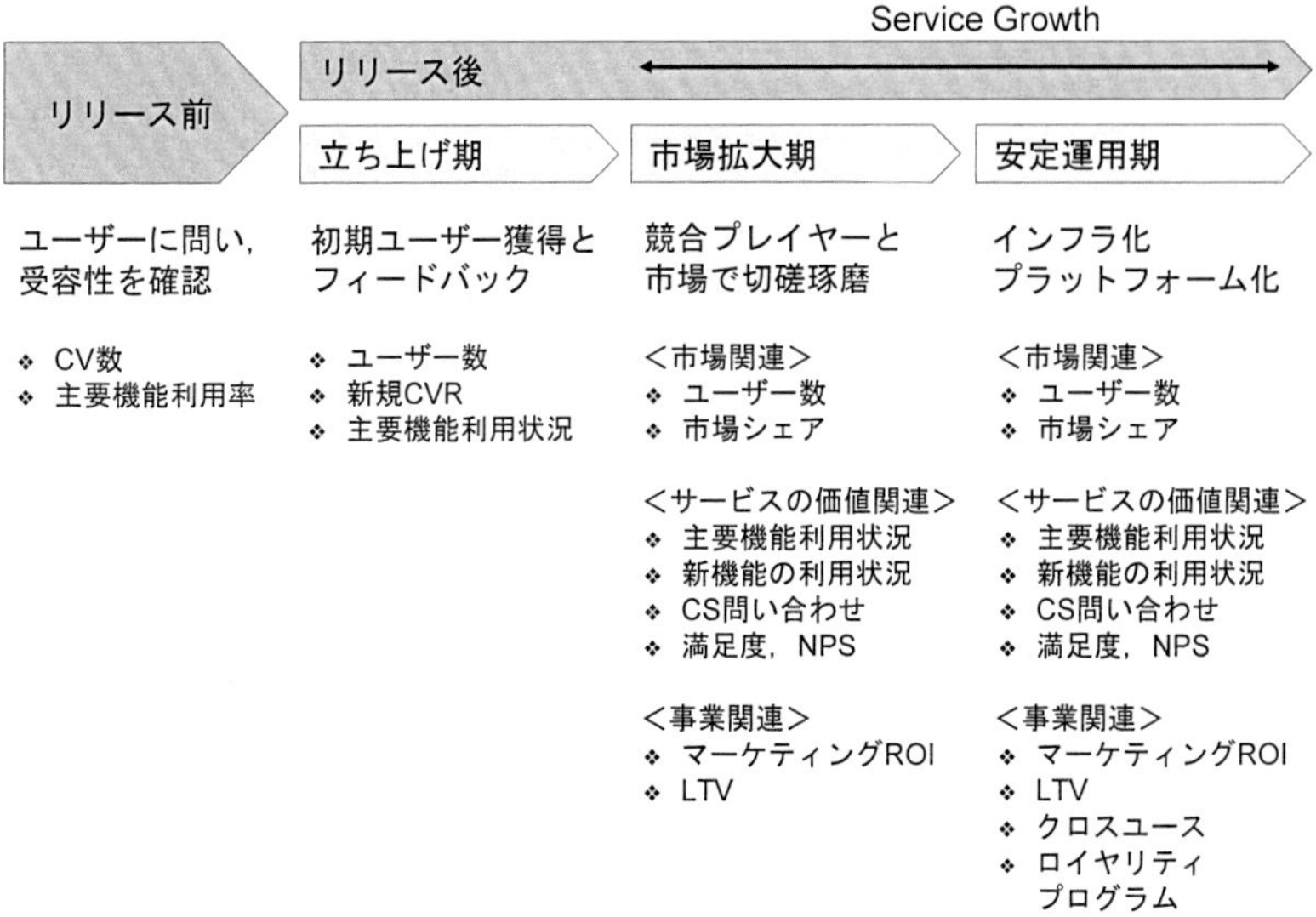

Service Growth

リリース前	リリース後		
	立ち上げ期	市場拡大期	安定運用期
ユーザーに問い，受容性を確認	初期ユーザー獲得とフィードバック	競合プレイヤーと市場で切磋琢磨	インフラ化プラットフォーム化
❖ CV数 ❖ 主要機能利用率	❖ ユーザー数 ❖ 新規CVR ❖ 主要機能利用状況	<市場関連> ❖ ユーザー数 ❖ 市場シェア <サービスの価値関連> ❖ 主要機能利用状況 ❖ 新機能の利用状況 ❖ CS問い合わせ ❖ 満足度，NPS <事業関連> ❖ マーケティングROI ❖ LTV	<市場関連> ❖ ユーザー数 ❖ 市場シェア <サービスの価値関連> ❖ 主要機能利用状況 ❖ 新機能の利用状況 ❖ CS問い合わせ ❖ 満足度，NPS <事業関連> ❖ マーケティングROI ❖ LTV ❖ クロスユース ❖ ロイヤリティ 　プログラム

出所：筆者作成。

・ユーザーの利用状況をヘビー層、ミドル層、ライト層にわけ継続率やLTV、利用傾向を見る
・解約、離脱などが顕著に起きるパターンや予兆を発見する（いわゆる水漏れ防止）
・サポートセンターに入ったユーザーの声を分析し、不満ポイントの抽出をする
・ユーザー拡大のためにマーケティング予算を取り、新規獲得予測と効果検証を行う

サービスが一定の市場シェアを獲得し、安定的に運用できる基盤が整うとデータをプロダクトの価値向上に生かすテーマが出てきます。これ

については後述します。

データ活用テーマは段階ごとに明確に切り替わるわけではありません。徐々にプロダクト組織内でニーズが高まり、シフトしていく場合が多いと筆者の体験では感じています。

3 成長段階ごとのデータ人材への期待値変化

「データサイエンティスト」という職種が登場して間も無く、日本ではデータサイエンティスト協会が設立され、人材のスキルセットの定義を発表しました。「ビジネス」「データエンジニアリング」「データサイエンス」と3つの軸があり、それぞれの定義は図表11－4となっています。しかし、この3つを全てレベル高く持っている人材は非常に稀であるため、1つまたは2つに軸足を置きつつ3つを網羅的に把握しているケースが多く、軸足の違うもの同士でチームを組んで問題解決に当たることが実務上は多いです。

この「ビジネス」「データエンジニアリング」「データサイエンス」の3つの軸を拝借して、サービスの成長段階ごとに3つのどこに軸足のある人材が必要とされるのか整理したのが図表11－5です。

リリース前は、どんなKPIをモニタリングするか事業目線で考えられるビジネス軸をもつ人材、そしてサービスのデータをどのように蓄積するかというエンジニアリング軸をもつ人材が必須です。新規サービスをリリースするタイミングでデータ専門人材が組織にいな

図表11－4　データサイエンティストの3つのスキル軸

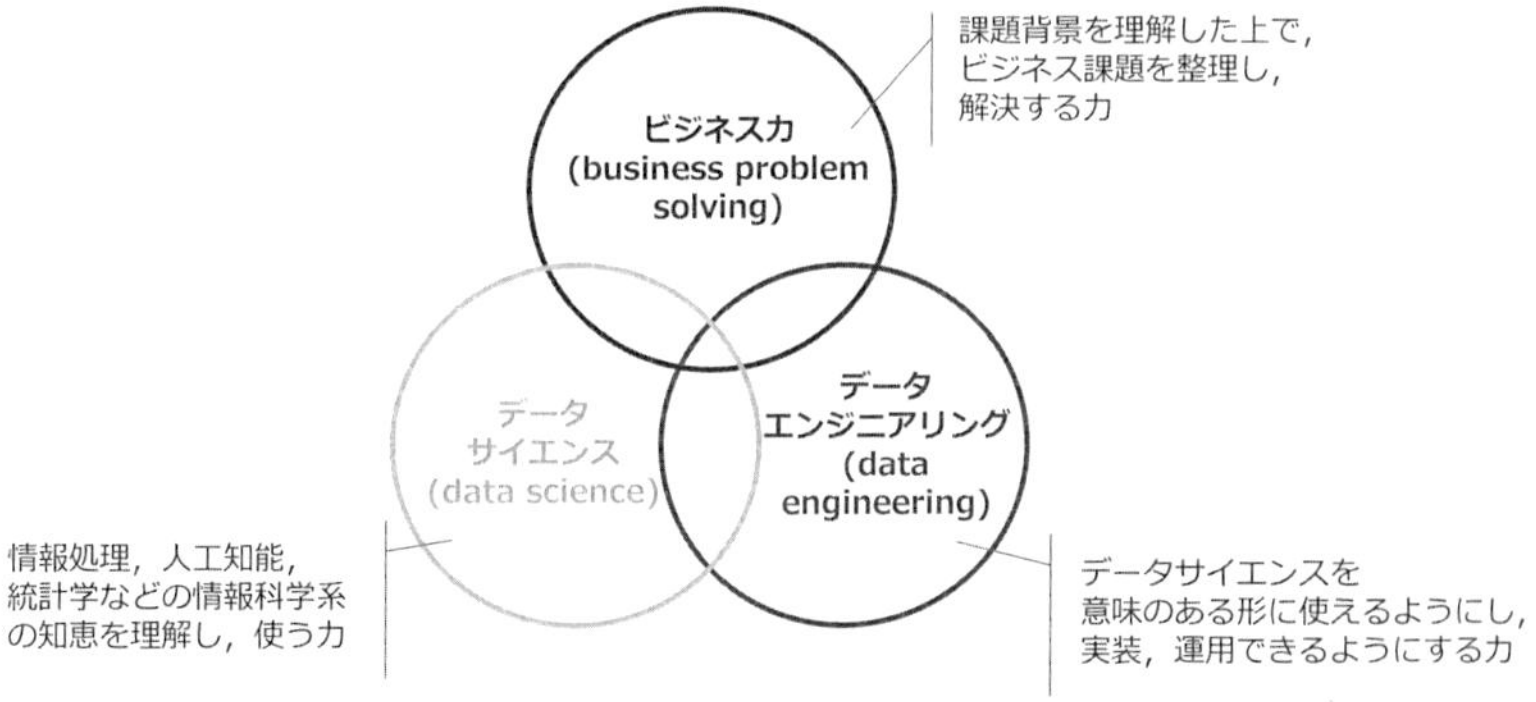
課題背景を理解した上で，
ビジネス課題を整理し，
解決する力
ビジネス力
(business problem
solving)
データ
サイエンス
(data science)
データ
エンジニアリング
(data
engineering)
情報処理，人工知能，
統計学などの情報科学系
の知恵を理解し，使う力
データサイエンスを
意味のある形に使えるようにし，
実装，運用できるようにする力

出所：データサイエンティスト協会より引用。

い場合は、データ分析が得意な企画担当や、データの生成元であるアプリケーションを実装した開発者が兼任で行うケースを目にします。担当する人が専任であっても兼任であっても、この段階で大事なのは先を見据えたデータ取得実装とデータ基盤設計です。事業として見たいデータあるいは今後活用する可能性があるデータを取得するため、ログ計測の実装を行いデータウェアハウスなどで保管・分析できる状態にする必要があります。ビジネス軸のデータ人材はアプリのログ取得設計などに関与したり、エンジニア軸のデータ人材も企画担当者にヒアリングしたりするなど連携してデータ活用の基盤を作ることが期待されます。

立ち上げ期は、スピーディな意思決定のために、データベースにあるデータを正しい定義で抽出し、タイムリーにレポートすることが求められます。営業や企画担当者からデータ集計やモニタリ

図表11－5　データ人材に求められるスキルセットの変化

		リリース前	リリース後 立ち上げ期	市場拡大期	安定運用期
組織		兼任	専任者1~2名	機能ごとに3名以上のチーム制	部格。役割は明確。プロジェクト型
期待役割	ビジネス	データ取得設計	BI設計，営業やマーケからの集計依頼対応	ビジネス課題の深堀分析	市場動向からのビジネス課題発見，解決のためのインサイト発見
	エンジニアリング	データ取得設計，運用を見据えたDB基盤構築	DBからの集計，BIツール実装	レポート自動化・基盤運用，分析用データマート作成	大規模データ処理運用，予測モデル運用環境構築
	サイエンス			機械学習・統計解析・マイニング等でのインサイト分析	予測モデルを用いた機能の拡充
	+α		BIでの可視化表現力	システムUI設計，可視化表現力	意思決定につながるデータの伝達力

出所：筆者作成。

ングレポート作成の依頼を受け、彼らの報告タイミングに合わせて確実に提供するような業務です。「確実に」には3つの意味を込めています。

・集計する項目の定義が事業側と認識一致していること
・集計レポートが毎週、毎日同じ時間に出来上がること
・抽出したデータの結果に冪等性があること

この3つを実践するためには、ビジネス軸の中でも事業ドメインの深い理解に加え、営業や企画担当などデータに必ずしも明るくない社内担当者が、どのような情報を求めているかをヒアリングしてデータ抽出設

計（SQLなどデータベース言語への置き換え）ができることが重要です。またアプリの実装上の問題でデータが取得できていなかったり、正しく集計できないことが発覚したりすることもあります。この場合はプロダクト開発者に交渉し実装を改修してもらうことも必要です。エンジニア軸では、アプリから発生するデータが爆発的に増えてきても、データベースに遅延なく格納されるよう安定したデータ基盤運用と体制構築が求められます。モニタリングレポートをどんな立場の人が見ても理解できるように、ビジュアライズの手段としてBIが本格活用されるのもこの段階が多いでしょう。様々な角度からサービスの健康診断を行うために、主要KPIを一覧化するなどBIを通じた情報編集スキルは有用です。この段階では兼任では業務が回らなくなるため、ビジネスとエンジニアリングそれぞれの軸で専任者を置くことになります。

サービスリリース前後までは、データ集計がメインとなるのに対し、市場拡大期においては集計＋αの分析になってきます。

「要因分析」、「パターン発見」、「統計解析」、「データマイニング」、「機械学習を用いた予測」。これらのテーマは、いずれも単純集計やクロス集計だけではなく、多くの変数がどういう関係にあるのかを統計学や数学の知識を用いて「科学」していくことになります。そのためサイエンスに軸をおいた人材が専門知識を駆使してインサイトを導出します。機械学習モデルを構築して予測や検知を行い、サービスの利便性向上や安定運用を行うためにデータを活用していく試みも出てきます。一方、専門人材だけではなく営業や企画、プロダクト開発者などデータ専門組織以外の担当者が施策や振り返りにデータを使うことも出てきます。そこで専門人材以外の人でもＳＱＬや簡易なコードなどで簡単にデータを抽出して活用できるように用途に合わせた「データマート（データを簡便に抽出できるテーブル）」提供も求められてきます。データマートをどう設計して作るかはデータの利用者の意向をヒアリングして検討し、エンジニアリング視点で安定的なデータ処理を設計していくことになります。この段階では、ビジネス軸、サイエンス軸、エンジニアリング軸それぞれの役割ごとに数名のチームを組み、案件ごとに連携して業務を進めることが多くなります。

安定運用期は、市場拡大期までに培ったデータ分析基盤の基礎やデータ活用の土壌が整った上で、より高度なデータサイエンス案件を推進していく時期です。市場拡大期で分析した要因分析やパターン発見から利用促進施策等につなげるための予測モデル構築およびシステム実装などを行います。データを用いたプロダクトエンハンス開発業務もあります。この段階ではサービス自体も巨大化して組織も拡大しているため、データ人材が所属する組織も部格以上には拡大し様々なプロジェクトに参画しながら働くことが増えていきます。企業によってはデータ専門の横断組織を作るケースもあります。プロジェクト型で動く場合、データ人材が関わる社内のステークホルダーは多岐にわたり幅広い考慮が必要になります。

・事業ドメインの知識（ビジネスモデル、中長期戦略の理解、ＫＧＩ、ＫＰＩの理解、サービス仕様の理解）
・サービスが解決すべき課題の理解、データで解決すべき課題の発見
・プロジェクトスコープの設定と評価指標の合意形成
・アルゴリズムや特徴量などのデータサイエンス設計
・モデル構築と精度検証
・サービスのシステムとの連結、実装

これらは業務の一部ですが、筆者がこの段階で特に重要と考えるものは事業ドメインの知識とデータで解決するスコープの設定、評価指標の設定です。サービス自体も改良を並行して行なっている中、事業の成果にインパクトがある課題設定を行う視点が必要になります。例えば広告プロダクトにおいて、クライアントがサービスに求めることは広告による集客効果の最大化です。その広告効果の方程式の一例を示します

ＷＨＯ（セグメント）×ＷＨＥＲＥ（メディア面・チャネル）×ＷＨＥＮ（タイミング）×ＨＯＷ（メッセージ手法）×ＨＯＷ ＭＡＮＹ（頻度）＝効果（送客数、ＣＶ数）

この中でデータの力で改良の見込みがあるのはどこか。セグメント（どういうユーザーグループに出すべきか）を正確に予測することはできそうです。メディア面については、広告配信できる面がシステム仕様により一つに限られている場合は最適化できませんが、複数あれば出来ます。バナー広告等はユーザーが訪問したタイミングで出し分けができますが、メールマガジンであればメールを送るタイミングをシステムで制御できなければ、開封しやすい時間帯をデータから予測できたとしても、施策として運用に乗せることはできません。サービス仕様を理解し、データサイエンス問題を解くスコープを見定める必要があるのです。

さらに、用途に適した機械学習モデルの構築を行う必要もあります。例えば、クリックする人かどうかを当てるだけであれば、0、1（1がクリックする人の正解フラグ）の2値分類問題であり、分類が正しくできたかを見る評価指標でモデルの良し悪しを判断できます。しかしクリックする確率をスコアとして出しそのスコアの高低を元に広告を出す場合、スコアが高い順に並べた結果が正しかったか、順序の精度を評価することになります。同じ広告でも用途によって予測対象や精度評価方法が変わるのです。

用途に適したアルゴリズム選定も重要です。機械学習の分野では精度高く学習ができるアルゴリズムもあれば、古典的なアルゴリズムもあります。アルゴリズムの選定においては、精度が高いアルゴリズムは中身がブラックボックスになりがちですが、古典的なアルゴリズムにはシンプルで説明性が高いものがあります。離脱しそうなユーザーを予測して個別最適化したメッセージを送付したりサポートセンターがケアしたりするなど離脱防止策に繋げる場合、介入施策を行う担当者が「なぜ離脱しそうなのか」を理解して最適な打ち手を選択する必要があります。アルゴリズムによっては予測した結果（ここでは離脱確率とします）に関して変数ごとの寄与度がわかりやすく出力されるため、データに詳しくない施策担当者でも「なぜ（その確率なのか）」を理解し、適切なアクションにつなげることができます。

多くのステークホルダーと関わることになる段階だからこそ、多岐にわたる考慮ポイントを意識した調整が求められるのです。

4　スキルセット&マインドセットの両軸で職務定義

これまでサービスの成長段階ごとに求められるスキルセットの話をしてきましたが、筆者はマインドセットも加味するべきではないかと考えています。

図表11－6はサービスの成長段階ごとにデータ人材が持っていると良いマインドセットの変容を示しています。上段は楽しめるポイントで、下段は人によってはストレスになると思われるポイントです。サービスリリース前後は日々変わる状況に臨機応変に対応できる柔軟性があったほうが関係者と円滑に業務を進められます。市場拡大期では事業責任者クラスと対話をしながら彼らの問題意識を同じ目線で捉え、伴走していくことが信頼関係の醸成に繋がります。この信頼関係が、安定運用期でデータを活用したプロダクト改良の土台になりま

図表11－6　マインドセットの変容

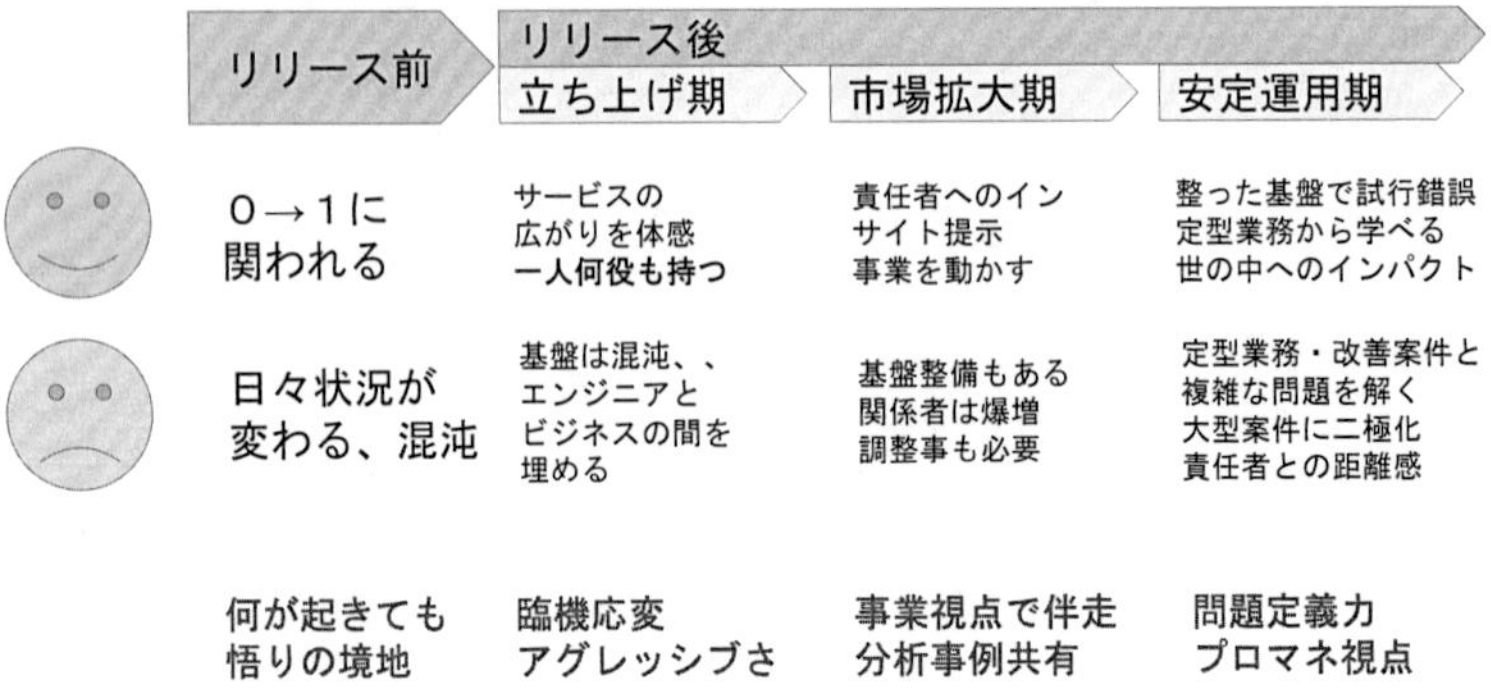

リリース前	リリース後 立ち上げ期	市場拡大期	安定運用期
0→1に 関われる	サービスの 広がりを体感 一人何役も持つ	責任者へのイン サイト提示 事業を動かす	整った基盤で試行錯誤 定型業務から学べる 世の中へのインパクト
日々状況が 変わる、混沌	基盤は混沌、、 エンジニアと ビジネスの間を 埋める	基盤整備もある 関係者は爆増 調整事も必要	定型業務・改善案件と 複雑な問題を解く 大型案件に二極化 責任者との距離感
何が起きても 悟りの境地	臨機応変 アグレッシブさ	事業視点で伴走 分析事例共有	問題定義力 プロマネ視点

出所：筆者作成。

す。先述したデータで解決するスコープ設定や目的設定の合意形成は、市場拡大期に培ったデータ組織への信頼がなければ円滑に進まないと言っても過言ではありません。

　データ人材をどう確保しようか悩んでいる企業の採用担当の方が、もしかしたら読者にいるかもしれません。筆者自身がデータ人材として色々な企業で働いてきた中で、採用担当者が意識した方が良いと思うのは、自社サービスが成長段階のどこにいるのかをまず把握することです。成長段階に応じて特に必要とされるスキルセットとマインドセットは変容します。サービスリリース直後の段階で、高度なサイエンス人材を採ったとしてもミスマッチであり人材を活かしきれないのです。

　データ分析人材の求人票では、しばしば「多様なデータ分析案件を担当してもらいます」といった募集要項を見かけます。しかしこれではどのようなスキルとマインドを望んでいるのか曖昧でミスマッチのリスクがあります。データ人材は常に自分のスキルが市場環境の中でどの位置にいるか意識しながら、研鑽を積んでいます。募集側も、サービスの成長段階と今後の方向性、今いる人材のスキルとマインドを整理して今後必要な人材のイメージを明確化した上でジョブ・ディスクリプションを記載すれば、応募者とのミスマッチをある程度は低減できるのではないかと考えています。

5 データサイエンスとデザイン思考の共通項

これまで主にデータサイエンス視点で考えてきましたが、デザイン思考とデータサイエンスの関係性について最後に触れたいと思います。

この2つの領域は一見遠い距離に見えますが、実は実践するプロセスは共通点があります。そこでデータ人材とデザイン人材がコラボレーションすることによって、より良い新規サービスやＡＩ開発に繋げられるのではないかと筆者は考えています。

図表11－7は一般的なＡＩ開発プロセスで、図表11－8はデザイン思考の5つのプロセス、図表11－9はサービスデザインのプロセスです。どれも前半に「リサーチ」と「問題／課題定義」があり、後半に「試作／プロトタイピング」があります。どの方法論をとるにせよ「解くべき問題設定を行う」「トライ&エラーでブラッシュアップしていく」という2つの大事なポイントは共通しているのです。この2つは様々な可能性を考えて議論を発散的に

図表 11 － 7　データサイエンス案件のプロセス

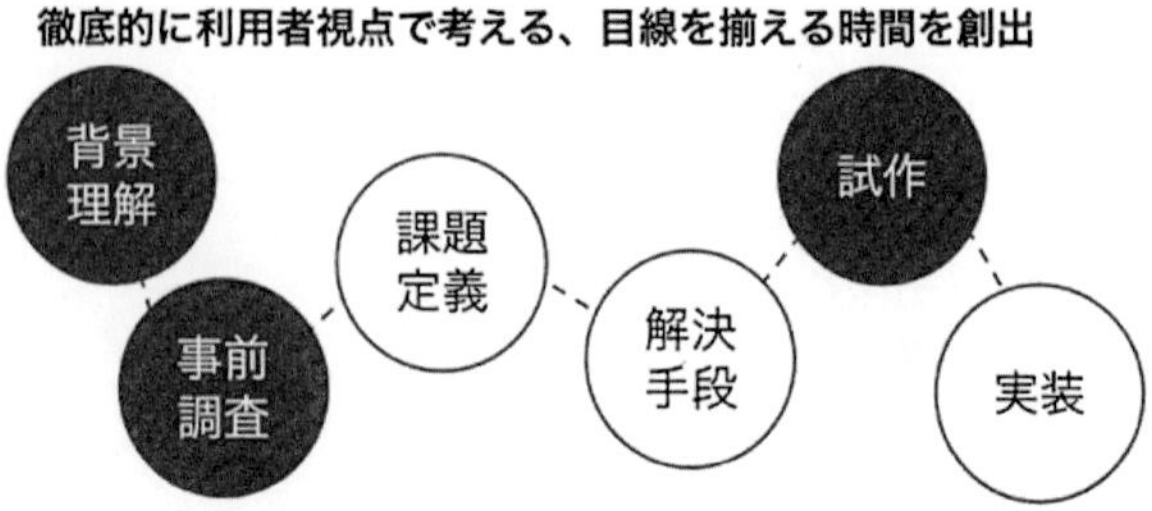

出所：筆者作成。

図表 11 － 8　スタンフォード大学 d.school が定義したデザイン思考の 5 つのプロセス

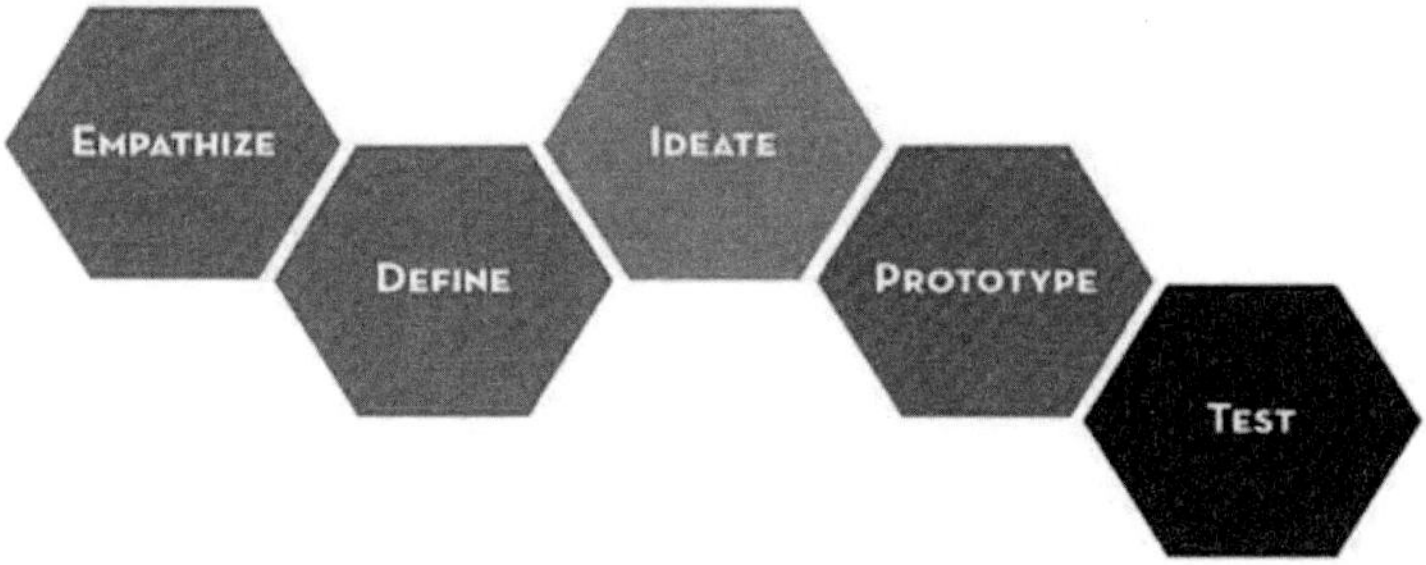

出所：スタンフォード大学 d.school より引用。

行うプロセスでもあります。よってここで多様な人材が一緒に議論をすることで、より良い問題設定やプロトタイプへのフィードバックが実現できると考えられるのです。

２０２０年に発表されたデザイン思考とデータサイエンスのコラボレーションに関する論文（Yang, et al. 2020）に事例があります。デザイン思考の手法をベースにデータサイエンスの手法を組み

図表11－9　サービスデザインのプロセス

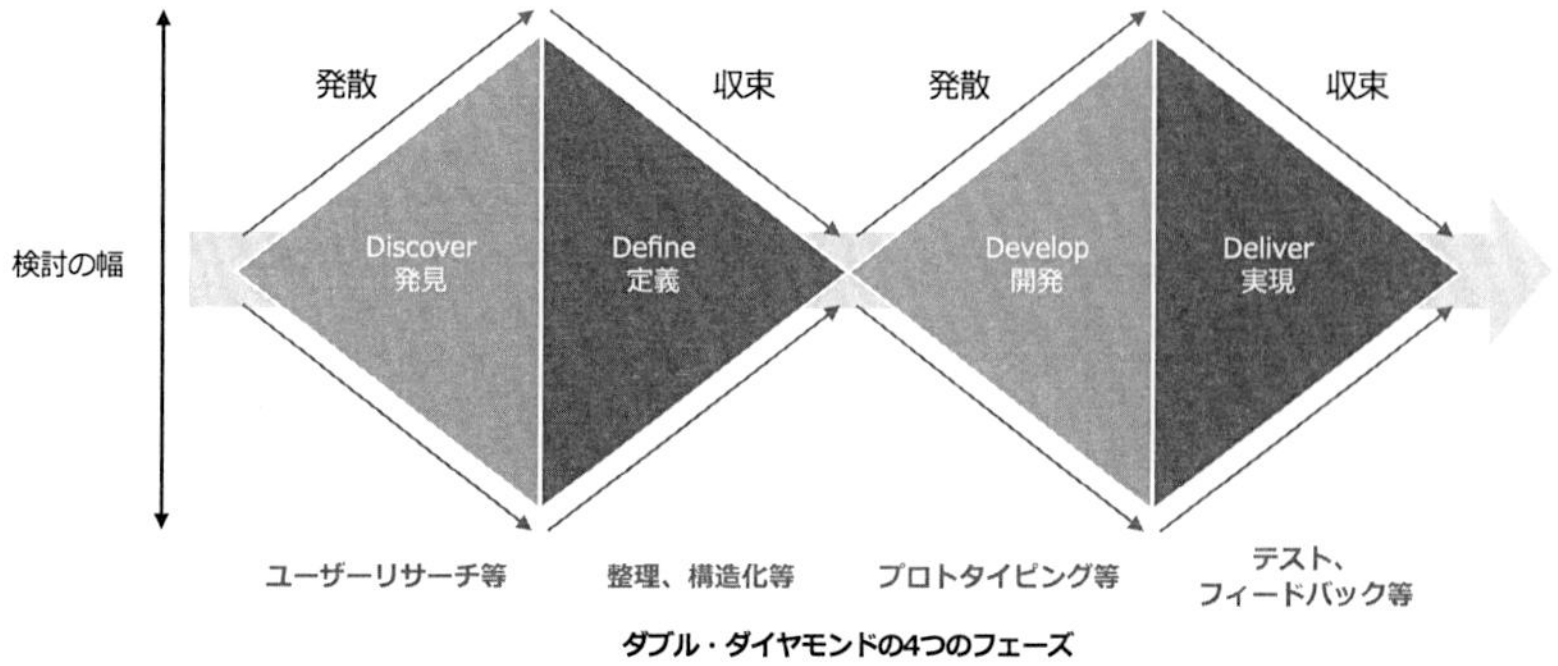

出所：経済産業省（2020）「我が国におけるサービスデザインの効果的な導入及び実践の 在り方に関する調査研究報告書」。

合わせた事例です。問題定義プロセスでは、通常のデザイン思考の手法のみ（インタビュー等）でユーザーのペインポイントを129項目洗い出した後、引っ越しに関するソーシャルメディア上の投稿をデータサイエンティストが分析した結果を提示したところ、149個まで数を増やせたとのことです。プロトタイプのプロセスでは、コンジョイント分析という手法を用いて、サービスのアイデアの組み合わせパターンを多数用意し、初期ユーザー候補に直感で選んでもらうアプローチを取っています。このやり方自体にはメリットとデメリットがあったとのことですが、自分たちのアイデアのどの要素がユーザーの Gain point になったのか、Pain point をさらに広げてしまうのかをサービスリリース前に定量的に検証できる手法を試した点では意義があったと言えるでしょう。デザイン思考で編み出したソリューション案を組織の中で承認を得ていく際に、説得性を増すことができるからです。

データサイエンスの手法に軸足を起き、デザイン思考的アプローチを組み合わたデータ活用のやり方については、筆者の実践していることを紹介したいと思います。筆者が実務でデータサイエンス案件に取り組む時は、まず問題設定の段階で、向き合う事業の関連資料を取り寄せ、定量分析を行うとともにその結果をステークホルダーと共有しヒアリングなど定性調査も行うようにしています。データプロダクトを実際に使うエンドユーザーや営業担当者、企画担当者などに、「今、何が問題なのか、今後どういう方向に向かいたいのか」を聞くことで、データで解決すべきスコープや課題の設定の精度を上げられます。また試作ができた段階でA／Bテスト等の定量的な検証に加え、サービスの利用者をはじめとする社内外のステークホルダーと会議を行い、（予測の）目的と結果の活用イメージを説明の上、フィードバックをもらいます。当初の目的とズレがないか、最小限の説明で自力での結果活用ができそうか確認します。このような問題設定やフィードバックにおいては、ヒアリング相手から意見を引き出す定性調査のリサーチスキルが役立ちます。例えばインタビュー技術、画面イメージや操作フローのビジュアライズ、ラフなプロトタイピング技術などです。問題設定時には、解をすぐに出せるものに惑わされてしまうこともあるため、本質的な課題にフォーカスした議論をファシリテートする役割も取れると良いと考えています。

図表11－10　デザイン人材とデータ人材のコラボレーションイメージ

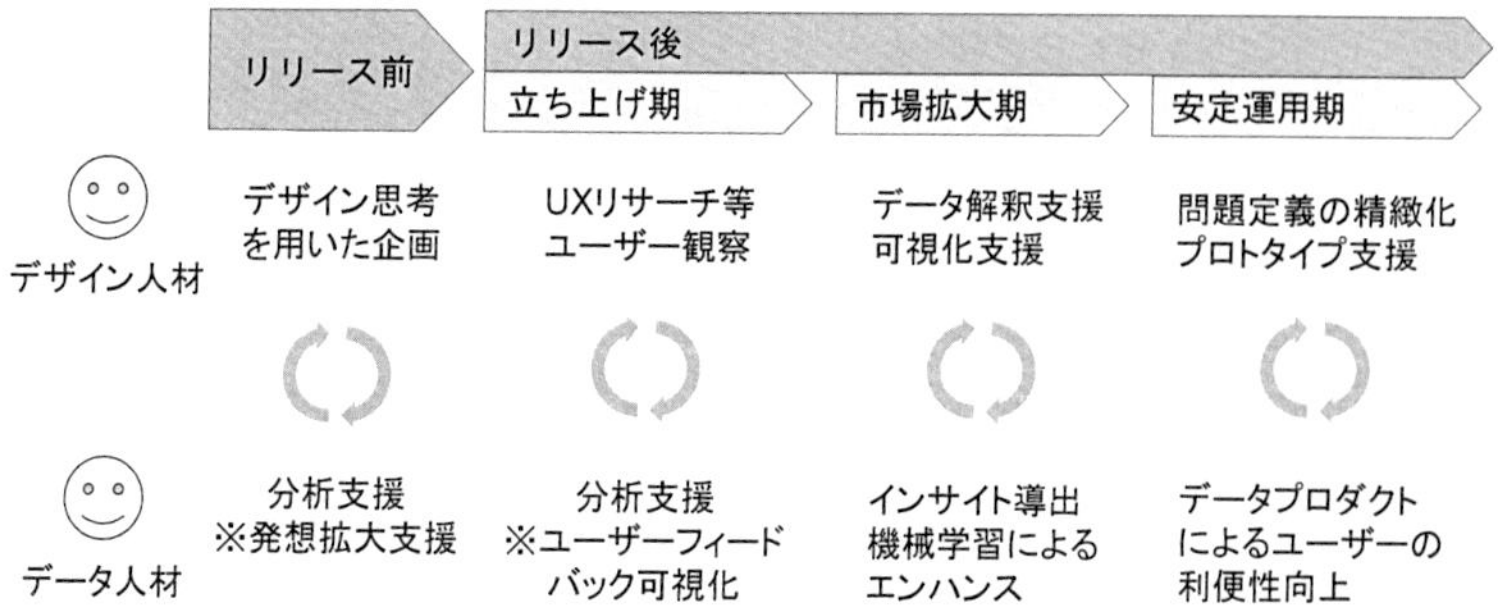

出所：筆者作成。

デザイン思考のアプローチは主に新規サービスの企画時やリリース後の立ち上げ期に多く使われ、データサイエンスはサービスが市場拡大期や安定運用期になってきた段階で登場することが多くなります。同じサービスに関わっているにも関わらず、両領域の人材が業務上で関わることは現状あまり見られません。しかし、両領域の問題解決プロセスには共通項があり、要諦の根底にあるものは同じです。

今後は図表11－10のようにあらゆる成長段階で、これまで接点のなかったデザイン人材とデータ人材がコラボレーションしていける世界をイメージしています。サービスの成長段階においてビジネス上フォーカスを置く取り組みを設定し、それに応じてデザイン人材とデータ人材が得意技でコラボレーションすることによって、サービスの成長がより推進できる可能性に期待しています。

【参考文献】

Yang, K. L., Hsu, S. C., and Hsu, H. M,（2020）"Enriching Design Thinking with Data Science: Using the Taiwan Moving Industry as a Case", *Serviceology for Services*, pp.185-202.

データサイエンティスト協会「Data of Data Scientist シリーズ ｖｏｌ．19『４％－データ分析・解析に関わる人材のスキルが十分活かせていると感じている割合』」２０２１／８／11、https://www.datascientist.or.jp/dssjournal/2021/08/11/dodv19/

User Inteviews "State of User Research 2022 report" https://www.userinterviews.com/state-of-user-research-2022-report#methodology

Nielsen Norman Group "Service Blueprints: Definition" https://www.nngroup.com/articles/service-blueprints-definition/

データサイエンティスト協会「データサイエンティスト協会８ｔｈシンポジウム『スキル定義委員会発表資料』」https://www.datascientist.or.jp/symp/2021/pdf/20211116_1400-1600_skill.pdf

Stanford Webinar - Design Thinking = Method, Not Magic, Bill Burnnett https://www.youtube.com/watch?v=vSuK2C89yjA

経済産業省（２０２０）「我が国におけるサービスデザインの効果的な導入及び実践の在り方に関する調査研究報告書」https://www.meti.go.jp/press/2020/04/20200420002/20200420002-3.pdf

第12章　街づくりデザイン――「まち」をデザインする主役は「人」――

1　はじめに

人は日々「まち」の中で生活をしています。しかし、普段の生活の中で、自らが住んでいる、働いている、「まち」の街づくりについて考えたことのある人は少ないのではないでしょうか。「街づくり」といえば、都市計画コンサルタント、自治体や不動産開発事業企業のような限られた専門家が様々な法制度に基づき、道路など都市のインフラストラクチャーを整備し、大型のビルや高層住宅が建設されていくものとの認識が強いのではないでしょうか。

しかし、「まち」は主役である「人」が中心につくられなければなりません。そのためには、一人でも多くの人が「まち」に興味を持ち、「まち」に関わることから、「まち」が「自分のまち」となり、より快適で豊かな生き方を実現するための街づくりに繋がると考えています。

本章では、具体的な事例をもとに多様な検討の視点をご紹介します。皆さんが日々過ごされている「まち」へ、少しでも興味を持ってもらえる機会となり、一人一人があらためて、街づくりをデザインすることへ参画していくための一助になることを願っています。

2　これからの都市像

2・1　人が主役の社会

テクノロジーの進化は素晴らしいスピードで進んでいます。

都市に関しても、次世代通信、ＡＩ、自動制御、ロボティクスなどを活用したテクノロジーオリエンテッドな未来の都市像がスマートシティとして描かれることが多くあります。しかし、内閣府が提唱する「Society 5.0」も〝サイバー空間（仮想空間）とフィジカル空間（現実空間）を高度に融合させたシステムにより、経済発展と社会的課題の解決を両立する、人間中心の社会〟と定義されています。

世界の多くの都市で、人口の急速な増加と高齢化が進み、それに伴う市民の安全と健康の維持への課題に直面しています。人が将来に亘り、より豊かな暮らしを可能にするためのこれからの都市像は、課題解決の手段としてデジタルテクノロジーを使いこなし、人のwell-beingな暮らしを支える「人が主役の街」です。それらは、我が国のみならず世界の様々な都市の課題解決、国連の「持続可能な開発目標」（ＳＤＧｓ）の達成にも通じるものです。

2・2　都市の課題への取り組みの共通指標化－ＩＳＯ

世界中の多くの都市で、スマートシティへの取り組みは推進されています。しかし、都市

図表12－1　国際標準化機構（ISO）における都市評価指標

ISO規格	規格名称
ISO 37101:2016	コミュニティにおける持続可能な開発 －持続可能な開発のためのマネジメントシステム －要求事項及び利用の手引
ISO 37106:2018	持続可能な都市及びコミュニティ －持続可能なコミュニティのための スマートシティ運営モデルを確立するための手引
ISO 37120:2018	持続可能な都市及びコミュニティ －都市サービス及び生活の質の指標
ISO 37122:2019	持続可能な都市及びコミュニティ －スマートシティの指標
ISO 37123:2019	持続可能な都市及びコミュニティ －レジリエントシティの指標

出所：日本規格協会グループ「ISO規格検索結果」（2022年10月取得）
https://webdesk.jsa.or.jp/books/W11M0070/index

ごとの課題、内容も異なるため、手法や生み出す価値も異なります。そのような中で、都市のパフォーマンスの測定および改善にフォーカスし、評価項目を揃える新しい国際基準の必要性が謳われるようになりました。そこで、国際的な取引をスムーズにし、製品やサービスを同じ品質、同じレベルのものを提供できるようにする国際規格を制定する国際標準化機構（ISO）から、都市評価指標に関する5つの規格が発行されています。

日本では、持続可能な都市およびコミュニティのためのスマートシティ運営モデルを構築する際のプロセスについてのベストプラクティスへの対応度を評価する規格に関する国際規格「ISO37106」が名古屋市東区の商業施設やオフィスビルが集まる一角で、ＮＴＴが初めて認証されました。ここでは、気候や人の動きなどのデータを分析した誘客や省エネにつながる空調管理、顔認証などを利用したオフィス業務の効率化など、ＩＴ技術が街づくりに活かされています。

ＩＳＯ３７１０６に対応した評価ポイントは、多様な空間の選択と快適に過ごすことを支える個々のＩＣＴ技術によりwell-beingかつストレスフリーな働き方・過ごし方を実現するような人中心の計画を行ったことに加え、ビル内のデータを収集するデータプラットフォームの導入により、街区全体で分野横断のデータ利活用による街づくりの全体最適化に取り組んだデータドリブンな街づくりと、異なる業種業態のユーザーとの交流を促す取組を実施したこと（２０２２年：ＮＴＴアーバンソリューションズ株式会社）などによります。さらに、街区内においてテナント・ワーカーからのフィードバックを受けることで、運営・サービスをより快適な働き方・過ごし方につなげるＰＤＣＡを回すとともに、他地区におけるプロジェクトへの展開とフィードバックにより相互にアップデートできる仕組みを構築したことが評価されました。

このＩＳＯ３７１０６は、韓国の世宗市が２０１８年に世界で初めて認定されており、ＮＴＴの事例は11例目となります。中心市街地をスマートシティ化することで不動産価値の向上などが見込めるほか、運営のノウハウを行政インフラとして輸出するなど、自治体にとっても利点があると言えます。

図表12－2　民間企業（デベロッパー）にとっての認証取得のメリット

1）開発主体のプレゼンス・ブランド力向上による実利創出
SDGsに対応するデベロッパであること，国際基準以上のスマートシティ運営モデルを実現していることを証明することで以下の効果が期待される
① Society5.0/SDGsなど価値観を共有するテナントの誘致効果
② 国際的な認証取得により国際基準の再開発を他プロジェクトへ展開
③ ブランド価値の向上による不動産価値の向上
2）ISO37106の3つの提供原則実現プロセスによる価値創造
“人間中心”，“デジタル活用”，“オープンで協調的”を原則とする街づくりを実現することにより，以下の効果が期待される
① 3つの提供原則を踏まえた街づくりのビジョンの明確化
② 入居企業・ワーカーのWell-Being実現，サービスの品質向上
③ デジタルソリューションの活用による低コストでのサービス提供
④ 組織内の横断的連携強化，人材育成によるガバナンス強化
⑤ 街づくりのステークホルダ／関係者の合意形成の促進
⑥ データ連携や交流促進によるテナント等のオープンイノベーションの活性化

出所：NTTアーバンソリューションズ株式会社（2022年）。

3　街づくりとは

3・1　街づくりの歴史

街（まち）づくりという言葉は、1952年に「都市問題」という雑誌が初めて取り上げたとされています。戦後復興、大都市への人口集中、小住宅の大量生産や、急激な高度成長による公害など、多くの問題を抱えた時代でした。これら生活問題の解決を自治体任せにせず、住民自らが声を上げようという社会的な機運、住民の心に訴えかける言葉として、「まちづくり」という言葉が誕生しました。

すなわち、既存の「まち」をより良いものに「つくり」変えていくこと、つまり生活の質向上のための持続的な活動のことを示すために用いられることが基本だと言えます。ボトムアップ型が基本で、住民が主体となるか、あるいは行政と住民との協議によるものがあり、いずれにせよ人が中心でなければならない、ということが考えられるのです。一方、様々な見解がありますが、本稿では「都市計画」を自治体などがトップダウンで各種インフラなど市街地そのもののハードおよび規制、誘導、整備を行うこと、と設定しています。

3・2　街づくりをデザインする

まちにはそれぞれ固有の歴史、風土、文化、住人が存在します。

「唯一性」：街のDNA（自然・歴史・文化）を大切にし、人がそこでしか体感できない物語づくり

「回遊性」：人の心身の健康を増進するため、ヒューマンスケールで楽しく歩けるオープンスペース（街路と広場）づくり

「多様性」：様々な人が集う複合的・自在的・重層的な価値観を自由に選択できる余白・変化・自律づくり

街づくりは、それらを尊重し、その地域ならではの環境づくりです。その地域に関わる人が、その地域のことを誇りに思い、豊かに過ごし続けたくなることが大切であり、そのため

の「唯一性」「回遊性」「多様性」を実現することが、その地域ならではの人が主役の街づくりをデザインすることに繋がると考えています。

3・3　まちを構成する要素

街づくりをデザインするにあたり、「まち」とはどのように構成されているのかを考えてみます。まちはいくつもの要素により構成されており、街づくりのデザインを検討する際には、これらを以下のようにレイヤ化して分類することが可能であると考えます。

（1）もともとその地にある、樹木・河川・山林・公園・文化財などの自然環境・歴史・資産のレイヤ
（2）その地の人の生活や産業を支える道路・通り・鉄道・空港・港湾・広場などの人工物（インフラ）のレイヤ
（3）人の活動の拠点となるハードであるオフィス・ホテル・商業・文化・教育・医療・スポーツなどの人工物（建物）のレイヤ
（4）人が本来の豊かさを発揮、享受する音楽・アート・工芸などの文化・芸術のレイヤ
（5）まちの活性度の大きな指標ともなる労働・娯楽・購買・飲食・教育など人の活動のレイヤ
（6）テクノロジーの活用、通信・センシングとセキュリティなどの情報・データのレイヤ

図表12－3　まちを構成する要素

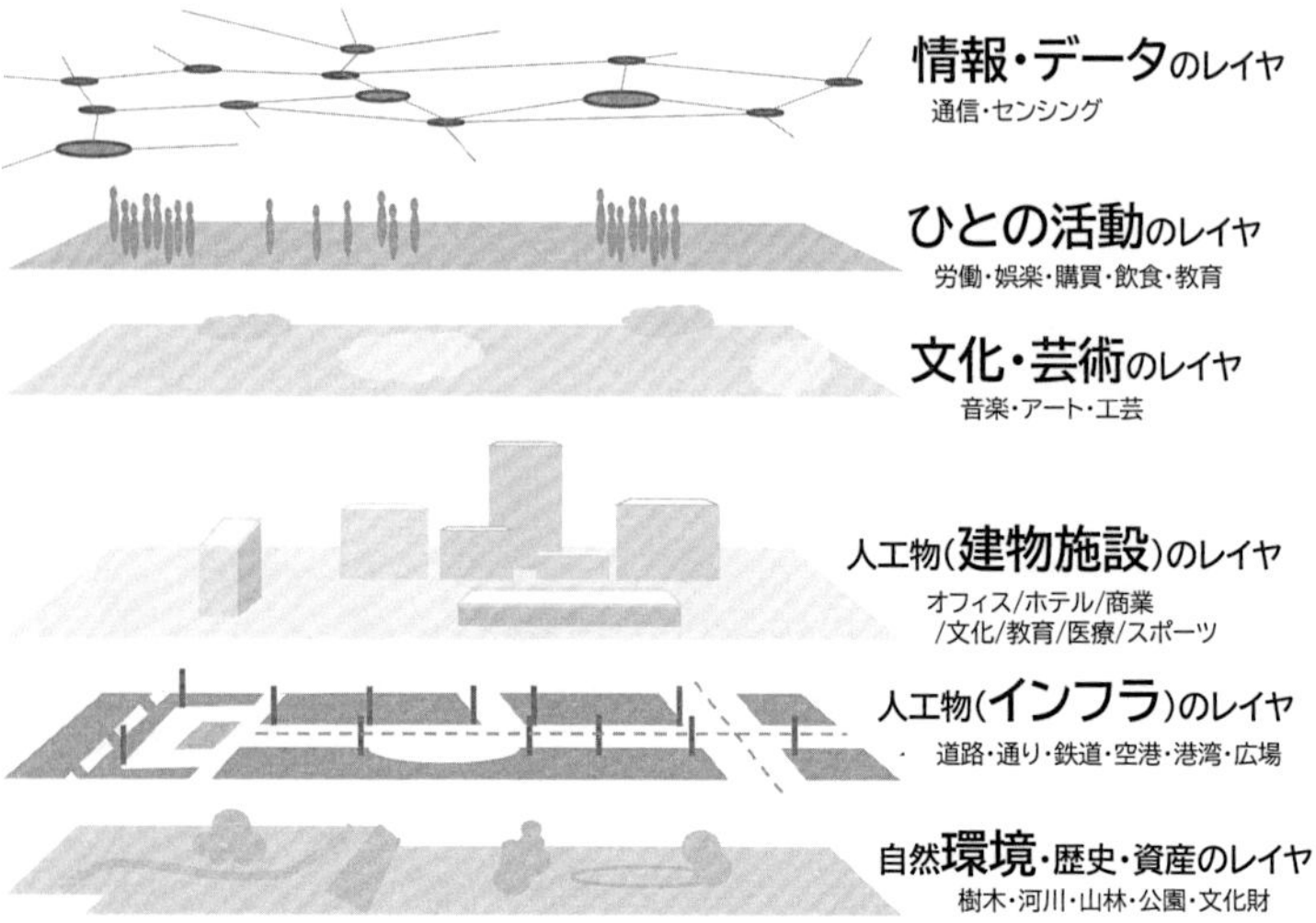

出所：著者作成。

そして重要なのは、それらレイヤがバラバラではなく、総合的にマネジメントされることで、継続されるデザインとすることです。1つの街区開発を様々なことで繋いでいくことで、周辺地域へ波及し、エリアの価値が向上することもあります。

4　街づくりのきっかけ

4・1　街づくりと制度

街づくりには制度も重要です。まちには多様な価値観を持った人が住まい、働いています。また、さまざまな他のまちと繋がっており、産業の発展と共に、農業、工業、商業、住宅など、徐々に機能分化しています。それらを複合的に整理統治するルールは、無秩序な市街化を防止し、計画的な市街化を図り、自治体が決定する意思決定や実行には必要不可欠なものです。

まちが大きく変わる再開発などの都市計画事業においては、区域区分・地域地区（例：用途地域）・都市施設、市街地開発事業・地区計画、等の積層分類がなされる行政主体の都市計画制度が適用されます。これら多くの法規制はかなり複雑で、かつ多額の資金を必要とするため、事業者、事業協力者、コンサルタントなど専門家の力を借りなければ進まない、という現実があります。近年では、人口減少・高齢化による自治財源の縮退により、行政財産を活用しながら、民間が人材や資金を提供するスキームである官民連携事業（PPP事業）なども盛んにおこなわれるようになり、より地域の住民の意思を反映させ、自治体同士の広域連携など、実に多様な取り組みがなされるようになってきています。すなわち、近年の法制度においても人中心の街づくりが着目され、官民のパブリック空間（街路、公園、広場、民間空地等）を、積極的に人中心の空間へと転換される方針が示されるようになってきました。都市機能の快適化や居住環境の向上を目指した方針が示されているということが伺えます。

こうした流れを受け、日本各地で、人中心の街づくりの一環として「居心地が良く歩きたくなるまちなか」－つまり、ウォーカブルな街づくりが進められています。多様な人々の出会い・交流を通じたイノベーションの創出や、人中心の豊かな生活を実現し、まちの魅力・

国際競争力を向上させることを狙いとしており、まち内外の多様な人材、関係人口を更に惹きつけるという好循環に繋がると考えられます。

4・2　街づくりのきっかけ

先述した街を大きく変える再開発などの都市計画は、高度経済成長期に大都市への労働が集中したことにより、無秩序に建築物が建てられてきた木造密集地域といわれるエリアの防災面の課題（①道路や公園などの都市基盤が脆弱、②耐震基準を満たさない老朽化した木造住宅が多い、③地震時、火災時の建物倒壊や延焼拡大、④避難経路の確保や緊急車両活動が困難、等）の解決のため、人が安全に暮らせるエリアへの更新の必要性が、大きなきっかけとなります。

一方で、その「まち」の歴史・文化・風土が、そのまちならではの特色であり、尊重されるべきと考えて計画された事業も多く見受けられます。

4・3　風土に寄り添う街づくり

日本は、四季のある美しい国土を保有する一方、地形・地質・気象により災害に対し脆弱で、極めて厳しい自然条件下にあるといえます。こうした影響から、街づくりは、防災面の強化がきっかけとなることが多くあります。

図表12－4　板倉町の水塚・母屋と堤防との相関図，川場町の水塚の写真

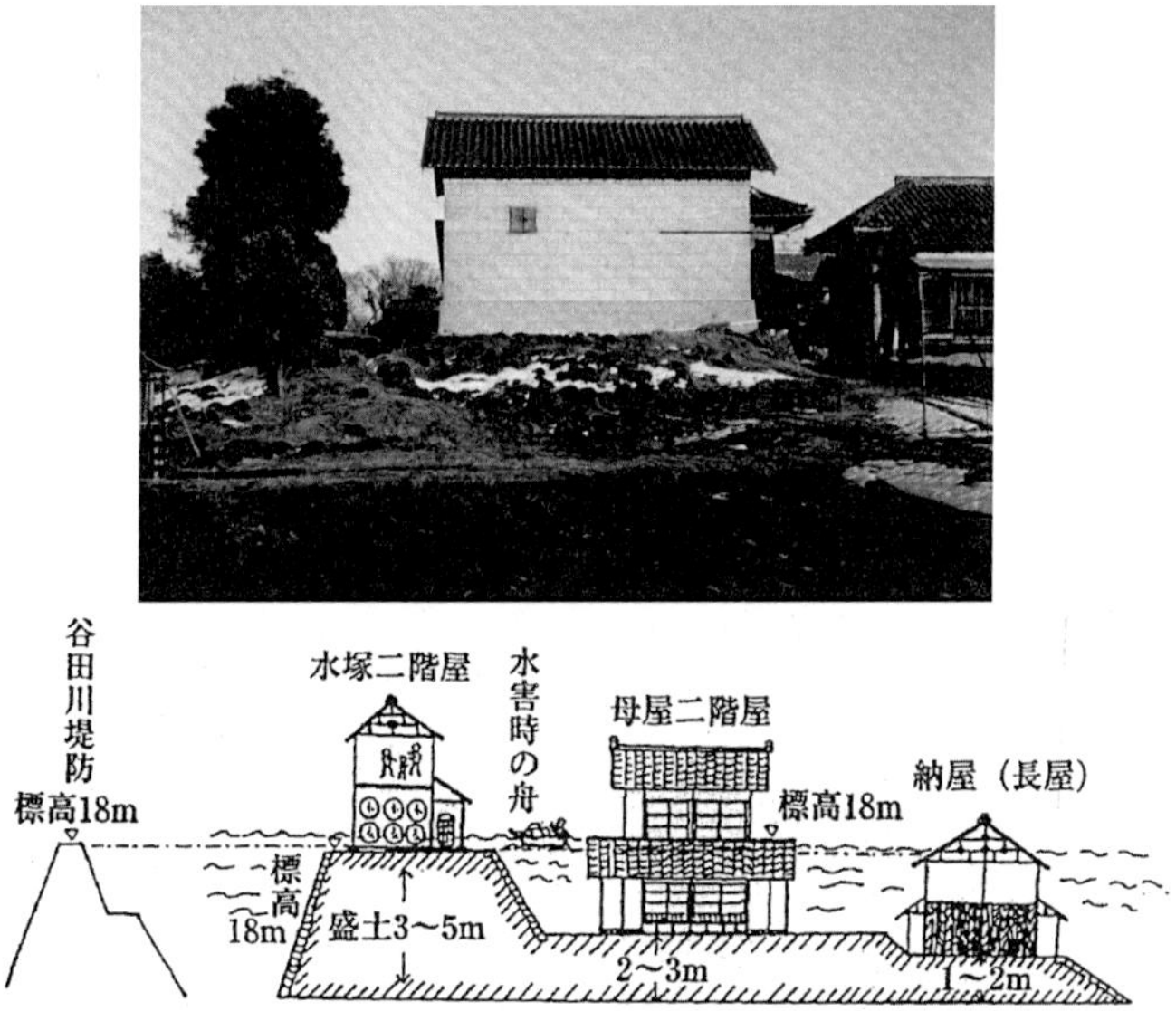

出所：上画像は国土交通省関東地方整備局荒川上流河川事務所「水塚と上げ舟—水害常襲地帯の水除けの知恵」p.1より引用，下画像は中央防災会議『災害教訓の継承に関する専門調査会』編「災害に学ぶ　風水害・火災編」p.9。

歴史的に見ても、例えば日本特有の多雨による水害の多い地帯では、地域住民により様々な対策がなされ、その地域ならではの特色とも言えるような街並みが形成されてきました。例えば、利根川流域の群馬県板倉町、千葉県野田市関宿、埼玉県荒川などに見られる「水塚(みづか)」は、一般に洪水の際に避難するため、屋敷内にあらかじめ築き上げられた高さ3～5m程度の土盛りや、その上に設けられた家屋の総称です。洪水が発生すると、地域の人々は長期にわたって水塚に避難しなければならないことが多いため、水塚の家屋内には，避難生活に必要な生活用具、非常用の食糧や飲料水などが備蓄されていました。

同様の地域水防由来の建屋、集落は、全国各地に「段蔵」「水倉」「水屋」「水山」「川原家」などがありましたが、インフラの整備や住宅開発が進み消滅する傾向にあるものの、部分的に残存し、地域によっては資料館などで昔の姿を残すにとどまっています。

4・4 現代のまちの変化

街づくりには時間がかかります。

この日本で最大規模、もっとも有名な再開発(六本木六丁目地区市街地再開発事業)六本木ヒルズも、地区指定から竣工まで17年。その地を拠点とする企業を含め多くの地権者を、デベロッパーが強い想いのコンセプトのもとでまとめ上げ、竣工後に町全体の街の姿は一気に大きく変わりました。しかし、街づくりは、ひとつの(もしくは複数の)デベロッパーが事業としてまとめあげ、一気にまちを変えるものばかりではありません。起点となる企業や人が少しずつまちを変えていく、または、自治体のトップの強い想いがまちを変えていった様々なきっかけ、ケースの事例を紹介します。

① 六本木（国際色）

２００３年、六本木六丁目地区において文化都心をコンセプトとしたアーテリジェントシティとして、世界から人が集まる、新しい文化や情報を発信する日本の代表的なビジネス・エンターテイメント・アートが集積した国際性豊かな六本木ヒルズが開発されました（森ビル株式会社）。この六本木六丁目地区の再開発のきっかけも、古い木造密集地域であり、道路が４ｍ弱と狭く高低差もあり消防車が通行困難という防災面の脆弱性の解決が起因となっています。

一方でこのエリアは、戦後すぐＧＨＱが設置され、外国人向けの飲食店・商店が広がり、近県の基地などから毎晩大勢の米兵、外国人が集まる街でした。テレビ朝日本社・スタジオの建替検討をきっかけに、エリアの木造密集住宅地と幹線道路沿いの商業ビルとを一体再開発することにより防災機能の向上が検討されました。

老朽化していたテレビ朝日本社の移転というタイミングと合わさり、地域の周辺幹線道路等の交通インフラや公共施設の整備、住宅・業務・文化芸術・情報等の機能更新に関する再開発の機運の高まりと、デベロッパーの「垂直の庭園都市」－大型複合ビル、高層化、広場・緑化エリアを創出する、という強い想いから実現に至っていると言えます。

② 武蔵小杉（企業移転）

最近、「住みたいまちランキング」というワードを目にすると思います。もとになる指標により、ランキングは大きく左右されますので、一概に普遍的な評価がなされているわけではありませんが、何らかの魅力度が影響していることは明らかであると考えています。

その一つの事例として、武蔵小杉駅周辺は、工場街から住みたいまちランキング上位の街へ大きく変貌を遂げました。この地は、1920年代、東海道貨物線による工業用地として注目され、電機・機械製作・建材企業が進出しました。1940年代にJR南武線や東急東横線が開通しましたが、2000年代に企業が郊外へ移転しはじめたことで、製造機械や建材工場跡地、企業社宅、グラウンド跡地での超高層マンションの大規模な再開発、川崎市の住・商・医が整ったコンパクトな街を目指す住宅主体の再開発が本格化しはじめました。その後、JR横須賀線、湘南新宿ライン、相鉄線の開通により利便性はさらに向上していきました。以上のような産業構造と交通網の変化が、エリアを大きく変えるきっかけとなりました（三井住友トラスト不動産株式会社）。

開発のポイントとしては、路線が多く、交通利便性が高い（立地優位性）こと、住、商、医が整ったコンパクトな街を形成できたこと、住に付加価値を与える自然環境、多摩川緑地、等々力緑地などが周辺に存在していること、といった点が挙げられます。一方で、デベロッパー各社による個々のタワーマンションの建設や商業施設の開発の集合体となっていることで、街全体を俯瞰的にみた、統一的な街づくりのデザインがなされているわけではない一面も感じられます。地域の自然、文化、インフラの整備、人の豊かな生活を統合的にサポートする継続的なエリアマネジメントの充実が今後、魅力的なまちをデザインしていくには重要だと考えます。

③ 池袋（オープンスペース（4つの公園））

ここ数年住みたいまち上位に顔を出す街池袋も、10年前には決して治安のよいイメージは無く、「夜の街」「遊ぶまち」であり、「住むまち」ではないと思われていたと思います。そのことが明確になったのは、2014年の日本創生会議にて、東京23区で唯一自治体として「消滅可能性都市」と指摘されたことでした。

もともと、豊島区長は「暗い、怖い、汚い」というまちのイメージを一新し、「文化を活性化させ、にぎわいの中に文化が生まれ、文化の中ににぎわいが生まれる街づくり」を提唱していました。日本創生会議の指摘から20～39歳の若い女性が大きく減少すると分析し、2016年には「国際アート・カルチャー都市構想実現戦略」（豊島区、2015）を策定、

2017年から子育て世代のファミリー層も安全に、安心して歩けるまちを目指して「トイレ」と「公園」の整備を計画しました。駅周辺の回遊性を高めるために24のアートトイレを整備し、それぞれ異なる機能とコンセプトの4公園を核としていく街づくりを行ってきました（豊島区、2016）。

＜異なる個性の4公園＞

（ⅰ）南池袋公園

「都市のリビング」がコンセプトで、広々とした芝生広場、地元企業運営のカフェレストランが併設され、子育て世代中心、様々な世代の大勢の人で賑っています。公園の運営は、緩和された公園でのカフェ運用収益と地下に地下変電所を誘致し、借料を原資とした運営管理の事業モデルも注目されています。

（ⅱ）中池袋公園

「アニメの聖地」池袋を世界に発信する拠点です。隣接する劇場複合開発の「ハレザ池袋」と連携したアニメやコスプレ関連を中心としたイベントが開催されています。

（ⅲ）池袋西口公園

池袋駅直近の立地を生かし、東京芸術劇場と一体的に整備し、公園全体を屋外劇場「グローバルリング」と名付け劇場空間としています。本格的な音楽イベントが行われ、併設された平日も利用されるカフェレストランとともに、街の賑わいに寄与しています。

（iv）としまみどりの防災公園（愛称ＩＫＥ・ＳＵＮＰＡＲＫ）

災害時の避難場所としての機能や延焼遮断機能を持ち、平時にはスポーツ関係などの野外イベントに活用されます。広々とした芝生広場、地元企業運営のカフェレストランが併設されています。キッズパークや保育園が隣接しており、ベビーカーを押して訪れる人も多く、子どもが走り回る姿が日常的にみられます。

きっかけは「消滅可能性都市」の喜ばしくないレッテルでしたが、危機感を持った区長によるトップダウンで明確な街づくりが進み、スピーディーなプロジェクト化及び実行されたことが、池袋を住みたいまちランキングの上位へ押し上げた力となっています。

そして、現在は駅東側中心の整備ですが、豊島区は今後を見据え、巨大ターミナル駅を中心とした駅の西側との回遊性を創出するパブリックスペースの整備を継続計画中です。

④ 北千住（大学誘致）

歴史的にも旧日光街道が通る千住宿のあった交通の要所北千住は、現在も鉄道5路線が交わる交通の結節点であり、高い交通利便性が魅力のまちです。

しかし、下町のイメージが強く、駅前路地は少々高めの年代が立ち寄る飲み屋が軒を連ね、若者の集まる街というイメージはあまりなかった北千住ですが、近年、住みたいまちランキングの上位に名前が上がるようになってきています。

まちの変化のきっかけは2000年の中央図書館、生涯学習総合施設に併設した放送大学の開校に始まりました。足立区は、少子化の流れから「足立区文化産業・芸術新都心構想」を定め、小中学校の廃校校舎の改修・増築等によって、2006年に東京芸術大学、2007年に東京未来大学、2010年には帝京科学大学と、次々に大学を誘致したことから、まちに大学生がみられるようになりました（足立区、2020）。その中でも、まちが変わったと多くの人が認識したのは、2012年の東京電機大学の移転と言われています。

現在、東京電機大学が建つ敷地はJTの社宅でした。時代の流れから、廃止された社宅の跡地の開発は、地元地域からは病院やホテルの要望もあったとのことですが、理工系の総合大学は、地域経済の活性化や地域産業との産官学連携のためにも是非必要である、との強い想いを持つ足立区が先導して土地所有者のJT・URに大学を紹介し、通常では困難と思われるスピードで話をまとめ、実行されたようです（足立区、2008）。

地域の明確な将来ビジョンを考えた自治体の実行力が、単なる街区の再開発にはとどまらず、昔ながらの駅前の路地の下町風情を残しつつ、古い建物を利活用した若者向けの居酒屋やカフェなど洒落た新しい店、ファミリー層向けのさまざまな大学と住民との連携活動が行われる子育て施設など、多様なひとに魅力のあるまちへ今も変化を続けています。文教都市足立という評価すら生まれ始めたこの北千住の街づくりは、自治体の首長が強いリーダーシップを発揮してデザインしてきた街づくりの例と言えます。

⑤ 松山市（アーバンデザインセンター）

松山市では、他の地方都市同様、商業施設郊外化の進行、建物の老朽化によって街なかの魅力が低下し、市民の人々が集える身近なパブリックスペースが不足していました。2013年には「中心地区市街地総合再生基本計画」が策定され、まちの賑わい創出の街づくり拠点施設として2014年にUDCM松山が設立されました。

アーバンデザインセンター（略称UDC）とは、行政都市計画や市民まちづくりの枠組みを超え、自治体等の公、地域を拠点とする商工会議所等の団体や民間企業と大学等、地域に係る各主体が連携し、都市デザインの専門家が客観的立場から携わる新たな形のまちづくりの組織・拠点であり、主な活動は、以下のような空間や事業のデザインから、調査研究までを行う組織となっています（一般社団法人UDCイニシアチブ）。

（i）花園町通りの整備（一般財団法人道路新産業開発機構、2020）

市の中心部である松山市駅と市民の集う施設、観光客の多い松山城への高い利便性高い商店街である花園町通りの再生をUDCM松山が中心的な役割を担ってきました。

花園町商店街の面する市の主要幹線道路は35年前と比較すると交通量は1／2に減少して

います。また、商店街には松山市駅前を含めると約1、000台の放置自転車が歩道に存在し、設置されてきた屋根も老朽化とともに暗いイメージを醸し出すなどの多くの問題を有する通りとなっていました。

その解決のため、UDCM松山がファシリテーターとなり、ウォーカブルな街に向けた歩行者空間の実現を目指して、沿道の住民やテナントと共に空間活用について意見交換を進めるだけでなく、交通シミュレーションと模型を用いた空間デザインが同時に進められていきました。

結果として、複数車線あった車道の在り方を見直し、自転車道と歩行者空間、その他多様な利用が可能な下記のようなオープンスペースに再配分し、社会実験や空間活用実験も重ねながら効果が検証されていくことにより、理論とデザイン、実践と実験の積み重ね、丁寧な合意形成のプロセスを経て、2017年に新たな花園町通りがデザインされていきました。

＜オープンスペースの例＞

・子供が遊べる緑と芝生スペース広場
・フリマ、オープンカフェなどのイベント可能な賑わいオープンスペース
・地元の人々が集い語らう溜まりデッキスペース空間
・商店街の機能として駐輪、荷捌き用の車両スペース

（ⅱ）みんなのひろば（松山市、２０２０年）

ＵＤＣＭ松山では「みんなのひろば」という名称で、街中のコインパーキングを街なかの賑わいや回遊性を持たせるために、街づくりの拠点ひろばを整備する社会実験を行いました。約1年半の社会実験時には、１カ月平均４、７５０人に訪問されました。日常的な利用として、朝の時間帯では近くの保育園の園児の散歩コース、昼の時間帯では近隣企業のＯＬのお弁当社交場として、イベント時には1日約１、０００人に利用されていました。

想定外のこともあったようです。新たな住民（新築されているマンション）の若い子供連れファミリーが多く来場されたことから、新しい住民として、地域のコミュニティへの窓口としても非常に有用だったことがわかりました。また、利用者の約9割が継続を要望との結果が出たそうです。しかし、1年半の実証実験後はコインパーキングに戻されています。

ＵＤＣＭ松山の試みは、元々コインパーキングという全国どこにでもある低未利用地や空き店舗をまちの人々の参加型の街づくりの資源として活かすことで、どの地域でも取り組める可能性を実証し、地域に求められることを検証し、市民の意見を反映した街づくりの実験でした。また、パブリックスペースによる街づくりは一定の効果、価値を図ることはできましたが、個人の重要な収入源でもある民有地を街づくりにおいてパブリック活用することは、ハードルが高いということも明確になりました。

図表12－5　花園町通り歩行者通行量の推移

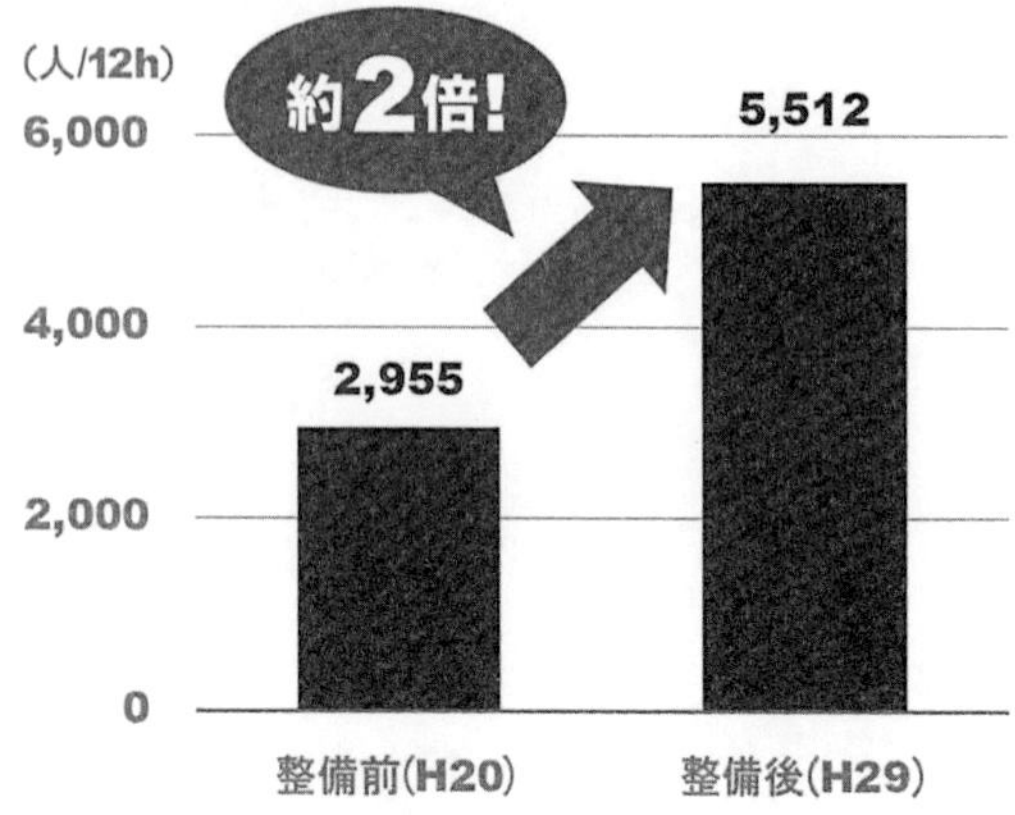

出所：一般財団法人道路新産業開発機構（2020）『道路行政セミナー』「「花園町通り」道路空間改変事業の取組み」p.6より引用。

（ⅲ）価値の定量指標要素

街づくりの価値の定量的指標として、人の賑わい、地価について少し触れておきます。

地価とは、取引の条件や地域の状態などが反映され、個別に決定されるもので、地価高騰（バブル）とその後の崩壊を経て、現在は土地自体の利用価値を重視されるようになっています。こうした意味で、地価は、地域の活性度を表すバイタルサインの1つであると言えます。

地価の3要素は、（ⅰ）その土地がどれくらい役に立つか、（ⅱ）他の土地と比べてどれだけ貴重か、（ⅲ）買い手がどれ位いるか、という点です。

一方、地価の変動にかかわる3要因

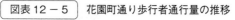

図表12－6　松山市内の地価変動率

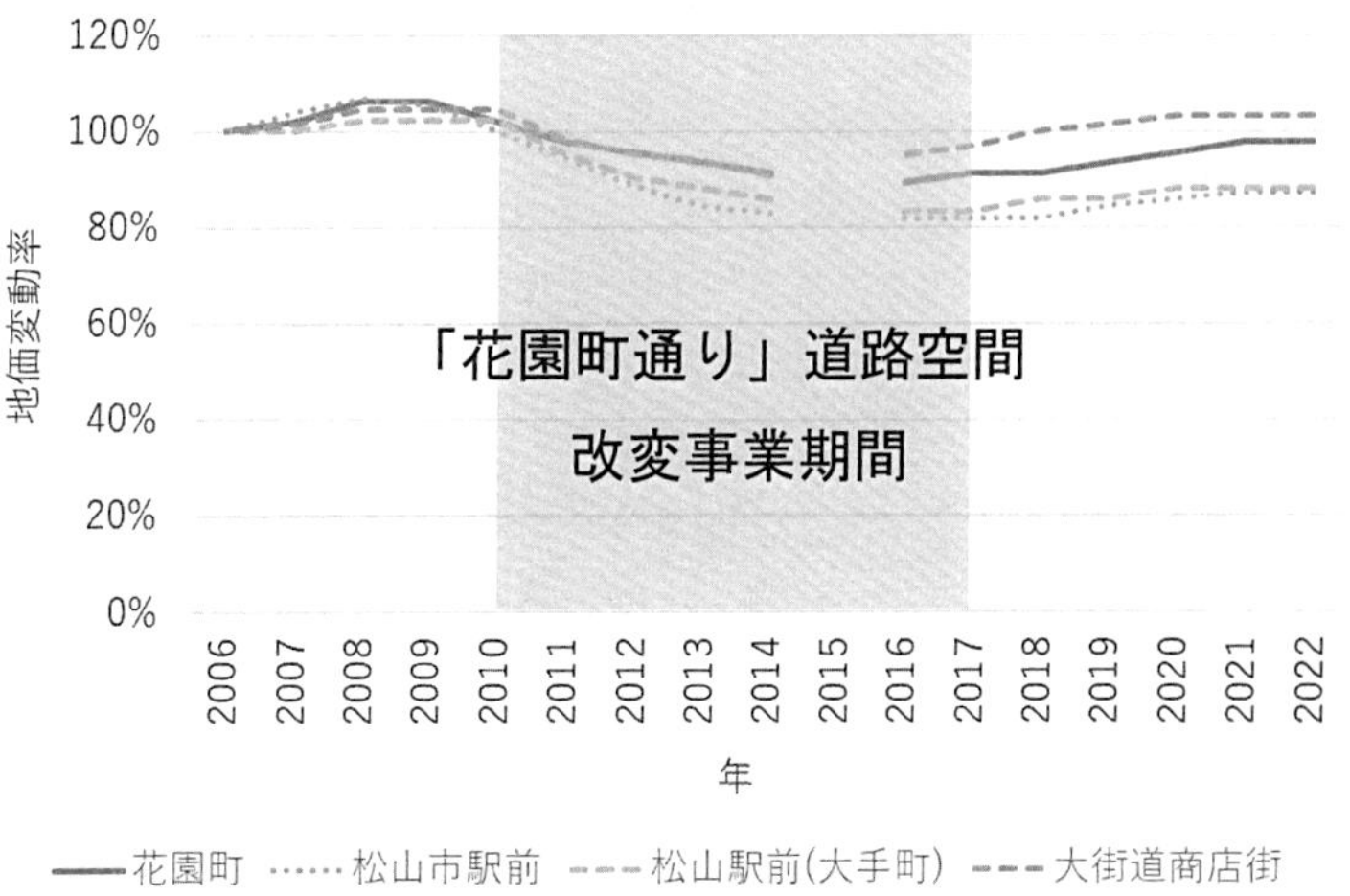

注）大街道商店街についてはロープウェー街へ

出所：国税庁「財産評価基準書 路線価図」をもとに作成。

は、（iv）自然・社会・経済などの状況、（v）周辺地域の状態、（vi）土地そのものの個別特性、等が考えられます。

花園町通りでは、整備後、歩行者数は約2倍に増加し、地価のひとつである路線価もJR松山駅前（大手町）や伊予鉄道松山市駅前より高い上昇率となりました。

⑥ 大阪堀江（個性あるプロデューサーとデザイナーの想い）

大阪には梅田を中心としたキタ、難波を中心としたミナミ、市中心に位置する心斎橋と全国的にメジャーな商業集積地、繁華街がありますが、約20年から一部の拘りのあるひとたちによって大阪ローカルのまちが注目され始めてきました。その街の一つ、堀江は、心斎橋の至近という立地にあります。

1960～70年代、堀江の中心である立花通周辺は家具の街として栄えてきました。1980年代以降の時代の変容に伴い、大型家具量販店が郊外に立地したことで、個人家具店の弱体化によってエリア賃料が低下し、まちの衰退が顕著化し、商店街店主らが委員会を設立しました。そこで、隣接エリアであるアメリカ村周辺（倉庫街）で喫茶店、雑貨店、ディスコを仕掛けていたプロデューサーの日限萬里子氏と、1980年代後半から大阪で活躍の幅を広げていた空間デザイナーの間宮吉彦氏が、1998年にカフェ「ミュゼ大阪」を仕掛けました。これをきっかけに、閉じた家具店跡をリノベーションした、セレクトショップが進出し始め、若者中心のアメリカ村に対し、感度の高い大人向けの個性あふれる街へ変貌した事例（日限、2007）です。

東京での同様の事例としては、渋谷、原宿エリアのキャットストリートが挙げられます。自治体や企業、法人から発生したものではなく、地元の仕掛け人（街づくりプレーヤー）が一つの拠点への取り組みをきっかけに周囲へ働きかけを行うことで少しずつ変化し、今も進化しつづけている街づくりの事例です。

5　街づくりデザインにおける手法としてのテクノロジー活用

街づくりの主役である「人」には様々なバックボーンがあり、多様な価値観が存在します。

多様な価値観に対処し、人が豊かに過ごす街づくりを行うためには、経済の活性化、環境、災害、健康、交通、廃棄物等の諸問題を解決する必要があります。冒頭にも述べた通り、こうした諸問題の解決に対し、テクノロジーは日々進化を遂げています。従来型の、専門家の経験値のみによる手法だけではなく、世界の大学・政府機関・企業等が開発・展開を進める様々なテクノロジーやサービスツール、センシング技術（衛星、スマートフォン（位置情報、音声データ、画像データ等）、GPS、ICカード、レーダ等）によって取得するデータ活用が必須となってきています。

それらを活用した住民、自治体、専門家によるワークショップや勉強家、カンファレンスが開催される機会も増えてきています。自分のまちの姿が可視化されることにより、より多くの人がまちに興味を持ち、深く理解しあうことで、関係者がビジョン等を共有し合えるようになる、住民が主役の街づくりを考える機会が増えつつあると感じています。

更に活発な議論、合意形成に寄与するデータとシミュレーションの有機的な連携プラットフォームの構築により、まちの抱える諸課題への取り組みへの加速が期待されています。

6　おわりに

タイトルである「街づくりデザイン」とは、ここまで述べてきたように、街の再構築をしていく際に形態を決めることだけを指すのではなく、目的を見出し、その目的を達成する計画を行い実現化する一連のプロセスまでが、私たちが考える「街づくりデザイン」です。
その目的は「人」のためであり、まちで暮らす人の生活や意思、行動から生み出されるものであると考えています。まちの変化のきっかけ、合意形成などの手法など、多様な切り口やプロセスが存在する中で、これからの街づくりには、それらを丁寧に、有機的につなぎ合わせ、継続し続けるための「街づくりデザイン」に向けて、働きかけていくことが重要になってくると考えています。
街は変わり続けていくものであり、継続的かつ持続可能な「人が主役の街づくり」のため、一人でも多くの人が自身のまちへの興味を持ち、「街づくりへ関与していきたい！」と思う人が増え、より多くの人が街づくりデザインに携わっていく社会の実現を願っています。

【参考文献】

ＮＴＴアーバンソリューションズ株式会社（２０２２）「日本初となるスマートシティの国際認証ＩＳＯ３７１０６取得（ＢＳＩ認証）」報道発表資料、２０２２年２月24日 https://www.ntt-us.com/news/pdf/news_us220224_001.pdf
足立区（２００８）「ＪＴ社宅跡地に、東京電機大学が進出決定！」記者会見資料、平成20年６月24日 https://www.city.adachi.tokyo.jp/documents/2142/080624_interview_1.pdf
足立区（２０２０）「夢かなえよう。ｗｉｔｈあだちの6大学連携事業」２０２０年２月13日 https://www.city.

adachi.tokyo.jp/citypro/ku/koho/daigakurenke.html　２０２２年10月取得．

一般社団法人ＵＤＣイニシアチブ　https://udc-initiative.com/about/　２０２２年10月取得．

豊島区（２０１５）「国際アート・カルチャー都市構想」平成27年３月　https://www.city.toshima.lg.jp/toshimanow/artculture/documents/honnpenn.pdf

豊島区（２０１６）「国際アート・カルチャー都市構想実現戦略」　https://www.city.toshima.lg.jp/toshimanow/artculture/senryaku/sakutei.html

日限満彦（２００７）『アメリカ村のママ 日限萬里子』小学館．

松山市（２０２０）「湊町三丁目「みんなのひろば」と「もぶるテラス」の効果検証」令和２年３月　http://www.city.matsuyama.ehime.jp/shisei/machizukuri/toshikeikaku/Urbandesign/13850120141022.files/shakaijikken.pdf

三井住友トラスト不動産株式会社「7：高層マンションが林立する街へ〜神奈川県武蔵小杉〜」２０２２年１月12日改訂　https://smtrc.jp/town-archives/city/musashikosugi/p07.html　２０２２年10月取得．

森ビル株式会社「主要プロジェクト：六本木ヒルズ」　https://www.mori.co.jp/projects/roppongihills/　２０２２年10月取得．

第13章 顧客体験デザイン
―ラグジュアリ・エクスペリエンスとアート―

1　ビジネス領域で活用される2つの「アート」

ビジネスの現場では、様々な文脈で、アートの活用が広く認知されるようになりました。ビジネスにおけるアートの重要性や役割、さらには、どのようにアートをビジネス・モデルに取り入れ、マネジメントを変化させ、価値創造のダイナミクスに貢献できるのか？　これらは、ここ数年、多くの実務家、研究者から注目を集めています。

ビジネスへのアートの活用方法は、大きく2つに分けられます。一つ目の活用方法は、アート思考に代表されるアーティストの思考方法や創造プロセスを組織開発、イノベーション創出、マーケティング活動に活用しようとする取り組みです。

ちなみに、デザイン思考とアート思考は似て非なる概念です。両者ともに、アイデアやイノベーションを創出するためのアプローチや手法ですが、デザイン思考は、問題解決志向のアプローチや手法であり、共感、問題定義、アイデア創出、プロトタイピング、テストの5段階からなるプロセスとして定式化され、ユーザーにとっての課題解決の探究に有効とされています。アート思考は、問題解決志向ではなく、問題提起志向であり、アーティストが、これまでに見たことのないもの、ありえないものを創出するアプローチや手法であり、貢献、逸脱、破壊、漂流、対話、出展の6段階からなるプロセスとして定式化されています。アート思考は、社会や人びとの常識や価値観を揺さぶり、議論を巻き起こすような問題提起を行うことでイノベーション創出をもたらすことに有効とされています。デザイン思考とアート思考といったアプローチや手法に優劣があるのではなく、状況に応じて様々な思考方法を組み合わせて活用することが、ビジネスの現場では必要となります。

二つ目のビジネスへのアートの活用方法は、アートが有する物理的要素を活用しようとする取り組みです。すなわち、クリエイティブな作品自体やその要素をビジネスに取り込む方法です。こうしたアート活用は、アート作品やアーティストとのコラボレーションによる店舗設計、製品設計、広告企画、パッケージ等に代表されるように、マーケティング実務領域で広く活用されてきました。加えて、これまで、マーケティング研究領域においても、こうしたクリエイティブとしてのアート活用が消費者の感情や購買にどのような影響を与えるかという視点で、そのメカニズムの検討が多くなされてきました。

他方、近時マーケティングの現場では、アートのより広範な活用可能性、そしてその有効性への検討について、関心が寄せられています。こうした関心を反映した取り組みとして、期待できる効果のひとつに、ブランディングがあります。ブランドとアートの間には複数の結びつきが存在し、ブランディング活動は数多くの方法でアートの世界と交錯しているともいえます。

特に、ラグジュアリ・ブランドに関しては、アートとの関係は、その根幹をなす希少性、排他性を保持しつづけるためにも、ビジネス・モデルの重要な構成要素と見なされています。これまでも、ラグジュアリ・ブランドとアートやアーティストとの関係については、芸術的限定版、慈善的協働、実験的共創といった取り組みがなされてきました。

さらに、ラグジュアリ・ブランドはこれを超えて、アートとの戦略的かつ共創的な融合を通じたブランド体験の提供を通じて、顧客に対してブランドの世界観への共感や意味構築への能動的な参加促進を試みています。こうしたラグジュアリ・ブランドの「芸術化(artification)」は、その中核となる顧客を維持しつつ、マステージ・ブランドとの差別化を図り、社会的正当性を主張する手段であり、プロセスであるということができるでしょう。こうした試みのひとつとして、ラグジュアリ・ブランド自身がアート展覧会を開催し、その空間を通じて、ブランドの本質や世界観を提示することによって、ブランド体験の提供を展開しています。

こうしたアート展覧会を通じたブランド体験機会の提供を推し進めることは、ラグジュアリ・ブランドとしてのプレステージ(prestige)を低下させることなく、ブランドの世界観への共感や価値共創を促し、付加価値を高めることができます。

次に、ラグジュアリ・ブランドによるアートとの関係構築の背景を整理します。

2　ラグジュアリ・ブランドのアート活用の背景

ラグジュアリ・ブランドには、一致した明確な定義はありませんが、歴史的背景を礎として、卓越性（excellence）、世襲性（patrimonial）、正統性（authenticity）、希少性（rarity）、排他性（exclusivity）と確立されたブランド・アイデンティティを持ち、知名度、品質、顧客ロイヤルティが高いブランドといわれています。

伝統的に、ラグジュアリ・ブランドにおけるブランディングは、職人的技術力を基礎した製品の誠実性、高価格、限定的な供給量、極めて選択的もしくは、排他的な流通チャネル、象徴的製品、文化・伝統等をブランド要素や手段として展開されてきました（図表13－1参照）。

こうしたラグジュアリ・ブランドは、ステイタス・シンボルやあこがれの対象であり、所有により、知覚されたステイタス（perceived status）を獲得できると信じられ、製品そのものの機能的効用価値を上回るプレミアム価格でも購入したいとするブランドといえるでしょう。

もともと高級仕立服店を意味するオートクチュール（haute couture：高級仕立服）・メゾン（maison：店舗・会社）である老舗ファミリー企業としてのラグジュアリ・ブランドは、伝統と伝承に裏付けられた卓越した職人技を背景とし、製品カテゴリ内で最上位に位置づけ

図表13－1　ラグジュアリ・ブランディング・モデル（ブランド要素と手段）

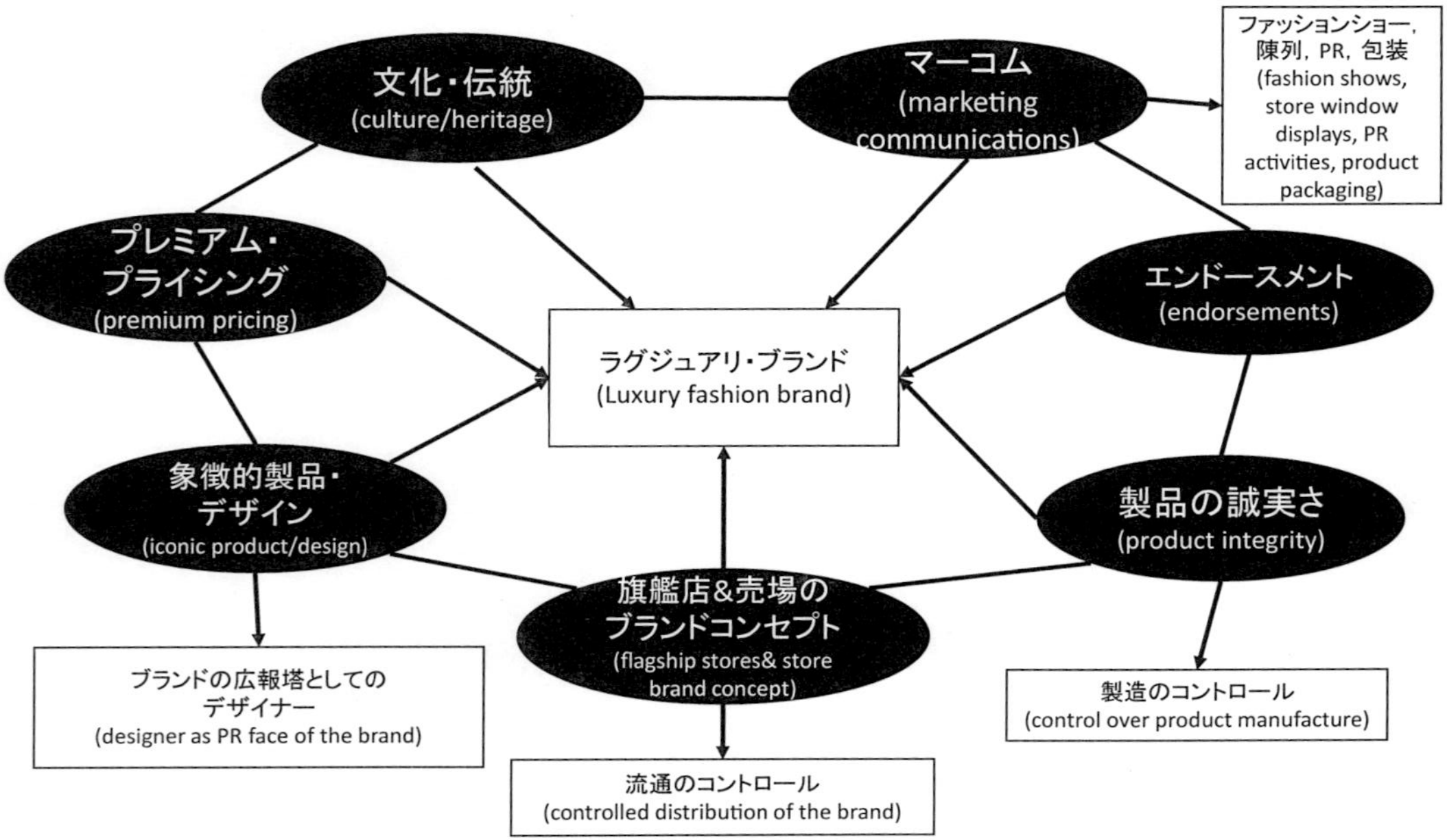

出所：Moore, C. M. and G. Birtwistle（2005）"The Nature of Parenting Advantage in Luxury Fashion Retailing The case of Gucci Group NV", *International Journal of Retail & Distribution Management*, Vol. 33（4）pp. 256-270.（p.268）より，一部筆者により加筆にて作成。

図表13－2　ラグジュアリー・ブランドのビジネス構造

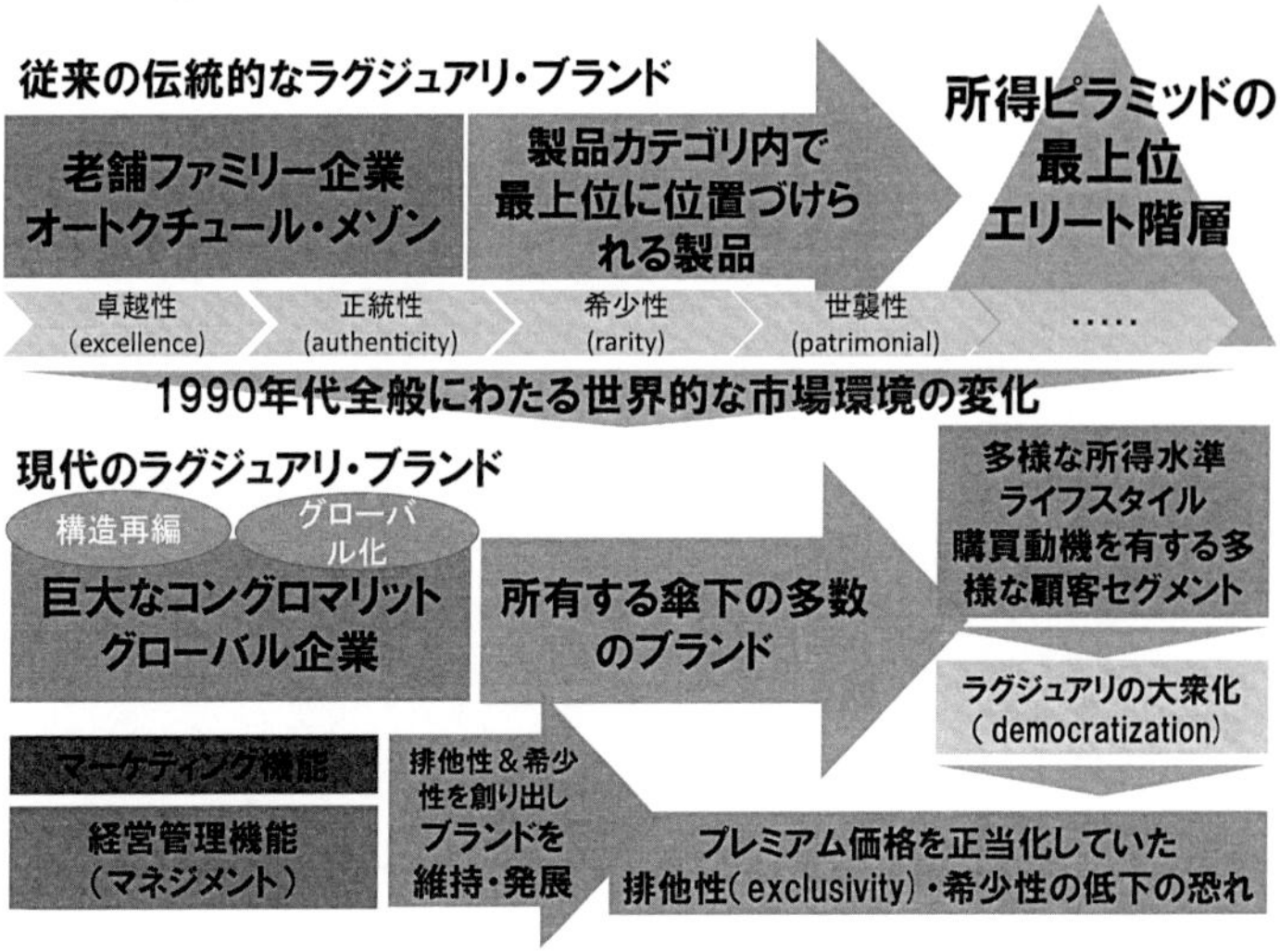

出所：筆者作成。

られる高品質、高価格の製品を極限られた富裕層を対象に提供してきました。

１９９０年代における、世界的な市場環境の変化、特にＩＴ革命とグローバル化は、こうした老舗ファミリー企業としてのラグジュアリ・ブランドの経営にも影響を与え、ＳＣＭ（サプライチェーンマネジメント）の導入や流通チャネル全体での構造変革が求められてきました。こうした変革期を乗り越えた老舗ファミリー企業であったラグジュアリ・ブランドは、Ｍ＆Ａを繰り返し、多くのブランドを傘下に所有することにより、巨大コングロマリットへと変貌を遂げ、グローバル市場でも存在感を放つようになっていきます。

同時に、これまで限られた富裕顧客だけを対象としてきたビジネス・モデルが、世界中の多様な所得水準、ライフスタイル、そして様々な購買動機を有する顧客を対象としたビジネス・モデルへの転換を余儀なくされてきました。こうした状況は、ラグジュアリ・ブランドの陳腐化をもたらし、マス・マーケティング状態に陥ることが危惧される状態をつくりだすことになります。そこで、ラグジュアリ・ブランドには、排他性と希少性を背景にしたプレミアム価格を低下させることなく、ブランドの世界観への共感とブランドの意味構築への顧客の能動的参加を促し、ブランドの認知と売上を高めるという矛盾した難題（パラドクス）を同時に克服することが要求されるようになります（図表13－2参照）。

ラグジュアリ・ブランドは、こうした「大衆化・商業化」と「排他性・希少性」といった矛盾した難題（パラドクス）解決に向けて、そのブランド・マネジメントを再検討し、近年、多くのラグジュアリ・ブランドが、アートやアーティストとの結びつきを組織的かつ大幅に強化しています。こうした取り組みは、アートが有する排他性・希少性が、ラグジュアリ・ブランドの大衆化・商業化による陳腐化を回避させる働きをし、その世界観に新しい価値観を創り出しているといえるでしょう。

次にラグジュアリ・ブランドによるアート展覧会が、ブランド体験に与える効果について、筆者が実施したアンケート調査の結果を紹介します。

3　ラグジュアリ・ブランドによるアート展覧会とブランド体験

ブランド体験とは、ブランド刺激によって喚起された、主観的かつ内的な感覚的、感情的、認知的な消費者の反応また消費者の行動とされています。

ここでは、筆者が２０２２年11月に実施した消費者アンケート調査の調査結果を中心に、アート展覧会とブランド体験との関係について検討します。

本調査は、ラグジュアリ・ブランドが開催するアート展覧会の効果、ラグジュアリ・ブランドへの消費者の態度の理解を目的に実施いたしました。尚、ここでいう態度とは、消費者がブランドに対して持つ判断や評価を示しています。調査方法は、インターネット調査とし、調査会社登録の消費者モニターを対象とし、東京都在住かつ世帯年収８００万円以上の20代、30代、40代の女性を事前に抽出し、最終的に対象者として１５０サンプル（20代：50人、30代：50人、40代：50人）の回答を得ました。

具体的には、対象者にラグジュアリ・ブランド（Cartier, Christian Dior, Hermès, Louis Vuitton）が、近時展開したアート展覧会およびアートイベントのウエブサイトを事前に閲覧していただいた上で、アート展覧会の効果（10項目）、こうした活動を展開しているラグジュアリ・ブランドへの態度（15項目）、に関して、（7点尺度「非常にあてはまる」「あてはまる」「どちらかと言えばあてはまる」「どちらとも言えない」「どちらかと言えばあてはまらない」「あてまらない」「全くあてはまらない」）回答いただいています。

まず、ラグジュアリ・ブランドによるアート展覧会の効果（図表13－3参照）に関して、展示対象のラグジュアリ・ブランドの「世界観（80%）」「歴史・伝統（80%）」「製品の高品質（71%）」「卓越した職人技（71%）」を感じることが出来るとする回答者の割合（尚、カッコ内の数値は、「非常にあてはまる」「あてはまる」「どちらかと言えばあてはまる」と回答したものの合計です）が非常に高い結果を示しています。

こうした結果は、ブランドの歴史と伝統、卓越した製品と職人技を顧客に共有し、世界観を感じもらうという一連のブランド体験を通じたブランディングに、アート展覧会のコンテンツと空間が大きく貢献しているといえるでしょう。

また、こうしたラグジュアリ・ブランドによるアート展覧会は「認知契機（21%）」「店舗訪問契機（57%）」「製品購入契機（54%）」といったマーケティング効果においても高い効果を提供しているといえるでしょう。加えて、「理解（75%）」「愛着（63%）」「関係構築（57%）」というように、コミュニケーション効果においても高い数値を獲得しています。

こうした結果は、ラグジュアリ・ブランドによるアート展覧会は、ブランディング、マーケティング効果、コミュニケーション効果のいずれの面においても、大きな影響をもたらし、ラグジュアリ・ブランドにとって、非常に有効かつ親和性の高いマーケティング・コミュニケーション手段であることを示しているといえるでしょう。

図表13−3　ラグジュアリ・ブランドによるアート展覧会の効果

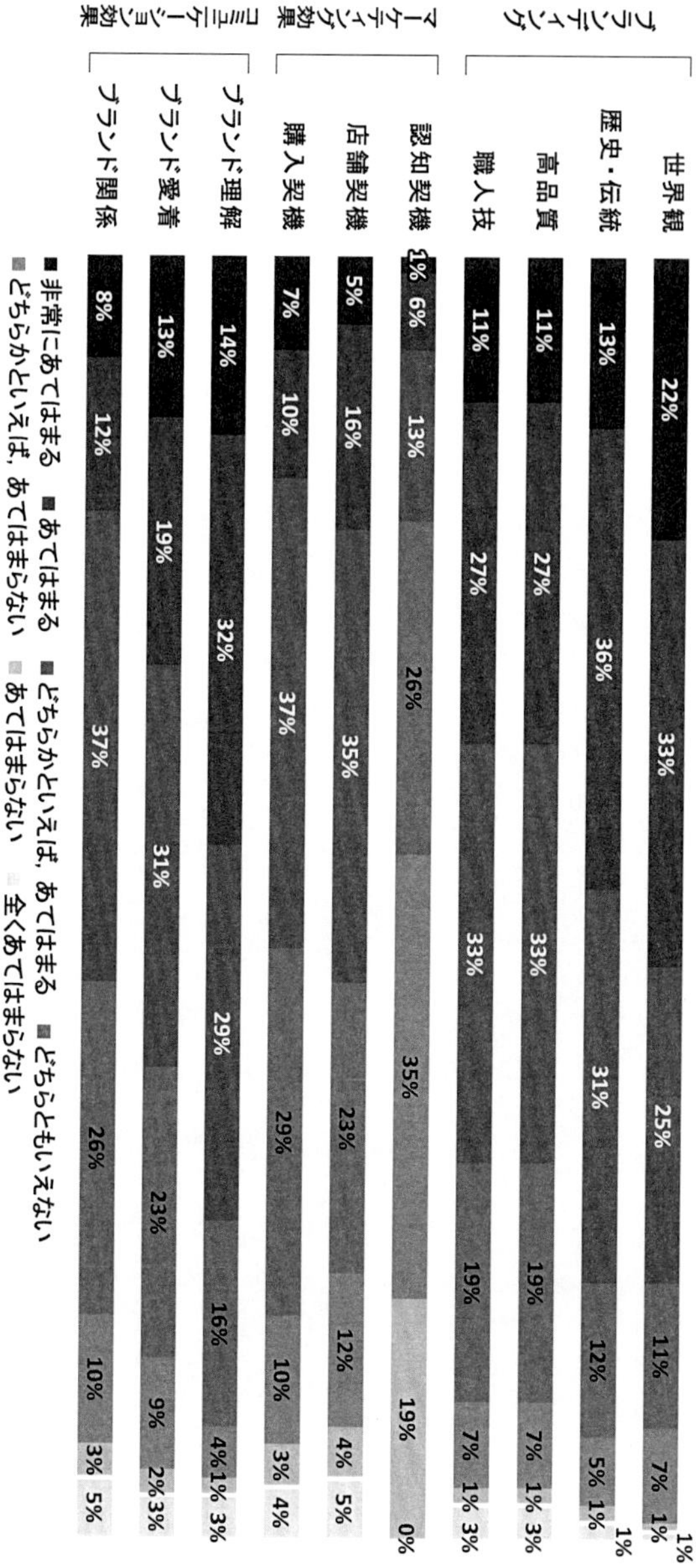

出所：筆者作成。

次にアート展示会を展開しているラグジュアリ・ブランドへの態度（図表13－4）に関する調査結果を説明します。

こうしたアート展覧会を展開しているラグジュアリ・ブランドへの態度（15項目）については、ラグジュアリ・ブランドにおける中核概念である希少性に関連する「特別感（73％）」「贅沢感（80％）」等、同様に排他性概念に関連する「ステイタス（68％）」「優越感（52％）」等も高い値を示しています。一方、アクセスの容易さに関連する「親近感（22％）」は、低い値を維持しています。これらの結果は、ラグジュアリ・ブランドによるアート展覧会が、ラグジュアリ・ブランドが有する大衆化・商業化と希少性・排他性といった矛盾した難題（パラドクス）に向けて、所謂、陳腐化をもたらすことなく、ラグジュアリ・ブランドのプレステージ（prestige）の維持もしくは増幅に、有効に機能しているといえるでしょう。

4　ラグジュアリ・ブランド・ロイヤリティ・モデル

従来、ラグジュアリ・ブランドの根幹をなす希少性・排他性は、常にその大衆化・商業化による陳腐化に脅かされてきました。そこで、ラグジュアリ・ブランドは、アートとの戦略的かつ共創的な融合を通じたブランド体験の提供を通じて、既存顧客および見込顧客に対して、ブランドが有する特別な世界観への共感や関係構築への能動的参加を求めてきました。すなわち、ブランド自身が「芸術化（artification）」することで、ブランド・ロイヤルティ

図表13－4　アート展覧会とラグジュアリ・ブランドへの態度

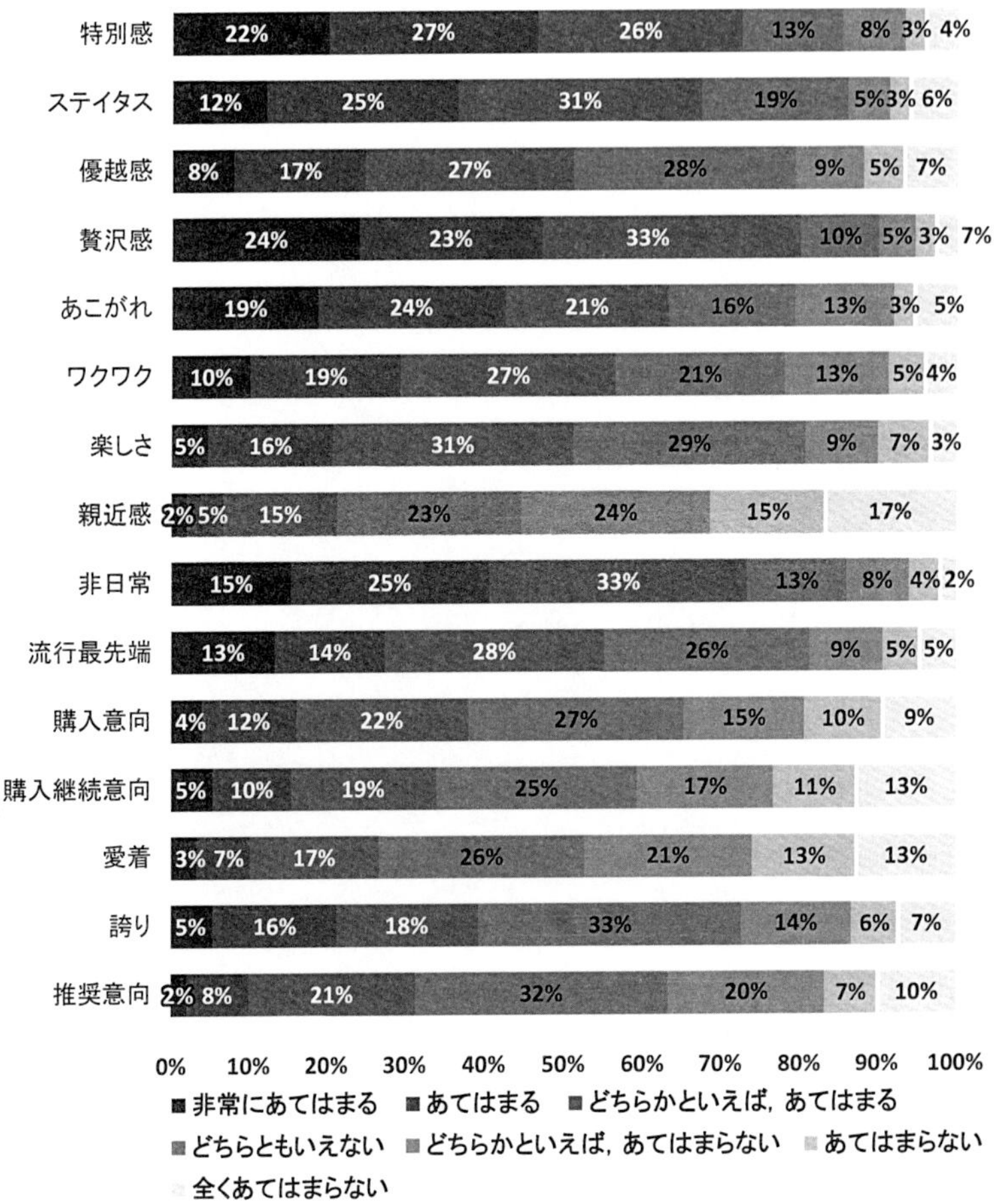

出所：筆者作成。

の醸成を試みているとすることができるでしょう。
ここでのブランド・ロイヤルティとは、ブランドに対する思考や感情、信念を伴うものであり、反復購買といった行動的指標だけによるものではありません。

ラグジュアリ・ブランドにとって、行動的指標だけではなく、感情的な関与を伴うブランド・ロイヤリティを醸成することは最重要であり、こうした文脈においてアート展覧会の戦略的有効性が注目を得ている理由であるといえるでしょう。

最後に、ラグジュアリ・ブランドがアート展覧会を起点とし、ブランド・ロイヤリティを醸成していくブランディング・プロセス・モデルを検討します。

ブランド・ロイヤルティをマネジメントする上で最も重要なことのひとつは、ブランド・ロイヤルティ醸成後であるといわれています。当初、強い感情的思い入れがあったとしても、次第に習慣的な購買となり、ブランドに対する関心を失われてしまいます。すなわち、一旦、醸成されたブランド・ロイヤリティであったとしても永続的なものではありません。

そこで、ブランド・ロイヤルティを形成し、維持するために、ブランド・ロイヤルティの先行指標として、ブランド・アタッチメントという概念が提示され、そのマネジメントが重要であるとされています。ここでいうブランド・アタッチメントとは、ブランドと自己を結びつける認知的、感情的な絆の強度とされています。

最後に、本章で説明した調査結果をもとに、アート展覧会を起点としたラグジュアリ・ブ

図表13－5　アート展覧会でのブランド体験を起点したラグジュアリ・ブランディング・モデル

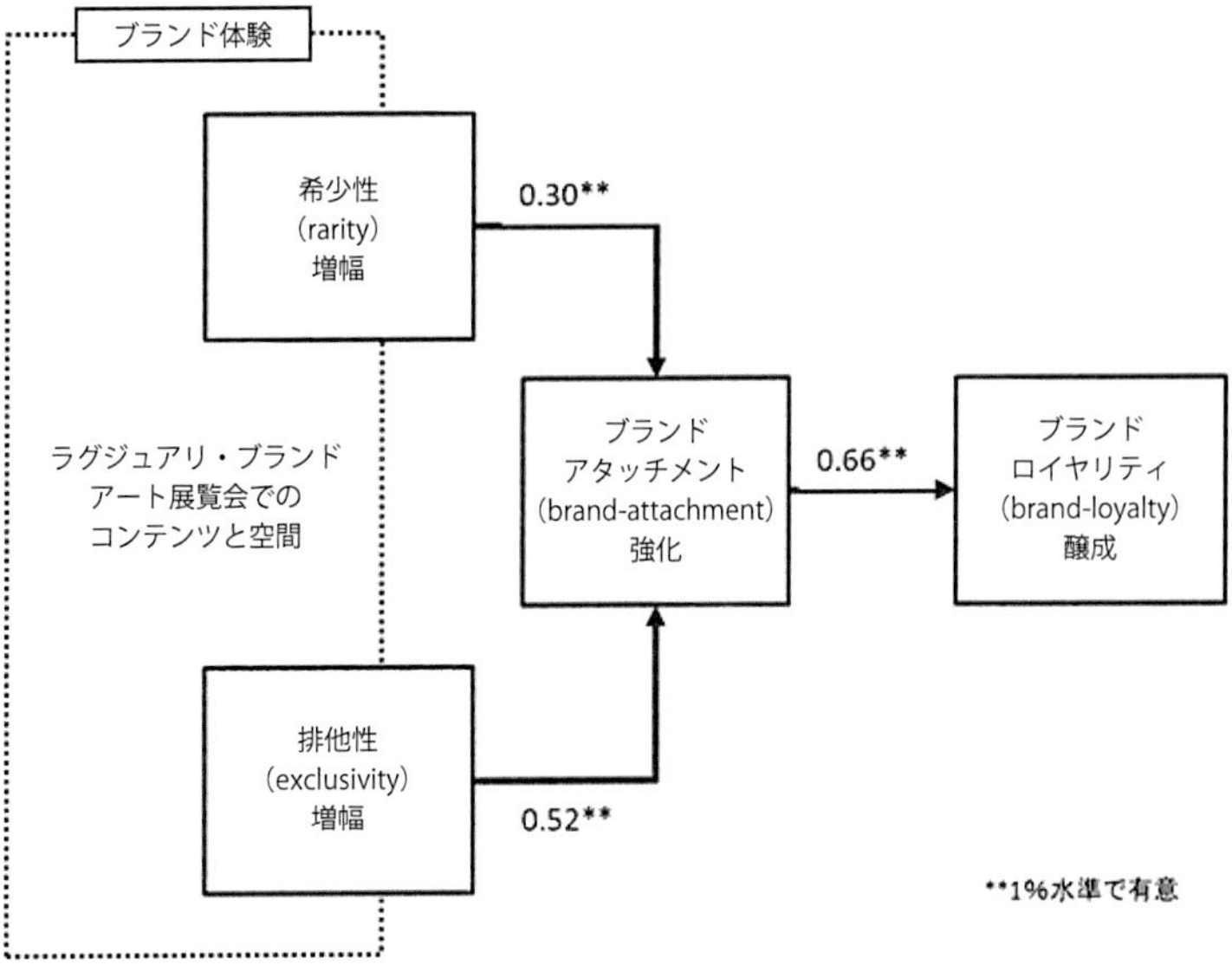

出所：筆者作成。

ランド・ロイヤリティ・プロセス・モデルを検討します。具体的には、アート展覧会を展開しているラグジュアリ・ブランドへの消費者の態度結果を「希少性」、「排他性」、「ブランド・アタッチメント」「ブランド・ロイヤリティ」といった概念に因子分析により分別し、それぞれの因子間の関係を分析しました。

　分析結果から、ラグジュアリ・ブランドによるアート展覧会を通じたブランド体験は、ラグジュアリ・ブランドにおける「希少性」と「排他性」を増幅し、そのことが、ブランドと顧客との間の絆（ブランド・アタッチメント）を強化させ、反復購買という行動的指標だけなく、感情的思い入れを有したブランド・ロイヤリティを醸成するというブランディング・プロセス・モデルが導出されます（図表13－5）。こうしたモデルは、ラグジュアリ・ブランドにおける陳腐化を回避し、ブランド・ロイヤリティの維持、強化の仕組みとして、アート展覧会というコンテンツと空間によるブランド体験の有効性を示しています。このことは、ラグジュアリ・ブランドのみならず、コモディティ化の中で試行錯誤を繰り返している多くのブランドにおいても、ブランド体験に関係したアートの役割について検討することへの契機となるでしょう。こうした検討結果とモデルの提示は今後、ビジネスへのアートの活用が、様々な業種、製品・サービスでの顧客体験のデザイン（設計）へと広げ、社会全体において、アートとの更なる連携、共創、融合の促進を実現していくことになるでしょう。

【参考文献】

J. N. カプフェレ・V. バスティアン（2011）『ラグジュアリ戦略（長沢伸也訳）』東洋経済新報社.

金順心（2009）「ラグジュアリー・ブランドの消費者行動研究の系譜と今後の課題」『商学研究科紀要』早稲田大学、68、175－185頁.

金順心（2010）「ラグジュアリー・ブランドの構成要素に関する先行研究」『商学研究科紀要』早稲田大学、70、

71－83頁.
栗栖郁・斎藤勇哉（2020）「ラグジュアリーブランドの展覧会とブランド経験―シャネルとカルティエの比較分析―」『カンファレンス・プロシーディングス』日本マーケティング学会、9、293－301頁.
コルベリーニ、E.・サヴィオロ、S.（2013）『ファッション&ラグジュアリー企業のマネジメント（長沢伸也・森本美紀監訳）』東洋経済新報社.
齊藤通貴（2008）「ラグジュアリー・ブランド購買モデル―規範的因子としての社会階層」『三田商学研究』慶應義塾大学、51（4）、93－106頁.
菅野佐織（2013）「自己とブランドの結びつきがブランド・アタッチメントに与える影響」『商学論究』関西学院大学、60（4）、233－259頁.
寺﨑新一郎（2013）「ラグジュアリー戦略の誕生とラグジュアリー・ブランドの概念規定の再検討」『商学研究科紀要』早稲田大学、77、139－161頁.
電通美術回廊編（2019）『アート・イン・ビジネス－ビジネスに効くアートの力』有斐閣.
長沢伸也・福永輝彦（2012）「ラグジュアリーブランド「グッチ」にみる経営戦略とブランドマネジメント」『早稲田国際経営研究』早稲田大学、43、97－108頁.
長沢伸也（2001）「LVMH モエ ヘネシー・ルイ ヴィトンのブランド・マネジメント」『立命館経営学』立命館大学、40（5）、1－15頁.
森永泰史（2020）『デザイン、アート、イノベーション－経営学から見たデザイン思考、デザイン・ドリブン・イノベーション、アート思考、デザイン態度－』同文舘出版.
八重樫文他（2019）「ビジネスにおけるアート活用に関する研究動向」『立命館経営学』第58巻第4号、35－59頁.
山田登世子（2006）『ブランドの条件』岩波書店（岩波新書）.

Brankus, J. J., Schmitt, B. H., and Zarantonello, L. (2009) "Brand experience: What is it? How is it measured? Does it affect loyalty?", *Journal of Marketing*, 73, pp.52-68.

Park, C. W., MacInnis, D. J., and Priester, J. R. (2006) "Beyond attitude : Attachment and consumer behavior," *Seoul National Journal*, 12 (2), pp.3-36.

Park, C. W., MacInnis, D. J., Priester, J. R., Eisingerich, A. B., and Iacobucci, D. (2010) "Brand attachment and brand attitude strength: Conceptual and empirical differentiation of two critical brand equity drivers," *Journal of Marketing*, 74 (November), pp1-17.

Schmitt, Bernd (2012) "The consumer psychology of brands," *Journal of Consumer Psychology*, 22, pp7-17.

《編者紹介》

立教大学ビジネスデザイン研究所

社会に新たな可能性を発見し，そこに具体的な形を与え未来を創造する真のイノベーションの担い手となる人材育成を目的とした研究開発を実践する共創の場として，2022 年に設立されました。研究開発の実践のフィールドとして，DX，サービスデザイン領域を中心に，産業，地域社会，観光，環境，消費など多岐にわたっています。

（検印省略）

2023 年 3 月 31 日　初版発行　　略称 — デジタルデザイン

デジタル＆デザイン
トランスフォーメーション
—DXとデザイン志向の未来戦略—

監　修　庄司貴行・斎藤　明・平井直樹
編　者　立教大学ビジネスデザイン研究所
発行者　塚 田 尚 寛

発行所　東京都文京区 春日２－13－1　株式会社 創 成 社

電　話　03（3868）3867　ＦＡＸ　03（5802）6802
出版部　03（3868）3857　ＦＡＸ　03（5802）6801
http://www.books-sosei.com 振　替　00150-9-191261

定価はカバーに表示してあります。

ISBN978-4-7944-2611-6 C3034
Printed in Japan

組版：スリーエス　印刷・製本：鳩

落丁・乱丁本はお取り替えいたします。